经济生活导论

Jingji Shenghuo Daolun

李进京　主编

李　苏　韩科峰　副主编

杨位留　姚振飞　参编
白建勇　徐　迎

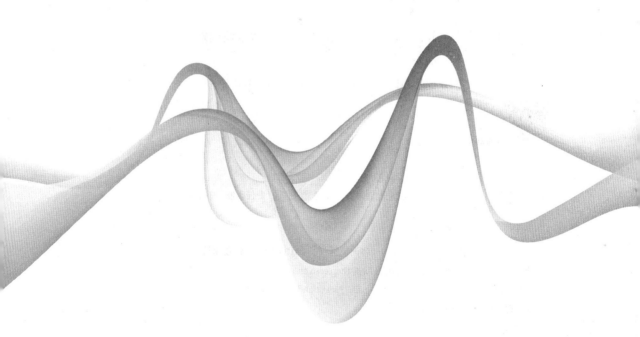

高等教育出版社·北京

HIGHER EDUCATION PRESS　BEIJING

内容简介

　　经济生活是生活的重要内容，人人都是经济人。每个人都在社会中贡献与索取，都是付出与收获、收入与支出、赚钱与消费、投资与获利的统一体。在每个人生活和事业的不同阶段，合理消费、高效理财、理性投资、经营创业都是回避不了的经济行为。本书涉及经济学、电子商务、公司理财、市场营销会计学五个模块，力图抓住人人都是经济人的本质，从现代实际生活的经济方面分析入手，选取与每个人联系最紧密的经济生活内容，深入浅出地介绍经济生活的基本知识和实务，以期能够帮助所有读者提高在经济生活方面的素质和能力。

　　本书编写目的是为提高大学生的经济生活素质和能力，其最主要的读者群体当然是在校大学生，适合作为教材面向所有非经济管理类专业的大学本科新生开设。本书的特点是贴近现代生活实际，面向大学生未来经济生活，目的是让大学生能够更好地理解经济生活，毕业后能够更自觉地参与经济生活，更有效地创造美好人生。

图书在版编目（ＣＩＰ）数据

　　经济生活导论 / 李进京主编 ． -- 北京：高等教育出版社，2013.10
　　ISBN 978 - 7 - 04 - 038566 - 3

　　Ⅰ．①经… Ⅱ．①李… Ⅲ．①经济学－高等学校－教材 Ⅳ．①F0

　　中国版本图书馆 CIP 数据核字（2013）第 237100 号

Jingji Shenghuo Daolun

策划编辑 宋志伟　**责任编辑** 宋志伟
封面设计 张　楠　**版式设计** 杜微言　**责任校对** 杨雪莲　**责任印制** 张福涛

出版发行 高等教育出版社
社址 北京市西城区德外大街 4 号　**咨询电话** 400-810-0598　**邮政编码** 100120
网址 http://www.hep.edu.cn　http://www.hep.com.cn
网上订购 http://www.landraco.com　http://www.landraco.com.cn
购书热线 010-58581118

印刷 北京市白帆印务有限公司
版次 2013 年 10 月第 1 版　　**开本** 787 mm × 1092 mm　1/16
印张 19　**印次** 2013 年 10 月第 1 次印刷
字数 370 千字　**定价** 27.00 元

本书如有缺页、倒页、脱页等质量问题，请到所购图书销售部门联系调换
版权所有　侵权必究
物料号　38566-00

《大学生综合素质教育丛书》编委会

前　言

提高大学生的综合素质是高校永恒的话题和任务。大学生的综合素质应该包括生活方面的素质，其中经济生活素质是必不可少的重要方面。从某种意义上讲，高校培养学生，是要提高大学生感受生活、创造生活的能力。具备基本的生活素质和能力，是所有人积极参与生活、创造美好生活的前提。

1970年诺贝尔经济学奖获得者保罗·萨缪尔森说过：经济学不能直接给你带来财富，但能促使你像经济学家一样思考，更好地理解这个世界，更加聪明地安排自己的工作和生活。

经济生活是生活的重要内容，人人都是经济人。每个人都在社会中贡献与索取，都是付出与收获、收入与支出、赚钱和消费、投资与获利的统一体。在每个人生活和事业的不同阶段，合理消费、高效理财、理性投资、经营创业都是回避不了的经济行为。本书涉及经济学、电子商务、公司理财、市场营销、会计学五个模块，力图抓住人人都是经济人的本质，从现代实际生活的经济方面分析入手，选取与每个人联系最紧密的经济生活内容，深入浅出地介绍关涉经济生活的基本理论和实务，以期能够帮助所有大学生提高经济生活方面的素质和能力。

本书编写目的是为提高大学生的经济生活素质和能力，其最主要的读者群体当然是在校大学生，是面向非经济类所有专业开设经济学共选课程的教材。本书的特点是贴近现代经济生活实际，面向大学生未来经济生活，目的是让大学生能够更好地理解经济生活，毕业后能够更自觉地参与经济生活，更有效地创造美好人生。

本书由李进京教授担任主编，由经济与管理学院李苏教授审阅，得到了经济与管理学院韩科峰（执笔经济学篇）、白建勇（执笔电子商务篇）、姚振飞（执笔会计学篇）、杨位留（执笔公司理财篇）、徐迎（执笔市场营销篇）等老师的大力配合和支持，在此一并表示感谢。由于本书编者水平有限，编写时间仓促，所以书中难免有错误和不妥之处，敬请读者批评指正。

我们真诚希望，所有读者能从本书中获益。

李进京

2013年6月于枣庄学院

目　录

第一章

经济学有什么用

第一节　经济学的故事——从斯密、凯恩斯和马克思看经济学

如何合理地配置和利用有限的资源，是人类社会永恒的话题，经济学正是因此而产生。正因为经济学所解决的问题如此重要，所以它被誉为"社会科学的皇后"。

从人类社会产生开始，就面临着一个基本的矛盾，即人类欲望的无限性和满足欲望的手段（资源）的有限性之间的矛盾。经济资源是稀缺的，这是西方经济学认定的一条普遍法则。

让我们先从介绍几位大名鼎鼎的人物入手，以下三位具有划时代意义的经济学家我们不得不提：

一、经济学鼻祖：亚当·斯密

18 世纪，英国出现了一位伟大的经济学家亚当·斯密（Adam Smith，1723—1790）。亚当·斯密出生在苏格兰法夫郡（County Fife）的寇克卡迪（Kirkcaldy）。他在 1776 年出版《国民财富的性质和原因的研究》一书（《*An Inquiry into the Nature and Causes of the Wealth of Nations*》），这就是著名的《国富论》。他提出了著名的 "看不见的手" 理论，是现代经济学的创立者。

1723—1740 年间，亚当·斯密在家乡苏格兰求学，在格拉斯哥大学（University of

Glasgow）时期他完成拉丁语、希腊语、数学和伦理学等课程；1740—1746 年，斯密赴牛津学院（The Oxford Academy）求学。1750 年之后，斯密在格拉斯哥大学不仅担任逻辑学和道德哲学教授，还兼负责学校行政事务，一直到 1764 年离开该校为止；这时期，斯密于 1759 年出版的《道德情操论》获得学术界极高评价。而后他于 1768 年开始着手著述《国富论》一书。1773 年，《国富论》已基本完成，但斯密多花三年时间修改此书，1776 年 3 月此书出版后引起大众广泛的讨论，影响所及除了英国本土，连欧洲大陆和美洲也为之疯狂，因此世人尊称斯密为"现代经济学之父"和"自由企业的守护神"。

《国富论》一书是斯密最具影响力的著作，这本书对于经济学领域的创立有极大贡献，使经济学成为一门独立的学科。在西方世界，这本书甚至可以说是经济学中最具影响力的著作。《国富论》一书成为针对重商主义（认为大量储备贵金属是经济成功所不可或缺的理论）最经典的反驳，这本书出版后，英国和美国都出现了许多要求自由贸易的声浪。

《国富论》一书的重点之一便是自由市场，自由市场表面看似混乱而毫无拘束，实际上却是由一双被称为"看不见的手"（Invisible Hand）所指引，它将会引导市场生产出正确数量和种类的产品。斯密的思想非常精彩，非常深刻。从他开始，人类有了经济学。他主张国家不要干预经济，要让经济自由发展，让价格机制自发地起作用。每个人都会自动按照价格机制、根据自己的利益去做事，这样经济就会发展了。时至今日，"看不见的手"依然与我们的生活息息相关，在经济学界依然是一个永恒的话题。

在《国富论》中，斯密提出了"守夜人"的观点，他写道："女王陛下，请您不要干预国家经济，回家去吧！国家做什么呢？就做一个守夜人，当夜晚来临的时候就去敲钟。入夜了，看看有没有偷盗行为，这就是国家的任务！只要国家不干预经济，经济自然就会发展起来。"[①]

这是一个伟大的断言，直到今天依然极为重要！

在他的思想指引之下，英国的经济首先得到发展，然后是西欧，之后是美国。斯密的思想统治了资本主义世界 150 年之久。在这么长的时间里，人们用他的思想来管理一个国家，政府不干预经济，让经济自由发展，政府只做个守夜人。直到今天经济学家们还在争论不休：政府究竟该不该管着经济？还是政府应该回家去？

二、宏观经济学之父：约翰·梅纳德·凯恩斯

1929 年，一场空前的世界性的经济危机爆发了。危机首先从美国开始，股市崩盘、

---

① 亚当·斯密. 著. 郭大力，王亚南. 译. 国民财富的性质和原因的研究. 上海：商务印书馆，1972.

企业破产、银行倒闭、工人失业、经济陷入大萧条，然后波及整个资本主义世界，各国都陷入经济大萧条之中。

有这样一个故事，说有一个银行家，有一天他在路边擦皮鞋的时候，擦皮鞋的人一边给他擦皮鞋，一边跟他大谈股市如何赚钱。回到家后他想，连一个擦皮鞋的人都知道股市能赚大钱了，这股市不是太热了吗？所以他当机立断，卖出手上所有股票。在这场灾难中，只有他这样的极少数人幸存下来，其他的人都在这场股市大崩盘中血本无归，很多人因此跳楼自杀。

这场席卷资本主义世界的经济危机太严重了，以至于没有任何一个资本主义国家可以幸免。这时人们不禁发问：斯密那只"看不见的手"哪儿去了？他不是说国家不管经济就可以自动发展吗？怎么现在经济不能发展了？怎么失业问题解决不了？怎么银行都倒闭了？怎么股市都崩盘了？经济到底怎样才能恢复过来呢？

约翰·梅纳德·凯恩斯（John Maynard Keynes，1883—1946），宏观经济学的创立者。凯恩斯在 1936 年出版了《就业、利息和货币通论》（*The General Theory of Employment Interest and Money*）一书，即著名的《通论》。这本书是经济学史上的一个里程碑。凯恩斯说，那只"看不见的手"解决不了经济危机问题。经济这么萧条，股市这么低迷，失业这么严重，你们没招了，我有招，我的这一招叫"看得见的手"，就是国家宏观调控。

所谓"看得见的手"就是国家干预经济生活。政府没钱了可以发国债，用以拉动经济，刺激经济回升。他曾提出一种"挖坑理论"，他说：雇两百人挖坑，再雇两百人把坑填上，这就叫创造就业机会。国家用经济学理论指导干预经济生活的历史是从凯恩斯开始的，由此经济学的理论从微观走向了宏观，从个量的分析走向总量的分析，所以宏观经济学是从凯恩斯开始的。

三、伟大的经济学家、科学社会主义的创始人：卡尔·马克思

伟大的经济学家、科学社会主义的创始人卡尔·马克思（Karl Marx，1818—1883），他诠释了全新的马克思主义政治经济学体系，开创了经济学自古典主义以来一个新的发展方向，所以认识马克思首先要从他作为一个经济学家入手。

马克思的理论有三大体系：辩证唯物主义、政治经济学、科学社会主义。他的政治经济学主要是批判地继承了英国的古典政治经济学如威廉·配第、亚当·斯密、大卫·李嘉图等人的思想。马克思对古典政治经济学家斯密及李嘉图的评价还是很高的：

"我的价值、货币和资本的理论就其要点来说是斯密—李嘉图学说的必然的发展。"（马克思：《资本论（第二版）》跋）"资本主义制度下的人类生产剩余价值已经有几百年了，他们渐渐想到剩余价值起源的问题。最早的见解是从商人的直接的实践中产生的：

剩余价值产生于产品价值的追加。这种见解曾在重商主义者中间占统治地位，但是詹姆斯·斯图亚特已经看到，在这种情况下，一人之所得必然是他人之所失。尽管如此，在很长一段时间，特别是在社会主义者中间，这种见解仍然阴魂不散。然而它被亚·斯密从古典科学中赶出去了。"①

可见，亚当·斯密已经知道"资本家的剩余价值是从哪里产生的"，以及"土地所有者的剩余价值是从哪里产生的"；马克思在1861年已经坦率地承认了这一点，而"洛贝尔图斯和他的那伙在国家社会主义的温暖的夏雨中像蘑菇一样繁殖起来的崇拜者，看来已经把这一点忘得一干二净。"②

马克思认为斯密、李嘉图之后的一些古典政治经济学家变成只为资本主义辩护的"庸俗经济学"，其突出特点就是：反对"劳动价值论"，为资本主义剥削辩护。主要代表人物为：萨伊、马尔萨斯、西尼尔、约翰·穆勒、巴师夏和凯里。

1844年恩格斯发表了《政治经济学批判大纲》；马克思分别于1859年和1867年发表了《政治经济学批判》和《资本论（第一卷）》，而后者的副标题仍是"政治经济学批判"，并宣布"庸俗经济学的丧钟已经敲响了"。这样，一方面"庸俗化"了的资产阶级经济学开始了"边际革命"，进而"数理化"、"计量化"、"均衡化"、"边际化"，更重视对经济现象的实证分析，不再侧重对国家政策的分析；另一方面，马克思批判地继承了古典政治经济学的科学因素，将经济学更加"政治化"、"革命化"，从资本主义生产总过程的分析中，得出解决问题的办法，只能是推翻现存的资本主义制度。

1978年，党的十一届三中全会开启了我国改革开放历史新时期。改革开放以来，我们党解放思想、实事求是、与时俱进，开辟了中国特色社会主义道路，形成了中国特色社会主义理论体系，从而实现了马克思主义中国化的第二次历史性飞跃。

1978年，党的十一届三中全会至1992年邓小平"南方谈话"是马克思主义中国化第二次飞跃的初步实现时期，中国特色社会主义理论体系的奠基之作——邓小平理论形成于这一时期。在总结历史经验教训的基础上，邓小平深刻地提出了对社会主义以及马克思主义再认识的问题。正是基于这种再认识，邓小平认为，社会主义的本质并非体现在固化的经济结构方面，而是体现在其功能方面。从功能而非主要从结构的角度来看待社会主义的本质奠定了中国特色社会主义的根本思维逻辑。按照这种功能主义本质观，生产力落后的我国自然处于社会主义初级阶段。基于初级阶段的基本国情，经过持续的探索，邓小平提出了改革开放的基本国策，做出了"社会主义也可以搞市场经济"的重要论断，描绘了小康社会的发展蓝图。这一时期，生产力的解放与发展构成了马克思主义与中国具体实际的主要结合点，也正基于这一结合点，邓小平才提出要以经济建设为

---

① 马克思. 资本论（第一卷，第二版跋）. 北京：人民出版社，1995.

② 马克思. 资本论（第二卷）. 北京：人民出版社，1995.

中心，各项工作都要围绕经济建设来进行的指导思想。

以江泽民为代表的党的第三代领导集体继续坚持把解放与发展生产力作为马克思主义与中国具体实际的结合点，并结合不断发展的现实创立了"三个代表"重要思想，明确了党在新世纪的任务定位问题，进一步推进了马克思主义的中国化。审视这一时期党的理论创新与实践发展，其在整个马克思主义中国化历史进程中的一项极为重要的贡献就是推动马克思主义中国化进入了更为明确、自觉、系统的制度化建构时代。社会主义公有制为主体、多种所有制经济共同发展的基本经济制度的建立，按劳分配为主体、多种分配方式并存的分配制度的确立，尤其是依法治国基本方略的提出等，都是这种马克思主义中国化探索成果制度化的具体表现。

新世纪新阶段，针对发展中出现的各种问题，针对围绕改革的种种争论，以胡锦涛为总书记的第四代领导集体紧密结合我国改革发展的形势与任务，提出了树立和落实以人为本的科学发展观等重大战略思想，将马克思主义中国化进程推进到一个更高的阶段。以人为本与和谐社会理念的提出，标志着中国共产党对马克思主义与社会主义认识的发展与深化。表明在邓小平理论的基础上功能主义的社会主义又获得了新的发展，因而具有极为重要的价值定向与意识形态创新意义。科学发展观的提出表明现在中国的改革已经进入到调整、深化的新阶段，必须按照中国特色社会主义事业总体布局，全面推进经济建设、政治建设、文化建设与社会建设，促进现代化建设各个环节、各个方面相协调。

审视新中国成立以来尤其是改革开放以来的中国化历程，马克思主义与中国具体实际的结合取向从关注结构转向关注功能，从依据教条转向立足现实，从浅于表面转向把握本质，从关注物到关注人，结合愈益深入、愈益富有成效。随着中国社会主义市场经济的不断发展与现代化的持续推进，建立于现代文明基础之上、揭示了人类社会发展规律的马克思主义对于中国特色社会主义必将发挥更大的指导作用，马克思主义中国化的前景必将更为光明。[①]

第二节　学以致用，经国济世

引用 1970 年诺贝尔经济学奖获得者保罗·萨缪尔森的话：经济学不能直接给你带

[①]　李海青. 重现马克思主义与中国实际的成功结合. 学习时报，2011-08-01（03）.

来财富，但能促使你像经济学家一样思考，更好地理解这个世界，更加聪明地安排自己的工作和生活。

身处现代社会，如果你不懂经济学的知识，不了解政府、企业和消费者如何去决策，不会看汇率、利率、税率，不知道经济增长率，不了解物价指数的正与负，不知道失业率的高与低，那你怎么能去选择职业？怎么能去投资？如果你是企业家，你怎么去搞好你的企业？如果你是政府官员，你怎么去建设好你的城市，乃至你的国家呢？你需要了解经济学的知识，掌握一定的经济规律，从而能在市场经济的大潮中，把握机遇、减少风险、取得成功。希望本书能为所有读者打开一扇窗户，让读者轻松走进一个精彩而生动的经济学世界。

每个人都应该认识到经济学的重要性，如果把市场看成是一只"看不见的手"，那么政府就是一只"看得见的手"。这两只手也有无穷的奥妙需要我们去探索，通过了解经济学的知识，能够看懂报纸、杂志、网络等相关的经济报道，能够透过现象发现本质，形成自己独特的见解，也是我们希望读者们达到的一个目标。

经济学理论这样教导我们：资源是稀缺的，时间是有限的，选择是有代价的。我们应该把有限的资源用在"刀刃"上，学会放弃才有可能获得更大的收获。经济学是一门博大精深的学问，有太多内容需要学习，有太多知识还在不断的发展中。本书只是为读者们推开了一扇窗户，告诉你窗外风景独好，至于你能看到什么，要靠你自己的领悟和努力。希望通过这扇窗口，能引起读者们学习经济学的兴趣，去领略这无限的风光。如果你能多懂一些经济学的知识，那就会多一些机遇，少一些风险。

第二章
国际贸易给我们带来了什么

第一节　绝对优势与比较优势——国际贸易的必要性

　　解释国际贸易的理论很多，但有两个经典理论不得不提：一是 230 多年前亚当·斯密提出的绝对优势理论；二是 190 多年前大卫·李嘉图提出的比较优势理论。他们最先解释了为什么要进行国际贸易。

一、绝对优势理论

　　斯密在批评重商主义观点的基础上，提出国际分工和绝对优势理论（Absolute Advantage），用来解释国际贸易的理论基础。他认为国际贸易之所以发生，原因在于各国在生产技术进而产品成本上存在着绝对差异。当一国相对另一国在某种商品的生产上有更高效率（即有绝对优势），但在另一种商品的生产上效率更低（即有绝对劣势），那么两国就可以专门生产自己具有绝对优势的产品并进行相互交换，其结果将使双方均能从贸易中获益。因此，斯密反对国家干预经济生活，主张自由贸易。各国应该按照绝对优势进行国际分工，每个国家专门生产其具有绝对优势的产品，然后进行交换，这样就能更有效地利用各国的土地、劳动和资本，增加社会财富，每个国家都能得到更多的利益。
　　斯密是在其代表作《国民财富的性质和原因的研究》一书中提出了绝对优势理论的。并用一个实例来说明，如表 2-1、表 2-2、表 2-3 所示：

1. 分工前：葡萄牙生产酒、英国生产毛呢有绝对优势

表 2-1

国家	酒（1 单位）	毛呢（1 单位）
英国	120（人）	70（人）
葡萄牙	80（人）	110（人）

2. 如果各自生产自己绝对优势的产品：

表 2-2

国家	酒（1 单位）	毛呢（1 单位）
英国	0	2.71
葡萄牙	2.375	0

3. 分工后两国利益都会增加（按照 1：1 交换）

表 2-3

国家	酒（1 单位）	毛呢（1 单位）
英国	1	1.71
葡萄牙	1.375	1

以上表格说明了两国各有自己的成本优势，可以通过贸易去交换以获得好处。但如果一个国家所有的生产部门都处于绝对劣势，那么这个国家是不是就不能参与国际分工和国际贸易了呢？大卫·李嘉图提出了比较优势理论，回答了上述问题。

二、比较优势理论

大卫·李嘉图在其代表作《政治经济学及赋税原理》中提出了比较优势（Comparative Advantage）理论。该理论认为，国际贸易的基础是生产技术的相对差别（而非绝对差别），以及由此产生的相对成本的差别。每个国家都应根据"两利相权取其重，两弊相权取其轻"的原则，集中生产并出口其具有"比较优势"的产品，进口其具有"比较劣势"的产品。即使一个国家生产两种商品的成本都高于另一个国家，也就是没有绝对优势，只要两种商品的成本差异不同，两个国家依然可以进行国际分工和贸易。处于优势

地位的国家可以专门生产优势较大的商品，处于劣势地位的另一国可以专门生产劣势较小的产品，通过国际分工和贸易，双方仍然可以从贸易中获利。比较优势贸易理论在更普遍的基础上解释了贸易产生的基础和贸易利得，大大发展了绝对优势贸易理论。用一个实例来说明，如表2-4、表2-5、表2-6所示：

1. 分工前：葡萄牙生产酒、毛呢都有绝对优势

表 2-4

国家	酒（1单位）	毛呢（1单位）
英国	120（人）	100（人）
葡萄牙	80（人）	90（人）

2. 如果各自生产自己具有比较优势的产品

表 2-5

国家	酒（1单位）	毛呢（1单位）
英国		2.2
葡萄牙	2.125	

3. 分工后两国利益都会增加（按照 1∶1 交换）

表 2-6

国家	酒（1单位）	毛呢（1单位）
英国	1.1	1.1
葡萄牙	1.025	1.1

比较优势理论是在绝对优势理论的基础上发展起来的。根据比较优势原理，一国在两种商品生产上较之另一国均处于绝对劣势，但只要处于劣势的国家在两种商品生产上劣势的程度不同，处于优势的国家在两种商品生产上优势的程度不同，则处于劣势的国家在劣势较轻的商品生产方面具有比较优势，处于优势的国家则在优势较大的商品生产方面具有比较优势。两个国家分工专业化生产和出口其具有比较优势的商品，进口其处于比较劣势的商品，则两国都能从贸易中得到利益，这就是比较优势理论。也就是说，两国按比较优势参与国际贸易，通过"两利取重，两害取轻"，两国都可以提升福利水平。事实上，中国的田忌赛马故事也反映了这一比较优势原理。田忌所代表的一方的上、中、下三批马，每个层次的质量都劣于齐王的马。但是，田忌用完全没有优势的下马对齐王有完全优势的上

马，再用拥有相对比较优势上、中马对付齐王的中、下马，结果取胜。

第二节　愈让步，愈进步

　　从第一节的例子可以看出，国际贸易能增进国家间经济的交流，促进双方经济的发展，使贸易双方各得其利。同时减少了失业，也丰富了民众的物质、精神生活。

　　发展中国家与发达国家都面临贸易政策发展方向的重要选择。全球经济迅速变化，决策者可能倾向于保护其国内市场免于竞争，设立新的壁垒。但是，理论与实践均可以证明，开放贸易是经济发展的重要基石，它为经济增长、繁荣、生活水平的提高以及人民的生活品质的改善奠定了基础。

　　为什么国家之间要贸易？简言之，通过重点从事本国擅长的商品与服务生产，并与他国交换优质低价的其他商品与服务，各国都可从中得到好处。在这种安排下，各国的生产效率提高，消费者选择增多，商品与服务趋向价廉物美。消除政府设立的贸易壁垒，可使个人进入世界超市，不但获取食品、服装以及其他制成品，而且得到作为现代经济基础设施的各种服务，从金融到电子通信，从交通运输到教育。

　　竞争促使企业创新，寻找新的生产工艺和技术以更好地为客户服务，并推动知识进步。如最近几年开放市场方面的进展以及出口机会的增加推动了工业增长，加上更加严格地执行版权与专利法，使先进的计算机技术与医疗产业迅猛发展。①

　　国际贸易的好处是显而易见的，当一国允许贸易并成为一种物品的出口者时，该物品的国内生产者状况变好，而该物品的国内消费者状况变坏，只要赢家的收益超过了输家的损失，贸易就增加了该国的经济福利。而当一国允许贸易并成为一种物品的进口者时，该物品的国内消费者状况变好。而该物品的国内生产者状况变坏，只要赢家的收益超过了输家的损失，贸易同样增加了该国的经济福利。因为贸易的好处是依据比较优势，而不是绝对优势。即使一国在生产每一种物品上都比另一国强，这个国家仍然能从与别国的贸易中获益。贸易可以使每个人状况更好。了解这个基本的经济学原理，对我们做出正确的经济决策是非常有益的。②

---

①　Christina R.Sevilla. 为什么要贸易自由化. http://beijing.usembassy-china.org.cn/upload/images/TVG TFaFk_yQ3F8IKoQh4w/benefits_of_trade.pdf,2011-08-28/2013-03-25.

②　吴智勇. 贸易可以使每个人状况更好. IT 经理世界，2000（12）.

第三章
我们身边有一只"看不见的手"

第一节　什么是真正的市场经济

一、市场经济的基石——产权

亚当·斯密说：经济中有一只"看不见的手"，每一个人在做事的时候，没有一个人想到是为了促进社会利益，他首先想到的是怎么实现自己的利益，都是从个人的利益出发去做事的。但是当他真正这样做的时候，就像有一只"看不见的手"在指引着他，其结果要比他真正想促进社会利益要好得多。什么是"看不见的手"？"看不见的手"指的是个人利益，是市场机制，是价格机制。它与产权又有什么关系？

产权（Property Rights）是经济所有制关系的法律表现形式。它包括财产的所有权、占有权、支配权、使用权、收益权和处置权。在市场经济条件下，产权的属性主要表现在三个方面：产权具有经济实体性，产权具有可分离性，产权流动具有独立性。产权的功能包括：激励功能、约束功能、资源配置功能、协调功能。以法权形式体现所有制关系的科学合理的产权制度，是用来巩固和规范商品经济中财产关系，约束人的经济行为，维护商品经济秩序，保证商品经济顺利运行的工具。

二、我国对市场经济的认识与发展 [①]

我国宪法明确规定，我国的基本经济制度是以公有制为主体，多种所有制共同发展，这也决定了我国的产权制度是有别于西方的产权制度的，我国的市场经济是有中国特色的市场经济。我国的经济体制改革也经历了几个阶段，从 20 世纪 50 年代到 70 年代末，中国的经济模式和经济理论基本上因袭斯大林的高度集权的计划体制，同时也开始以独特的方式断断续续地探索着中华民族特色的现代化发展道路。虽然曾出现了长时间的曲折、停滞和严重的极"左"错误，但很早就开始注意到商品（市场）经济和价值规律在社会主义经济中的作用问题。如 1956 至 1957 年关于社会主义条件下要不要市场的讨论，1958 至 1959 年关于社会主义经济中的价值规律的讨论，1961 年至 1964 年关于价格形成机制的讨论，都涉及了社会主义经济中的市场机制。但是，当时由于种种历史条件的限制，对于这一问题的认识从总体上没有超出传统计划经济理论范畴。对于社会主义市场经济问题的真正认识是从 1979 年经济改革开始后开始的。

历程之一：计划经济为主、市场调节为辅阶段（1979—1984 年）

1979 年至 1984 年，是我国思想理论界拨乱反正，正本清源的历史转折时期。当时的形势不仅要求我们运用实事求是的精神弄清那些被颠倒、被混淆的经济理论问题，恢复它们的本来面目，又要求我们对复杂而又陌生的社会主义经济运行新体制的选择问题提供理论上的依据和思路。为此，理论界对计划与市场，以及商品经济、市场经济问题进行了热烈的探讨。1979 年 4 月，在"无锡会议"上，中国经济学界第一次冲破斯大林关于商品货币关系只存在于"全民"与"集体"这两种公有制之间，全民所有制内部不存在真正商品货币关系的传统观点，并对全民所有制内部存在商品货币关系的原因进行了深入的探讨。与会人士一致认为，社会主义必须利用市场的作用，计划与市场必须结合。当时甚至有少数学者提出了"社会主义市场经济"这样的概念。但由于实践的限制与传统观念的束缚，绝大多数学者至少是认为市场经济或市场调节只在一定范围内起辅助作用。

学术界是这样认为的，改革的领导者们也是采用这种提法的。其中以陈云的概括最为著名，他当时认为：整个社会主义时期经济必须有两个部分：（1）计划经济部分；（2）市场调节部分。前者是基本的主要的，后者是从属的次要的，但又是必需的。

应当指出，"计划经济为主，市场调节为辅"这一原则在当时是有积极意义的，它第一次明确肯定了市场调节是改革的一个基本方面。但总的来说，这一原则仍是传统集中计划经济的产物，因为它还将指令性计划当成社会主义公有制的本质。另外，它把计

---

① 巫继学. 回望社会主义市场经济的曲折路径. http://theory.people.com.cn/GB/49154/459408.html, 2006–07–15/2013–03–27.

划与市场的关系看成是一种互相对立的"板块"式关系，带有很强的机械拼凑色彩。

历程之二：有计划商品经济阶段（1984—1987 年）

1984 年 10 月，中国共产党的十二届三中全会通过的《中共中央关于经济体制改革的决定》，第一次明确提出了社会主义有计划商品经济的理论，标志着我国对于社会主义市场问题认识的一次重大突破。该决定指出："改革计划体制，首先要突破计划经济与商品经济对立起来的传统观念，明确认识社会主义计划经济必须自觉依据和利用价值规律，是在公有制基础上的有计划的商品经济。"可以看出，经济体制改革的基本内容是：第一，实行有计划的商品经济，而不是那种完全由市场调节的市场经济；第二，由市场调节的主要是农副产品和日常消费品；第三，实行计划经济不等于以指令性计划为主，也包括指导性计划；第四，指导性计划靠经济杠杆的作用来实现，指令性计划也必须运用价值规律。

有计划商品经济理论的提出，是对传统计划经济理论的一次重大超越：第一，肯定了社会主义经济是商品经济，商品经济被看成是社会主义的内在属性；第二，否定了把指令性计划当成社会主义公有制经济的根本特征的传统观念，从而从根本上动摇了社会主义计划经济的基础。其不足之处：一是承认商品经济但不承认市场经济，把市场经济视为资本主义的东西；二是把发展市场体系片面理解为发展商品市场，因此对市场机制的理解还比较简单片面。

历程之三："国家调节市场，市场引导企业"阶段（1987—1989 年）

1987 年 10 月中国共产党的十三大报告在有计划商品经济理论基础上对于社会主义市场机制问题进行了新的概括和说明。报告认为，社会主义有计划商品经济体制应该是计划与市场相统一的体制，其基本内容是：第一，社会主义商品经济与资本主义商品经济的本质区别，在于所有制基础不同；第二，必须把计划经济建立在价值规律之上，以指令性计划为主的直接管理方式，不再适应社会主义商品经济发展要求；第三，计划和市场的作用范围都是覆盖全社会的，新的经济运行机制，应当是"国家调节市场，市场引导企业"的机制，即国家运用经济和其他手段，调节市场供求关系，创造良好经济社会环境，以此引导企业正确地进行经营决策；第四，社会主义的市场体系是全面的、开放的、竞争性质的，不仅包括消费品和生产资料等商品市场，而且应包括其他各种形式的生产要素市场。

这一改革模式的提出，是对有计划商品经济理论的一次重大发展：第一，首次明确指出社会主义与资本主义的区别不在于市场与计划的多少，而在于所有制的不同，把制度与体制区别开；第二，在这一模式中。计划是建立在市场机制基础上的间接计划，市场机制是经济运行的基础，大大提高了市场的社会地位；第三，明确提出了社会主义市场体系的全方位、全领域性质，这就从根本上突破了长期存在的"半商品经济"传统观念和改革之初所形成的"半市场"意识。美中不足的是，它仍未跳出从所有制角度看待市场经济社会属性的思维框框，所以还没有正式提出"社会主义市场经济"的改革目标模式。尽管如此，十三大对市场问题的认识已接近社会主义市场经济的认识水平。

历程之四：计划经济与市场调节相结合阶段（1989—1992 年）

这是中国改革遇到曲折的短暂的停顿时期。1989 年前后中国经济政治生活中出现了一系列严重问题。为了实现经济和政治的稳定，国家加强了对经济的行政控制，直接计划调节的作用有所加强，计划经济与市场经济相结合就是这种特殊环境的产物。在这一阶段中，计划经济又被强调。但这时所指的计划经济与传统计划经济根本上是不同的。从具体内容上看，整个经济体制和经济理论的认识仍在很大程度上建立在十三大的有计划商品经济理论的基础上，但对于市场作用的认识有所降低。在 1990 年 12 月《中共中央关于制定国民经济和社会发展十年规划和"八五"计划的建议》中就表现出这种倾向：第一，它认为计划经济可以从总体上保证经济按比例发展，市场调节则可以增强经济发展的活力；第二，计划经济不限于指令性计划，经济改革要进一步缩小指令性计划范围；第三，属于总量平衡控制，经济结构和经济布局的调整以及关系全局的重大经济活动主要发挥计划调节作用，企业日常活动等小型经济活动，主要由市场调节；第四，国家要加强宏观调控，做好综合平衡，综合运用经济、法律和行政手段引导和调整经济的运行。可以看出，这一时期对于市场和计划关系的认识有较强的计划经济色彩，对市场作用的认识不深刻，甚至有所退步。

历程之五："社会主义市场经济"理论的正式提出和经济体制改革全面展开时期

早在改革之初的 1979 年，邓小平同志就明确指出：认为市场经济只限于资本主义社会，资本主义的市场，这肯定是不正确的。社会主义为什么不可以搞市场经济？市场经济，在封建社会时期就有了萌芽。社会主义也可以搞市场经济。十多年之后，在中国的改革面临着重大抉择的历史关头，邓小平于 1992 年春发表了具有划时代意义的著名南方谈话。第一次明确提出了建设社会主义市场经济新体制的构想。邓小平说："计划经济不等于社会主义，资本主义也有计划；市场经济不等于资本主义，社会主义也有市场。""计划和市场都是经济手段。计划多一点还是市场多一点，不是社会主义与资本主义的本质区别。"[①] 这一论断，从根本上解除了把计划经济和市场经济看做属于社会基本制度范畴的思想禁锢，把对计划与市场的关系和对市场经济问题的认识提高了一大步。党的十四大，在此基础上进一步确立了"建立社会主义市场经济体制"的改革目标模式。这是关于市场经济问题在理论上、认识上的又一次具有决定意义的飞跃。

---

① 邓小平. 邓小平文选（第 3 卷）. 北京：人民出版社，2004.

三、我国 1992 年后的产权改革

邓小平同志 1992 年南方谈话是一个标志性的事件。在此之后，在中央领导的推动之下，我国的经济体制改革进入一个快速发展的阶段。

1992 年 10 月，中国共产党的十四大明确提出经济体制改革的目标是建立社会主义市场经济体制，我国经济体制改革的目标模式，是建立社会主义市场经济体制。社会主义市场经济体制又是和社会主义基本制度结合在一起的：在所有制结构上，以公有制包括全民所有制和集体所有制为主体，个体经济、私营经济、外资经济为补充，多种经济成分长期共同发展；在分配制度上，以按劳分配为主体，其他分配方式为补充，兼顾公平与效率；在宏观调控上，更好地发挥计划和市场两种手段的长处。

之后，1993 年 11 月召开的中国共产党十四届三中全会通过的《中共中央关于建立社会主义市场经济体制若干问题的决定》，确定了建立社会主义市场经济体制及建立产权清晰、权责明确、政企分开、管理科学的现代企业制度；也就是说，自 1978 年到 1993 年的 15 年间，我国并没有确立市场经济体制。家庭联产承包责任制、城镇国有土地使用权的规定、国企改革建立现代企业制度等实际上是一种在公有制下的确权，是一种"半产权"，有别于大部分西方国家的完全产权，但这些都是发展社会主义市场经济不可或缺的条件。包括后来 2004 年 3 月的宪法修正案：修正案第二十条，宪法第十条第三款"国家为了公共利益的需要，可以依照法律规定对土地实行征用。"修改为："国家为了公共利益的需要，可以依照法律规定对土地实行征收或者征用并给予补偿。"修正案第二十二条，宪法第十三条"国家保护公民的合法的收入、储蓄、房屋和其他合法财产的所有权。""国家依照法律规定保护公民的私有财产的继承权。"修改为："公民的合法的私有财产不受侵犯。""国家依照法律规定保护公民的私有财产权和继承权。""国家为了公共利益的需要，可以依照法律规定对公民的私有财产实行征收或者征用并给予补偿。"这里破天荒地加入了"私有财产受法律保护"。2004 年，国务院颁布《关于深化改革严格土地管理的决定》，其中关于"农民集体所有建设用地使用权可以依法流转"的规定，强调"在符合规划的前提下，村庄、集镇、建制镇中的农民集体所有建设用地使用权可以依法流转。"实际上是对农村土地产权改革的进一步深化。2007 年 3 月16 日我国通过了《中华人民共和国物权法》，自 2007 年 10 月 1 日施行，对产权问题做了更明确的法律规定。

明晰的产权、法律的保护就像一颗"定心丸"给各个市场经济的主体以稳定的预期，他们不用担心自己辛苦打拼来的财产被无故征用，可以放手去发展壮大，这些都为我国发展市场经济扫除了障碍，给经济带来了活力，使人民生活水平不断提高，我们取得的成就也举世瞩目，中国迎来了中华民族的伟大复兴。产权赋予拥有它的主体自由配置资源的权利，这符合市场经济的规律没有明晰的产权就没有市场经济，产权则是市场

经济的基石。

产权与"看不见的手"有什么关系呢？简单地说：（1）没有明晰的产权就无法建立现代企业制度；（2）没有明晰的产权就无法发展社会主义市场经济体制；（3）没有明晰的产权同学们的心都会"忐忑"。

第二节　市场为什么会失灵

一、市场经济是万能的吗

古典主义经济学认为市场无所不能，但市场真的是万能的吗？西方国家在 20 世纪 30 年代出现了大规模、长时间的经济大萧条，人们才发现原来市场并不是那么完美，市场的自我调节能力是有限的，经济大萧条的来临显现了市场之手的无助。人们发现，原来有些事情是市场不能做的，市场在某些方面存在缺陷，这就是所谓的市场失灵问题（Market Failure），即市场机制或称价格调节市场的机制（看不见的手）不能让资源实现有效的配置。

二、市场失灵

市场为什么会失灵呢？如，目前我国河流的污染情况十分严重，为什么这么多的河流都污染了呢？又如近年来北京发生的沙尘暴，过去的北京空气多么好，哪有沙尘暴啊？这些现象是怎么产生的？经济学描述这种现象的名词，叫经济外部性（Economic Externality）。什么叫外部性？当人们做了一件事的时候，对发生的后果不用负任何责任，即做了坏事不受惩罚、做了好事也得不到补偿的时候，这时经济中就出现了"外部性"。如建在河边的工厂排出的废水污染了河流对他人造成损害。工厂排废水是为了生产产品赚钱，工厂同购买它的产品的顾客之间的关系是金钱交换关系，但工厂由此造成的对他人的损害却可能无须向他人支付任何赔偿费。这种影响就是工厂生产的外部影响。当这种影响对他人有害时，就称之为负外部性，当这种影响对他人有益时就称之为正外部性。如你摆在阳台上的鲜花可能给路过这里的人带来正向的外部影响。当外部性存在时，市场解决不了它，价格也解决不了它，也即市场机制是无法解决的。

为什么行驶在大海上的油船总有漏油事故发生呢？船主们宁愿挨罚，也不想去换一条新的油船，因为这样对公司是合算的。在海上行船漏了油、海水污染了、鱼类遭到威胁，谁会对此负责任呢？经济中负的外部性比比皆是。一些人的行为损害了其他人的利益，他们并不为此付出代价，所以造成了负的外部性。当经济中存在负的外部性时，这些问题是市场经济解决不了的，"看不见的手"也没有办法。

经济中同样存在正的外部性。就像爱迪生发明了电灯，从此人类的夜晚有了光明，但是他自己的获利与全人类所得到的光明相比是微不足道的。牛顿发现万有引力定律，爱因斯坦创造相对论，他们又能获得多少经济补偿与回报呢？能不能与他们对人类做出的贡献相比较呢？还有，我国现在的义务造林，以及许多发明创造，它们都给社会带来正的效益。很多时候，当人们做出巨大贡献时，市场并不对他们进行补偿。经济中正的外部性，这也是市场机制所不能解决的，这是市场机制失灵的另一个方面。

在经济生活中，还有一种情形也是市场机制不能解决的。如大家都需要的东西却没有人愿意提供。这是什么物品呢？

全社会的资源分为两种：一种是私人物品（Private Goods），一种是公共物品（Public Goods）。你身上穿的衣服，手里用的东西都是你自己的，是属于你的私人物品。私人物品具有两个特征：一是竞争性，二是排他性。所谓竞争性是指你消费的东西，别人就不能消费，你们的消费是处于竞争状态；所谓排他性是指因为你有钱买了这个东西，别人没钱，他就被排斥在外。私人物品是市场机制、价格机制可以解决的。

但在这个社会中，还有许多公共物品。公共物品也有两个特征：非竞争性和非排他性。比如街上的路灯是公共物品，谁都可以从路灯下走过，谁都不需要交费，没有竞争；谁也不能限制别人从路灯下走过，也不排他。又如，在北京修了一条公路，大家使用的时候不交费，因为这条路是公共物品。还有，我们的国防，是公共物品，国防对一个国家全体国民都提供保护。

修好的道路，大家都能走；路灯照着所有走路的人；还有国家的司法、教育、公共卫生、桥梁、灯塔等，这些都是公共物品。公共物品在消费中不竞争，社会全体成员都能享受它们，多一个人消费并不增加它的成本，但如果想排斥别人的消费，其成本是相当高的。例如，总不能一盏路灯下站一个警察，凡是不交钱的人就不让从这里走，这多困难！再如国防，当导弹打过来时，军队只保护缴过税的人，没缴税的人就不保护，这可能么？所以，在公共物品的使用上，排斥别人的费用是极高的，也是非常困难的；但增加一个人消费，却几乎不增加它的成本。

那么，我国的高速公路是公共物品吗？公共物品有两个特征：不竞争、不排他。高速公路虽然不竞争，但却排他。不交费的车，不能上高速公路。但高速公路也不是私人物品，因为它不限制任何车辆，什么车都可以上去，所有人都可以使用。所以我们称之为准公共物品。在公共物品由此可分为纯公共物品和准公共物品。

纯公共物品具有两个特征：不竞争和不排他。如国防、义务教育等。准公共物品只具备一个特征：或者不竞争，或者不排他。如收费的高速公路就是准公共物品。因为它不具备竞争性，却具有排他性，但并不是所有的高速公路都是准公共物品，德国的高速公路就是纯公共物品。因为德国的高速公路不收费，谁都可以走。德国的高速公路上跑着很多外国的汽车，欧洲各国的汽车都愿意从德国走，因为德国高速公路不用交通行费。高速公路不收费是一国经济富裕的表现，同时，德国人也这样想："我们的高速公路这么多，如果要建关卡收费的话，花钱太多不说，也影响经济的发展。所有的车使用高速公路可以不交费，但是，汽车走几百公里总不能不加一桶油吧！好了，你们只要加一桶油就够了。" 因此，德国把一种税加在汽油的售价里了，即燃油税。德国把高速公路变成纯公共物品，然后在汽油里加税。所以我们说，准公共物品只具有一个特征，或者是不竞争，或者是不排他。

随着人们生活水平的不断提高，公共物品在供需方面出现了矛盾。从需求方面看，谁不想有清新的空气？谁不想看到清清的河水？谁不想看到大片的绿地？谁不想让自己的孩子到好学校读书？谁不想去图书馆免费借书？所有人都有这样的期望。因此，对公共物品的社会需求越来越大；从供给方面看，公共物品的供给为零，没有人愿意提供公共物品。为什么呢？因为提供了公共物品，使用时谁来给这些公共物品交费呢？如果是私人物品就不一样了，它有市场的价格机制，人们要是不出钱，就不能得到这个东西。而公共物品的使用是免费的，大家都知道消费时不花钱，于是所有人都来"搭便车"。

私人物品供需是市场价格机制能够解决的，而公共物品大家都需要却没人愿意提供。在这种情况下，所有人都想免费搭便车，公共物品的生产者和消费者之间的链条断裂，市场机制不起作用。这是市场失灵的又一个方面。

社会需要公共物品，又没有人提供。需要有路灯，需要有道路，需要有警察巡逻，需要有公检法维持秩序，需要有军队保卫国家，怎么办呢？政府说了，既然这样，所有人都需要的东西，没有人来提供，只能大家都缴税吧，我来提供公共物品，满足社会对公共物品的需求。所以，政府在有能力的情况下，一定要提供公共物品。公共物品是政府靠税收来提供的。如果政府的税收不够，它提供不了这么多的公共物品怎么办？政府不能让人们没路可走，它可以提供准公共物品，还可以让民营企业或外资企业投资准公共物品。比如把一条高速公路包给某公司来修建，把某个港口包给某公司来做。

那么，我国的教育是公共物品吗？就我国的现状看，9年的义务教育是公共物品，这是由国家来提供的。但是，如果年轻人想继续上高中、读大学时，就需要交纳相应费用。这时候，高等学校的教育资源就变成准公共物品了。如果既没有这么多教育的公共物品，又没有这些准公共物品，我们国家的教育水平不就下降了吗？所以，当政府有经济能力的情况下一定要尽量提供公共物品，当它没有经济能力的情况下也应该尽可能提供准公共物品。

当一国经济高度发展，国家财政很宽裕的情况下，许多准公共物品就会转变成纯公共物品。当它们真正变成纯公共物品的时候，我们会发现生活的质量好了很多，也许孩子们可以直接上大学，而不需交纳高昂的学费，高速公路可以随意通行，不必准备这么多的"买路钱"。

市场失灵还表现在收入分配不公平的问题上。如我国商业银行现在有近40万亿储蓄总额。有人问：为什么不把银行的储蓄拿出来花了呢？又有人问：怎么花呢？在银行储蓄总额中，80%的储蓄是只占储户总数20%的人们存的钱，而占储户总数80%的人却只拥有20%的储蓄。想花钱的人没钱花，有钱的人不需要花钱。这就涉及一个收入分配不公的问题，我国人口中有些人富，有些人穷，这些问题单靠市场机制解决不了。市场机制只能解决效率问题，让经济快速发展，但不能解决公平问题，这是市场失灵的又一种表现。这个问题只能由政府来解决，政府通过累进制的所得税向高收入的人征更多的税，来给低收入的人发放生活救济金，让穷人生存下去。

以上我们主要讲了市场失灵的三个表现：第一是经济外部性，第二是公共物品，第三是收入分配不公平。此外还有一种可能，即对市场某种程度的垄断或完全垄断可能使得资源的配置缺乏效率，这是市场失灵的第四个表现。当市场本身无法克服由于垄断造成的市场失灵时，政府的干预是必要的，如价格管制、反托拉斯法、政府经营—国有化等措施。还有一个表现是信息不对称，由于经济活动的参与人具有的信息是不同的，一些人可以利用信息优势进行欺诈，这会损害正当的交易。当人们对欺诈的担心严重影响交易活动时，市场的正常作用就会丧失，市场配置资源的功能也就失灵了。此时市场一般不能完全自行解决问题，为了保证市场的正常运转，政府需要制定一些法规来约束和制止欺诈行为。

市场失灵的问题解决不了，怎么办？由政府出面解决。那么，政府究竟应该怎么解决这些问题？政府应该发挥什么作用？政府在经济生活中扮演什么样的角色？这些都需要我们进一步去探讨。

第四章
政府与经济

第一节　政府扮演的经济角色

　　既然市场存在这么多的失灵，应该由政府出面解决经济中的外在性、解决大家需要的公共物品、解决收入不公、垄断等这么多的问题。那么，政府究竟在我们的经济生活中都扮演什么样的角色？它又是怎样来扮演好这些角色的？

　　首先，我们来研究政府究竟应该做什么，又不应该做什么。

一、政府的作用

　　政府的第一作用，稳定经济。这是政府在经济生活中首先要做的。我们看俄罗斯，1991 年底，苏联解体为 15 个独立国家后，这 20 年来，俄罗斯政府换了多少任的总理，卢布也是一贬再贬，人民的生活物资一度严重匮乏。当然，由于之后政府领导的稳定，俄罗斯开始有了很大起色。日本也类似，多年以来首相面临下台尴尬境地的事情时有发生。如果政府把经济搞得一团糟的话，老百姓绝对不会让他们继续待在台上了，肯定会"用自己的选票说话"。

　　所以，政府在经济生活中第一重要的作用，就是稳定经济。我们国家这些年的经济，从改革开放的 1978 年走到今天取得的成果就可以充分证明这一点，政治上稳定，经济就发展得好。

政府的第二作用，就是提供公共服务。在上一章我们说过，社会需要大量的公共物品，需要有干净的河流，有新鲜的空气，有美丽的花园，有绿茵芳草，有依依垂柳，这些东西都是谁应该提供的呢？是政府。政府应该为社会尽可能地提供公共物品。

那些跨国公司的企业家们，为什么更愿意把资金投到中国东部地区，如珠三角和长三角地区，而较不愿意投到中国西部地区？其中一个重要的原因，就是因为沿海发达地区里的公共物品多：那里的道路已经修好了，桥梁已经建成了，他们（外商）投资到那个地方就无须再修路了，就可以解决货品的运输问题，这样就节约了生产成本，就有了规模经济，它的效率就高，利润就大。

众多的公共物品是谁提供的？这些道路、桥梁以及港口码头等一系列东西，都是国家提供的，是各级政府承担了提供公共物品的责任。

政府的第三作用，就是创造公平竞争的条件。作为政府，应该给所有的人创造一个公平竞争的机会，让每个人都站在同一起跑线上，彼此之间可以公平竞争，每个人都能够发挥自己的长项。

一个政府一定要创造一个公平竞争的环境，它要让有才能的人去创造社会财富，让适合办企业的人去做企业家，适合管理的人去做政府官员，适合讲课的人去做教师。为社会全体成员提供公平竞争的机会，这是政府该做的事情，也是它的经济职能之一。

政府的第四个作用，就是进行收入的再分配。如前所述，有些经济问题仅靠市场机制是不能解决的，市场只能用价格机制去解决问题。个人能力有差异，且在产业结构调整过程中，有些企业无法生存，因为它们产品没有竞争力，生产成本高于市场价格。所以企业倒闭、工人失业必然产生，这是市场优胜劣汰的结果。我国的分配制度强调"效率优先、兼顾公平"，既承认了市场对资源配置的基础性作用，又考虑到了失业人员的痛苦。因此收入的再分配必不可少，即通过失业救济、失业保险等形式进行转移支付，照顾到弱势群体。

所以，政府在经济生活中发挥的作用有四个方面：第一，稳定经济；第二，提供公共服务；第三，创造公平竞争的条件；第四，进行收入再分配。

二、政府不该做的事

在市场经济条件下，政府不该做什么？2001年，美国的前财政部长鲁宾到清华大学来做讲座时说：政府不该做什么？政府不该进入竞争性的行业，去经商办企业。政府不能做这些本该由市场去完成的事。为什么？政府为什么不该进入竞争性的行业？你想，如果政府要做企业，别人还做不做？如果政府在哪个行业中做，别人还能做吗？

市场失灵有三个方面，政府应该在市场失灵领域发挥作用，政府应慎重涉入投资竞争性行业领域。因为当政府进入竞争性的行业往往会有意无意地出现不平等竞争，因为是政府同时也是规则的制定者。

就像亚当·斯密所说的，政府应该做守夜人，夜晚来临的时候去敲钟，夜深了看看有没有偷盗行为。用今天的话来说，政府就是裁判、法官，任务是制定规则，并让所有的人按规则行事，这样社会才能有序，经济才能高效，然后政府才能有精力去做它该做的事情。

我国现在既存在政府"缺位"的问题，又存在政府"越位"的问题。政府的缺位在于，它应该制定规则并监督其实施，它应该提供公共物品，它应该重视教育、解决社会保障、环境污染等问题。政府只能解决市场解决不了的问题，市场能够解决的问题，政府不要自己去解决。政府没有钱搞好这些事情。但是，还有政府越位的问题。比如竞争性的行业需要政府去办吗？市场本身能解决的事情，政府有必要做吗？如果政府去做，这叫越位。我国已经加入世界贸易组织，"入世"时我国做出了 7 项承诺，"入世"的绝大部分文件，其实是对一国政府行为做出的要求，政府的职能要适合市场经济原则，就是政府要从越位的地方退回来，把政府缺位的东西补上，这样政府才能做到高效、公正、廉洁，经济才能正常发展。

简单总结起来，市场失灵的部分由政府出面解决；市场能发挥作用的地方，政府就不要轻易去干预。而政府改革的目标，就是要做好裁判，制定规则，让大家处在同一起跑线上，我们的经济就会健康地运行。

第二节　财政、财政，有"财"方能行"政"

一、政府的钱从哪里来

政府在经济生活中扮演的大多是花钱的角色。政府要履行各种职能，需要有财政的支持。而政府主要是靠税收维系运转的。有了税收，有了财政收入，政府才有能力去行使它的职能。

政府需要用钱，那么，政府的钱从哪里来？又用到哪里去？这就是财政的收入的支出问题。当财政收入大于财政支出的时候，就会出现财政盈余；相反，当财政支出大于财政收入的时候，就会出现财政赤字。

当一国经济增长较高的时候，政府的日子就好过；当一国经济增长缓慢的时候，政府的日子就难过。政府进入经济生活，它就一定得有收入。其他姑且不论，仅仅是要养活这么多的政府工作人员就是一大笔开支。那么政府的收入从哪里来呢？政府财政收入主要来源于四个渠道：

第一，税收收入。这是最主要的财政收入。任何一个国家，无论是发达国家，还是发展中国家，政府的财政收入主要都是从税收中来的。我国现在税收占财政收入的比重已达 90% 以上。税收的特点是强制性的，而且是无偿的。就是说，当政府收税之后，是不需要返还的。

第二，债务收入。当政府的钱不够花的时候，它可以去借债。债务收入的原则是自愿性的，而且要求政府偿还或同时付息。

第三，企业收入。国有企业在偿还银行贷款，上缴国家税款之后，如果它有利润，其中应该交给国家的那部分，叫作企业收入，因为国有企业是国家出资办的企业，国家自然依自己的出资获取利润分配。

第四，其他收入。如我国的国有森林、地下资源等，政府会有一些转让使用的收入。

政府的财政收入最核心的是税收，如企业上缴的增值税、营业税、所得税，我们每人上缴的个人所得税等，还有关税、金融企业所得税等一系列的税收。我国现在税收管理体制分为中央税和地方税两部分，中央税归中央政府所有，地方税归地方政府所有。

为什么要征税，这是一个非常古老的问题。一般人都不喜欢缴税，即使一国总理也不例外。赫尔穆特·科尔任联邦德国总理时政绩不错，在东西德统一上做出了贡献。90 年代初，他率团到中国访问，随团同行的有一百多位企业家，他们此行和中国谈成了很多生意。当他们回国时，所有的人都在飞机上兴致勃勃地谈论着这次跟中国签订的合同。高兴之余，只见科尔总理在那儿低着头，他正在计算着自己一年来消费所花的钱中，有多少可以退税。因为在德国，每人只要消费超出一定数额后的部分，就可以退税了。他一边计算着，一边在嘴里嘟囔着："唉！真倒霉，我这一年挣的钱都缴税了！"

科尔是一个国家的总理，税收政策是他们定的，国家也是他们去管理的，税款更是他们去收的，征来的税还是政府花的，他本人竟然还抱怨税征得太高了。作为一国总理，他的收入高，他要缴的税也就相应地多。所以，政府的税收具有强制性，它是每个公民应尽的义务。

一般人都不喜欢缴税，但是如果没有税收的话，国家怎么运转？也许有人问："政府为什么拥有收税的权力？"经济学理论到今天都解释不了这个问题。我们只能说这是一种社会的契约，社会全体成员为了获得政府的保护，要让政府站出来，因为我们需要公共服务，需要公平竞争，需要制定规则，需要避免负的外在性，等等。公民自愿赋予了政府这种权力，大家缴税，让政府来管理我们这个社会。

税收是一个政府赖以生存的经济基础，没有税收收入，政府难以维持运转。所以纳税是每个公民的义务，如果大家都不纳税的话，政府就无法运行了。这就是为什么我国在向社会主义市场经济转型过程中，一直在探讨税收问题。因为政府需要收入，否则它将无法履行职能。

财政政策的实施涉及"乘数效应"这个概念。也就是 1 000 亿元的投资并不是只给经济带来 1 000 亿元的 GDP，它还会带动相关的投资和配套资金，这就会产生一个乘数放大效应。如一条公路修好了，路边就会有人自发地投资加油站、建饭馆、旅店等。房地产商们看好了这里的交通，就会投资修建商品房。同样，当这些投资下去，消费就会跟上来。这其中每一个环节都会涉及经营行为，都会创造出价值、增加 GDP、增加税收。

二、政府的钱怎么花

我国政府的财政收入来自税收、债务、国有企业利润、国有资源四个方面。那么，政府收入又是怎样支出的呢？政府支出指一国（或地区）为了完成其公共职能，对购买的所需商品和劳务进行的各种财政资金的支付活动，是政府必须向社会付出的成本。我国政府的财政支出主要分为两部分：一是经常性支出，二是建设性支出。

财政的经常性支出是维持公共部门正常运转或保障人们基本生活所必需的支出，主要包括人员经费、公用经费及转移支付支出，是政府每年每月都必须向外支出的，而且是无法收回的。经常性支出是政府财政支出中非常重要的一部分，我国政府每一年的财政收入，绝大部分都用作经常性的支出，拿去给公务员发了工资。如公立学校的教师，他们的收入，就是从政府的税收而来，政府将财政收入从财政部拨一部分给教育部，教育部拨给全国的学校，学校再给教师们发一部分工资。我们有军队，有国家的公检法机构，有教育部门，有科技部门，以及公务员队伍，这些都需要国家财政去养活，都是政府发给他们工资。这些支出，叫财政的经常性支出，就是每个月都要支出的。如这个月发给全国公务员的工资，下月还得支付，一直支付下去，绝不能停发。否则，政府机构将无法运转。

所以，财政的经常性支出，是政府每年每月都必须向外支出的，而且是无法收回的。经济学理论讲，工资具有刚性。什么叫刚性？就是说工资只能长不能降，除非出现了万不得已的情况。你看西方国家的公务员或者政府雇员，一听说要给他们降工资时，就要上街游行，谁都不愿意接受降工资的事实。经常性支出是政府财政支出中非常重要的一部分，我国政府每一年的财政收入，绝大部分都用作经常性的支出，拿去给公务员发了工资。

经常性支出以外还有一块支出，叫作建设性支出。建设性支出一般指国家式政府用于经济建设，尤其是基础建设方面的开支。如我国很多大的项目投资，如修了京九铁路、修了三峡工程等。仅三峡工程的预算就有 2 000 多亿元，当然这些项目有的时候是靠发债进行的。但是，这毕竟属于政府财政资金的投入，属于建设性的支出。政府建设性支出包括两个方面：第一，投资关系全局的基础设施建设；第二，投资大中型企业的建设。

政府在财政支出上有什么原则呢？不同的国家财政支出的原则不尽一致，不过通常都会遵循以下两个原则：一是效用原则，二是效率原则。

效用原则，就是看把这些钱使到哪儿的效用最大，即这些支出给投入主体带来的满足程度最大。如果政府有一笔资金，是用于给公务员涨工资，还是给贫困人口发放救济金，这就要看哪个效应最大，这是政府的一种选择，也叫效用原则，就是看哪个效用最大。

效率原则，是指究竟把这笔钱投到教育上产出最大呢，还是投到国家一个基建工程上产出最大？这就需要比较它们之间的效率问题。因此前者叫作效用原则，它使社会效应达到最大化；后者叫作效率原则，它使投入产出的利润收益达到最大化。这两种原则在不同的国家都有使用，而且在经济发展不同阶段，各有不同的侧重。

我国的财政支出采用的是"基数原则"，就是按照商定的基数去分配的。打个比方，过去历年上海财政预算是 100 亿元，那么现在财政给你拨 100 亿元。如果你今年够了，就这 100 亿元；如果你今年还不够，说缺口是多少，再给你补上，明年在这个基础上增减。所以，这就造成一个现象，如果当初核定的基数不合理，就会延续下去，导致所有地方政府都"跑部向前"，即跑到财政部去要钱，每个省都说自己的财政不够花。说我们这个地区教师已经半年领不到工资了，你看我们的教育还能维持吗？你看我们的公务员已经很久没发工资了，中央财政该给我们增加一点吧！这样一来，大家都去争。财政部长曾这样说过："让我们不能理解的是，为什么我国财政多收的那一年，就是我们财政不够支出的那一年呢？"

我国的财政支出采用的是基数原则，而财政支出分配涉及的是一个利益问题，是多给你一点利益和少给他一点利益的问题。政府想怎样把它分得合理，是很难的一件事，这一碗水很难端得平。所以，财政支出上的问题，是政府在划分利益、在分切蛋糕，任何一项改革财政支出的措施出台，都涉及把利益让给谁的问题，因此政府是很难处理的。

三、政府的钱怎么来

我国财政采取的是"复式"预算、分级管理的方法。什么叫复式预算？就是说，我们把经常性项目和建设性项目分开列预算。这样我们就可以清晰地看出政府的财政赤字究竟是来源于经常性支出还是建设性支出。如果赤字来源于经常性支出，这样后果会很严重，因为这笔钱是要经常向外支出的，而且是无法收回的，如果出现支出缺口，是几乎没有办法偿还的。采取这样的预算方式，就是为了加强对财政支出的管理。

1994 年我国进行了财税体制改革。这次改革我国只改了如何增加财政收入的问题，没有改革财政怎样支出方面的问题。如我们建立企业所得税、个人所得税制度，统一了内、外资企业的税收等，而且我国实行了分税制，将税收的权限分开了。改革之后，我国的中央财政和地方财政收入都在增长，国家宏观调控的能力也随之增强了。

什么叫分税制呢？所谓分税制是指中央和地方政府分开征税，一个是中央税，一个是地方税，此外还有一个共享税。同时，税收的职能部门也分开了，国税局替中央政府收税，地税局替地方政府收税，形成两套税收体系。

1994 年的税制改革明确了中央和地方财政的支出原则：中央政府承担全国性的支出，地方政府承担本地区的发展。以九年制义务教育这件事来看，应该由哪级财政来支出呢？我们说，中小学教育是由地方财政支出的。当地方财政钱不够的时候，中央财政再来补助。所以，富裕地区因为政府有钱，它们那里的办学条件就会好一些；贫困地区由于政府钱不够，它们那里就会有失学儿童，有失学儿童的时候，中央政府就得管。

再有，我国在采取分税制的时候，也界定了中央税和地方税的范围。部分税种由国税收取，如关税、金融企业所得税等都属于中央税。营业税、个人所得税等则属于地方税。随着经济的发展和人民收入水平的不断提高，个人所得税将越来越成为一个大税种，这一点已被西方发达国家的经验所证明，这些国家的个人所得税占税收总体比重很高。

除中央税、地方税之外，还有一种税叫作共享税，如企业增值税就是共享税。企业增值税先全部上缴国税，中央财政留下 75%，然后再返还给地方财政其余 25%。证券交易印花税也属于共享税，最初，中央财政与上海、深圳市政府各占 50%，到后来改成了中央 80%、地方 20%，现在又改为中央 88%，两地的地方财政 12%。

此前我们了解了我国的税款是怎么收上来的，也大致讲解了中央和地方在税收分配格局上的安排。那么现在我国财政上还存在着什么问题呢？中央财政现在每年都把成百上千亿元的资金拨给贫困地区，支援它们的发展。尽管如此，这些地区还是很困难。我国 1994 年财税体制改革取得很大的成果，但是当时主要在"怎么把钱收上来"这个问题上下工夫，在如何合理、高效地安排财政支出，即怎么花钱这一方面做的工作还很不足。这是因为，财政支出上的问题涉及面更广、更复杂。从地方政府的角度出发，它们肯定都希望每年中央下发的经费预算越来越多，而非越来越少。各地方政府都会努力从中央财政争取尽可能多的经费。我国的财税体制改革，下一目标就是要改革财政的支出，让我国财政支出变得更合理、更符合各方的利益、更能调动地方政府的积极性。

四、政府的财政政策——调控经济的一只拳头

本章第一节提到，政府在经济生活中首要的作用，就是稳定经济。当经济出现波动：如经济下滑或低迷、高涨或过热时，政府如何应对呢？政府拥有一只有力的调控经济的杠杆，那就是财政政策（Fiscal Policy），主要由政府支出和税收政策两部分组成。

政府支出主要包括政府购买、转移支付和税收。政府购买、转移支付包括前面提到的经常性支出、建设性支出相关项目。税收主要是个人所得税、公司所得税和其他税收。在经济萧条时期，经济中存在失业，政府要通过扩张性财政政策来刺激总需求，实现充分就业。扩张性财政政策主要包括增加政府支出与减税。在经济繁荣时期，经济中存在通货膨胀，政府要通过紧缩性财政政策来抑制总需求，实现物价稳定。紧缩性财政政策包括减少政府支出与增税。20 世纪 30 年代凯恩斯主义产生后，财政政策成为调节经济、挽救经济危机的重要手段。

2007 年下半年美国爆发次贷危机。2008 年 9 月，以美国第四大投资银行雷曼兄弟公司破产为标志，次贷危机发展为国际金融危机，全球实体经济增速大幅下滑，国际经济形势急转直下。此次危机对我国经济带来的直接压力是经济增长速度下行。特别是 2008 年 9 月份以后，危机的不利影响和冲击明显加重，我国经济发展遇到的困难日益显现，经济运行态势出现大的变化。2008 年第三季度，我国的 GDP 增长率只有 9%，明显放缓。2008 年 10 月，工业生产增长率降至个位数，出口总值增速同比回落 3.1%，股市跌到低点，房地产市场出现大幅波动。同年 11 月，通货膨胀压力减弱，但企业效益下滑，部分中小型加工企业倒闭，失业人员增多。我国面临着经济增长趋缓和就业形势严峻的双重压力。

接下来的 2009 年，是进入新世纪以来我国经济发展最为困难的一年。年初，在"金融海啸"的冲击下，世界经济陷入严重衰退。虽然由于一系列应对举措的迅速实施，我国国内经济运行开始出现某些积极迹象，但总体来说，实体经济受危机的冲击仍很严重，经济增长的下行压力仍在明显加大。仅 1 月，我国生产者物价指数（Producer Price Index，PPI）同比下降 3.3%；外贸总值同比下降 29%，进出口跌幅创 10 多年来的纪录。由于部分企业裁员，仅农民工就有 1 200 万人返乡。

从 2009 年到 2012 年的中央经济工作会议中，保增长、调结构、扩内需等议题是主要的基调，以四万亿元投资计划为代表的扩张性财政政策在当时世界经济增长明显减速的背景下，有利于增强信心，稳定预期，有利于扩大城乡就业，增加居民收入，保持社会稳定。从经济发展的实际情况来看，虽然还存在诸如环境保护不力、收入分配不均、产业结构不合理等棘手问题，但我们的政策还是比较成功的，政策效果也是很显著的，这在很大程度上依赖于国家强有力的财政政策。

第五章
货币漫谈

第一节　货币基础知识

货币（Currency）俗称"钱"或"钞票"，是一种被普遍接受的，作为流通手段、并具有价值尺度和价值贮藏等功能的经济工具，是一种特殊的商品。

一、货币的基本职能

价值尺度。货币为衡量不同物品的相对市场价值提供了统一的标准和计量单位。在物物交换中，每一种物品的价值是通过与其他物品的交换比例表现的。货币的出现，使人们可以很方便地用货币作为统一的尺度表示所有物品的价值。

流通手段。流通手段作为货币的最基本职能，克服了物物交换时要求交换的双方对交换物的欲望双向一致性（Double Coincidence），大大降低了交易成本。

价值贮藏。货币的价值贮藏职能大大扩展了购买力在空间上和时间上的跨度。

二、货币的基本形态

商品货币是指有实物支持的货币。在历史上，许多不同的商品在不同的历史时期都承担过交换媒介功能，其中包括家畜、烟草、铜、铁、金、银等。我国在殷商时期已经出现作为交换媒介的货币。最初是家畜，后来改用南洋出产的咸水贝。因而，在我国文字结构上，凡是与财货或价值有关的事物，大多从贝这个部首。虽然在不同国家，早期曾经使用不同的商品做货币，但是后来各国普遍转为金属铁、铜、金、银作为货币材料。

纸币，是现代工商业社会中流通的货币。纸币更容易携带和贮存。在票面上印上不同的数字，就可以在体积轻微的媒介物中包含巨大或微小的价值量；利用防伪设计，使得个人不能随便创造货币，从而保证货币供给的稀缺性。国外教科书一般认为，纸币最早在16世纪产生于英国。然而，早在我国的唐宋时期就产生了纸币的雏形：飞钱和交子。

商品货币让位于纸币，更加显示了货币的本质。人们需要货币不是需要货币作为特定商品本身，而是需要它作为买卖商品的媒介。所以，货币可用纸币这样一种符号来表示。只要人们约定俗成地相信这本身没有价值的纸片能够作为交换媒介被广泛接受，它就可以取代高贵的金银跃居被人人看重的地位。在这个意义上，货币是一种有关信用的社会合约和制度。随着社会的发展支票和电子货币大行其道。

三、货币的层次

一个国家在某一特定时点上由家庭和厂商持有的，政府和银行系统以外的货币总和被称作货币供给。货币供给大多由一国的中央银行控制。一种资产转换为另一种资产的便利程度叫作资产流动性（Liquidity，又称变现能力）。货币作为被普遍接受的交换媒介可以随时转换为任何其他的资产形态。因此可以把货币看作具有完全流动性的资产。这样一来，其他资产依据其流动性程度的高低就具有了不同程度的货币性。我们在量度一个经济社会中货币的数量时，就需要按其流动性的高低划分出不同层次的货币。

在20世纪90年代我国确立市场经济的体制目标，随之而来的新一轮经济高涨带来通货膨胀的压力，使货币量监控成为调节宏观经济的重要课题。在这一背景下央行采用国际通用规则，即依据金融资产的流动性强弱，并结合我国的国情划分狭义的货币和广义的货币，我国的货币度量体系将货币分为 M_0、M_1、M_2、M_3 四个层次如表5-1所示。

表5-1　中国的货币数量测算口径分类

口径	货币资产种类
M_0	流通中的现金
M_1	M_0+ 企业的活期储蓄存款 + 政府部门、社会机构和部队的储蓄存款 + 农村储蓄存款 + 个人信用存款
M_2	M_1+ 城乡居民定期储蓄存款 + 企业定期存款 + 外汇储蓄 + 信托类存款
M_3	M_2+ 金融债券 + 商业票据 + 大额可转让定期存单等

　　信托存款是信托机构按照委托人的要求，为特定目的吸收进来代为管理的资金，是信托机构经营业务的重要资金来源。信托存款与一般银行存款相比，具有存期较长、数额较大、利率较高、用途有一定限制、不能随意提取本金等特点。

　　大额可转让定期存单（Large-denomination Negotiable Certificates of Time Deposit，NCDs）是由商业银行发行的、可以在市场上转让的存款凭证。NCDs 的期限一般为 14 天到一年，金额较大。

　　货币市场共同基金（Money Market Mutual Funds，MMMFs）是将众多的小额投资者的资金集合起来，由专门的经理人进行市场运作，赚取收益后按一定的期限及持有的份额进行分配的一种金融组织形式。

　　金融债券是银行等金融机构作为筹资主体，为筹措资金而面向个人发行的一种有价证券，是表明债务、债权关系的一种凭证。金融债券按法定发行手续，承诺按约定利率定期支付利息并到期偿还本金，它属于银行等金融机构的主动负债。在英、美等国家，金融机构发行的债券归类于公司债券。在我国及日本等国家，金融机构发行的债券称为金融债券。

　　商业票据是指由金融公司或某些信用较高的企业开出的无担保短期票据。商业票据的可靠程度依赖于发行企业的信用程度，可以背书转让，但一般不能向银行贴现。

第二节　利率和汇率

一、利率——货币的价格

　　利率（Interest Rates）即利息率，是指一定时期内利息额同借贷资本总额的比率，是单位货币在单位时间内的利息水平。利率通常由各个国家的中央银行控制。现在，几乎所有国家都把利率作为宏观经济调控的重要工具之一。

　　利率是经济学中一个重要的金融变量，几乎所有的金融现象、金融资产均与利率有着或多或少的联系。当前，世界各国频繁运用利率杠杆实施宏观调控，利率政策已成为各国中央银行调控货币供求，进而调控经济的主要手段，利率政策在中央银行货币政策中的地位越来越重要。

　　关于利息的来源有两个主要的理论：

　　时间偏好理论。因人们喜爱现期消费，对未来难以预期，故放弃现期消费应该得到利息作为报酬。如一个人很想买一辆摩托车，价格是 5 000 元，他自己只有 2 000 元。有购买愿望但无支付能力，所以他的消费是无法实现的。如果有人愿意以年息 10% 借给他 3 000 元，他就要考虑一下了。首先，他对当前消费的评价（即借 3 000 元买到摩托车）要高于未来（即一年后攒够 5 000 元买到摩托车），如果觉得合算他就会借钱购买，首先享受到摩托车带来的满足。一年后还本付息 3 300 元，利息 300 元就是他为了提前享受摩托车带来的快乐所付出的代价。借出钱的人因为放弃了当前消费，获得利息也是理所当然的。

迂回生产理论。即先生产生产资料，后用这些生产资料去生产消费品，可以提高生产效率。迂回生产提高了生产效率，而且迂回生产的过程越长，生产效率越高。现代生产的特点就在于迂回生产，但迂回生产的实现就必须有资本。所以说，资本使迂回生产成为可能，从而就提高了生产效率。这种由于资本而提高的生产效率就是资本的净生产力。资本具有净生产力是资本能带来利息的根源。举个捕鱼的例子，如果赤手空拳没有任何工具去河边捕鱼，那效率是非常低的，可能一天都逮不到一条鱼。为什么不借助工具呢？没有钱买啊，如果有人借给你钱去买渔船、渔网等各种各样的捕鱼工具，那会让你捕鱼的效率大幅度提高，那就是"晚上归来鱼满仓"。所以，是资本带来了效率的提高，那么为这种效率支付利息也是理所当然的。

利率与我们的生活密切相关，影响着我们决策的成本。但应注意的是利率有名义利率和实际利率，名义利率是指一国央行或其他提供资金借贷的机构所公布的未调整通货膨胀因素的利率，即利息的货币额与本金的货币额的比率。实际利率是指剔除通货膨胀率后储户式投资者得到利息回报的真实利率。二者之间的关系是：

$$实际利率（r）= 名义利率（i）- 通货膨胀率（\pi）$$

或，
$$名义利率（i）= 实际利率（r）+ 通货膨胀率$$

以上公式被称为费雪方程，即名义利率的变动由两方面的因素引起：①实际利率的变动；②通货膨胀率的变动。如果通货膨胀率上升一个百分点，那么名义利率也必须上升一个百分点，这一关系被称为费雪效应（Fisher Effect）。现实生活中必须要考虑费雪效应。如你借给别人 10 000 元的利率是 10%，这个利率就是名义利率，一年后你拿到 11 000 元。实际上事情并没这么简单，如果当年发生了 10% 的通货膨胀（一般用消费价格指数 CPI 表示），那么根据费雪方程你得到实际利率是零，也就是你拿到的 11 000 元实际上跟一年前的 10 000 元购买力是一样的，货币贬值 10%。所以你要想不吃亏，必须把名义利率定在 20%。所以说，由于物价的因素 10 年前的一单位货币跟 10 年后的一单位货币购买力是完全不一样的。

二、汇率——宏观中的宏观

如果说利率是资本的价格，那么汇率又是什么呢？可能有人会说这么简单的问题谁不会，不就是两国货币的比价吗？当然，从字面意义上可以这么说，但这里还有更深刻的道理。

最近几年，汇率问题已经越来越成为人们关注的焦点。汇率，表面上反映的是国与国之间货币的比较，实际上反映的是国与国之间的经济甚至包括政治和军事实力的比较。

汇率是怎么产生的呢？最早的汇率出现，是因为各国之间进行贸易往来时，在货物和商品交易中，彼此需要支付各自的货币。两种货币交换形成一个比价，这个比价就是汇率。如在中国和美国之间进行贸易，如果美国商品出口到中国，我国用什么货币和对方结算呢？这要看合同的规定，有可能用人民币结算，也有可能用美元结算。如果是以美元支付，那就要把人民币按照一个汇率换算出应该支付多少美元，再到银行兑换以后支付给外商。

这看似一个简单的兑换行为，其实里面大有学问。我们在合同中选择以什么货币支付，什么时候支付，如是以签约时约定的汇率支付，还是以实际支付时的即时汇率行情支付，都会对交易的利润产生影响。有些企业在跟外商做交易时，本来它的账面上已经赢利了，可是等到要支付外汇的时候，经过换算才发现自己没赚反倒赔了。为什么呢？因为它在支付的时候，国际汇率行情已经发生了重大变化。

如日本政府，它希望日元强势还是弱势呢？它希望日元的汇率是高还是低呢？从目前日本经济发展的角度来讲，日本希望大量出口，它就希望日元贬值，因为日元贬值有利于它的出口。日本安培政府上台后为了摆脱近 20 年的"通缩"顽疾，开始疯狂印钞，启动凶猛的货币宽松政策。日元汇率随之直线下滑，日本股市则逆市大涨。这种情况下，我们就要小心了，在和日本企业签约的时候，就要预见到将来可能发生的汇率变化。做一笔生意本来就不容易，可能它的利润是 10%，结果汇率在对我方不利的方向波动了 10% 以上，这笔生意就等于白做了，甚至还会赔钱。对于和外商做生意的人是如此，对于那些利用外汇来进行资产保值、增值的个人和企业来说，亦应关注这一问题。

长期以来美国走的是一条相反的路线，也就是强势美元的路线，这有利于进口。美元强势，意味着美国可以花很少的钱买到别国更多的商品。结果是美国成为一个巨大的贸易逆差的国家。近年来，由于世界第一大经济体美国经济不景气，美国实施了一系列量化宽松政策即开始"开动印钞机印钞"。

一国的汇率政策是以本国利益最大化为目标。学习经济学相关知识，可以让我们明白汇率是怎么形成的，它是根据什么变动的，怎样看待不同的货币，汇率变动背后的经济原因有哪些，它们包括国力是否雄厚，经济增长率如何，物价变动如何等一系列因素。

当我们不看好美国经济的时候，当我们想把外汇储备中的美元卖掉一部分购入欧元的时候，其他很多国家的政府同样可能这么做，它们也会把自己外汇储备中的一部分美元换成欧元。结果，当各国政府都去买欧元，欧元汇率就会被推高，这就会加剧美元汇率的下跌。所以，汇率是货币的价格，也决定了一国出口或进口商品的价格，它也是由供给和需求决定的。如果各国都去购入欧元，对欧元的需求就会加大，欧元就会越来越"值钱"，其汇率就会上升；反之，如果大家都不要它，欧元汇率就会下降，欧元就会变得越来越"不值钱"。从根本上说，影响一国汇率根本走向的，是一国的综合实力和经济增长速度。这才是影响汇率趋势的根本因素。简单来说，一国经济实力、综合国力的增强，也会增加一国货币的信用，增强人们持有它的信心，不担心它会贬值，不担心它的政府会做出不负责任的行为，从而使得人们愿意持有该货币进行资产保值。同时，如果一个国家经济高速增长，或者处于增长周期中，人们就愿意持有该国货币而使资产增值。因为一个国家经济高速增长，就意味着在经济中存在大量致富机会，这会带动国内外对该国货币的需求，从而在汇率上反映为一国货币汇率的上升和货币的升值。近年来中国经济的持续增长也为人民币的国际化提供了有力的支撑，货币互换、人民币离岸交易中心等一系列的措施推动了人民币走向世界，归根结底还是我国的实力增强了，全世界都对中国经济有信心、对人民币有信心，也就都愿意持有。既然大家都愿意用，那么这种货币就会逐渐成为一种国际结算货币。

三、巨额外汇储备是块烫手的山芋

国家统计局公布的 2012 年年末国家外汇储备为 33 116 亿美元，比 2011 年年末增加 1 304 亿美元，大约相当于世界经济总量排名第四的德国一年的 GDP，这或许一直是中国对外贸易发展值得骄傲的成绩。然而，如此高额的外汇储备是利弊参半，如此之多！这块山芋有点烫手。

外汇储备（Foreign Exchange Reserve），又称为外汇存底，指一国政府所持有的国际储备资产中的外汇部分，即一国政府保有的以外币表示的债权，是一个国家货币当局持有并可以随时兑换外国货币的资产。我国外汇储备主要来源一是巨额贸易顺差；二是外国直接投资（Foreign Direct Investment，FDI）净流入的大幅增加；三是对人民币升值预期导致的境外"热钱"流入。热钱（Hot Money）又称游资（Refugee Capital），是只为追求高回报而在全球市场上迅速流动的短期投机性国际资本。热钱的目的是纯粹的投机盈利，而不是制造就业、商品或服务。用公式来表达就是：

国家（或地区）的外汇储备 – 外商直接投资金额 – 贸易顺差金额 = 热钱

我国巨额外汇储备的好处主要有四点：第一，调节国际收支，保证对外支付，有利于吸引外资。如外国投资者在中国的经营利润是人民币，但他想要是美元，外汇储备充足保证了这种兑换。第二，使政府有能力干预外汇市场，稳定本币汇率。一个稳定的汇率给外国投资者一个稳定的预期，也有利于吸引外资。第三，增强了在国际金融机构的地位及发言权，是我国综合国力提升的表现。

但巨额外汇储备的存在也隐含着一定的弊端。连年的贸易顺差是我国外汇储备的主要来源，而国际贸易的原则是追求两国产品或劳务的等价交换。换言之，从长远来看，一国不可能和永远为逆差的另一国做生意——这意味着外国总是从我国购入货物或劳务，却未能将货物式劳动输出到我国。因此，当我国有顺差时，必然意味着外国做出了某种承诺，即在未来某个时刻，将向我国提供货物或劳务，并附加利息，作为对等的交换。顺差给我们带来的只是花花绿绿的美钞，由于出口的都是低端产品附加值低，浪费了资源、污染了环境，而我们还把这些钱存下来了却没有花。如果我们及时充分利用自己赚取的外汇大量购买外国的优势商品与技术（当然这是存在一个发达国家对我国的技术管控问题），就可以大幅度提高我们的生产生活水平。但是，我们并没有将所挣得的外汇全部换成商品、技术与服务，而是将其中的一大块握在自己的手里。作为别国的货币，外汇存在币值波动的极大可能性，就像我们持有的大量美元外汇一样。人民币汇率改革以来，人民币升值了20%多，也就是说，在人民币升值20%的同时，我们手里的美元贬值了20%。

国内企业出口商品换回的是美元等外汇，而外汇在我们国内是不能直接使用的，所以企业必须将持有的外汇按当时的汇率卖给商业银行，获得银行支付的等值的人民币再去使用。商业银行再把外汇卖给中央银行，中央银行支付等值的人民币获得外汇，形成外汇储备。美元留下了，而我国资源生产的商品流出国门，跑到国外去了，也就是钱多了而商品却少了。央行用什么来购买外汇呢？只能通过"开动印钞机"。用上述逻辑来解释我们的外汇储备，可以这样表述：为了购买现有的33 116亿美元的外汇储备，央行使用了超过20万亿元人民币。国民经济无形中增加了20余万亿元背后没有任何产品和服务承担的货币，钱多了，商品少了，输入性通货膨胀（Imported Inflation）就产生了。

第三节　银行与货币

一、商业银行如何创造货币

银行是我们日常生活中不可或缺的一部分，当然这里指的是商业银行。商业银行提供存款、取款、贷款、各种金融服务，其传统业务主要是：吸收存款、发放贷款、代客结算等。现代的商业银行正向混业经营、全能银行的方向发展。

现代商业银行的业务种类有成百上千种，但大多数人不清楚商业银行还有一个重要的功能：那就是不断地创造货币。在此法定存款准备金率（Required deposit reserve ratio）。法定存款准备金率是一国中央银行以法律形式规定的该国商业银行在所吸收存款中必须保持的资金比例。如中央银行规定 20% 的存款准备金率，某人在建设银行存 100 块钱，建设银行必须拿出 20 元作为准备金缴存中央银行，也即建设银行最多能贷出 80 元，这是稳定银行体系的一个措施。

那么，商业银行如何创造货币呢？继续之前的例子，商业银行吸收了 100 元"原始存款"，其中 20 元"缴存存款准备金"，剩下的 80 元可以用于放贷；客户得到了 80 元贷款后，用于支付给另一个客户，另一个客户将这 80 元资金存入另一家银行，这就产生了"派生存款"（Derivative Deposit）；这第二家银行在缴存 16 元存款准备金后，又可放出 64 元贷款给下一客户……这个过程无限次进行下去，最初存进银行的 100 元"原始存款"最后变成了多少？也就是银行创造出多少货币呢？计算过程如下：

$$100+100\times0.8+100\times0.8\times0.8+\cdots+\cdots$$
$$=100\times（1+0.8+0.8^2+0.8^3+\cdots+0.8^{n-1}）$$
$$=100/（1-0.8）=500$$

这是一个无穷递减等比数列，求和公式为：

$$S=a1/（1-q）$$
$$a1=100（首项），q=0.8（公比）$$

如果存款准备金率是 20%，会在经济中创造 400 元"派生存款"，还有 100 初始存款。商业银行体系所创造出的货币量的计算公式是：

$$D=R/e$$
$$m=D/R=1/e$$

e 表示存款准备金率；m 表示货币乘数；D 表示最终货币量；R 表示原始贷款

二、中央银行——调控经济的另一只拳头

提到银行，大多数人第一想到的是大街上装修豪华、整洁气派的商业银行的门面。但还有一种银行存在极为重要，即中央银行（Central Bank）。那么，一国的中央银行是干什么的？它是怎么产生的？中央银行有什么意义？有了商业银行能够存钱、取钱和贷款，这不就足够了吗？为什么还要有中央银行呢？中央银行的存在，正是因为国家需要发行货币，需要保证币值稳定，需要保证金融安全，尤其是银行体系的安全，还有承担为国家保管黄金、替政府发债等职能，中央银行应运而生，并已经普遍存在于各个国家的金融制度中。现今，世界绝大多数国家都有自己的央行，如英国的英格兰银行（Bank of England），德国的德意志联邦银行（Deutsche Bandebank），中国的中国人民银行等。

中央银行的主要职责主要包括以下三点：第一，作为"银行的银行"。中央银行接受商业银行的存款，向商业银行发放贷款。中央银行集中保管各商业银行的准备金，充当"最后贷款人"；第二，作为发行的银行，中央银行代表国家发行纸币；第三，作为国家的银行。中央银行是国家货币政策的制定者和执行者，也是政府干预经济、维护金融秩序的主要执行机构。同时中央银行也为国家提供金融服务，代理国库，代理发行政府债券，为政府筹集资金，代表政府参加国际金融组织和各种国际金融活动。中央银行所从事的业务与其他金融机构所从事的业务的根本区别在于，中央银行所从事的业务不是为了营利，而是为实现国家宏观经济目标服务。

如果中央银行起不到相对独立的作用，不能跟政府分开，完全听命于政府，就会发生很多问题。随着我国社会主义市场经济的发展和成熟，我们需要一个运作良好的中央银行，一个健康的中央银行，国家通过中央银行来调控宏观经济。我国在向社会主义市场经济迈进的过程当中，一直都是"大"财政"小"银行，就是财政在经济中扮演主角，银行扮演配角。在过去的计划经济时代，银行只是政府的一个出纳机构。而经多年的改革开放，我们的市场经济越来越完善，随着市场经济体系的不断健全，一国货币政策的重要性绝不亚于财政政策，而一国的中央银行的作用也绝不亚于该国财政部。中央银行保证整个金融系统的健康，而其中货币的稳定是基础。

一国的宏观经济就像一辆在高速公路上跑着的汽车。如果在高速公路上开车时速太快了的话会发生什么？这时如果急刹车又会发生什么？一种可能是翻车，还有一种可能是车刹住了，但车里的人飞了出去。当经济发展太快的时候，就像在高速公路以最快的速度飞驰的汽车那样，一直向前跑，如果来一个急刹车，就会车毁人亡。另外，如果天寒地冻，想开车时发动机打不着火，那怎么办？司机就会一遍遍地踩油门，给发动机加温，以便把车发动起来。

所谓车速太快了，是指我们的经济太"热"了；所谓车开不起来了，是指我们的经

济太"冷"了。政府对于宏观经济的调控就像开车一样，当经济太热时，它一定要"踩刹车"；当经济太冷时，它一定要"踩油门"。政府是怎样"踩刹车"和怎样"踩油门"的呢？政府要综合运用财政政策和货币政策。

货币政策是要通过对货币供给量的调节来调节利息率，再通过利息率的变动来影响总需求。所以，货币政策的直接目标是利率，最终目标是总需求变动。货币政策工具主要有三个，又称中央银行的"三大法宝"。

第一，公开市场业务。公开市场业务即中央银行在金融市场上买进或卖出短期债券。买进短期债券就要把货币释放到市场中，实际上就是发行货币，从而增加货币供应量，进而使利率降低。而中央银行把持有的短期债券卖给相关机构，实际上就是回笼货币，从而减少货币供应量。

第二，再贴现率政策。再贴现是指商业银行向中央银行贷款的方式。商业银行向中央银行进行贴现所付的利息率称为再贴现率。再贴现政策包括变动贴现率与贴现条件，其中最重要的是变动贴现率。中央银行降低贴现率或放松贴现条件，商业银行资金紧张借钱时成本就低，这就使商业银行得到更多的资金，可以增加对客户的放款，放款的增加又可以通过银行创造货币的机制增加流通中的货币供应量，降低利息率。

第三，存款准备金率规定。中央银行以法律形式规定的商业银行吸收的存款中用作准备金的比率称为存款准备金率。中央银行变动准备率可以通过对准备金的影响来调节货币供应量。提高存款准备金率会让商业银行用于贷款的钱减少，从而减少货币供给，使利率上升。而中央银行降低存款准备金率，会使货币的供给增加，利率下降。

经济过热时，主要表现为总需求大于总供给，商品价格上升，商品供不应求，导致通货膨胀率的不断攀升，且利率也不断提高。为了抑制总需求，就要运用紧缩性的货币政策，即采取在公开市场卖出短期债券，提高再贴现率并严格贴现条件，提高存款准备率等措施，把货币供给的龙头拧紧。同时在财政政策上实行财政紧缩，减少政府支出，增加税收。政府采取一系列的措施压缩总需求，使过热的经济冷却下来。

如果面对经济萧条的局面，政府又该怎么办呢？如果让经济继续冷下去，就会使经济陷入衰退。这时政府的宏观政策是"踩油门"。在财政政策上，政府主要是减税和（或）增加政府支出；在货币政策上，政府则要降低利率，增加货币供给量，把过冷的经济从谷底拉上来。如2007年次贷危机爆发后，我国政府开始采取各种措施拉动经济增长。如在货币政策上，多次降低利率，鼓励人们消费、鼓励人们投资。

货币政策很重要，尤其是在市场经济制度国家。我国在走向社会主义市场经济的过程中，货币政策在我们经济生活中的作用也会越来越大。

第六章

你所不了解的GDP

第一节 "GDP"的前世今生

一、GDP 就是国内生产总值

美国著名经济学家保罗·萨缪尔森说："GDP 是 20 世纪最伟大的发现之一。"GDP（Gross Domestic Product）这个概念对我们大家来说都不陌生，在生活中我们经常可以见到这个词，但什么是 GDP？它是如何衡量的？它有什么缺陷？我们是否要抛弃它？这些都需要做深入细致地分析。

国内生产总值是指一个国家在一定时期内（通常为一年）在本国领土上生产的最终产品和劳务的市场价值的总和。国内生产总值是综合反映一个国家经济发展水平的最概括、最重要的指标。从国内生产总值的定义看，我们在理解它时应注意：

第一，在时间上，国内生产总值只计算当年生产的产品和劳务。往年生产的，如果转到当年来销售，例如前一年盖好的房屋，生产出的汽车等，则不能列入当年的国内生产总值的计算中。

第二，在计算口径上，国内生产总值只计算当年生产的最终产品和劳务的价值（Final Goods and Services），中间产品的价值不包括在其中。这是因为，中间产品的价值会通过生产和交换转移到最终产品的价值中去，如果把中间产品的价值再纳入国内生产总值，会造成重复计算。因此，对于每一个企业，具体计算时应采用增值法。

第三，国内生产总值中的最终产品不仅包括有形产品，还包括无形的产品：劳务。

第四，国内生产总值是最终产品和劳务的市场价值总和，不经过市场销售的最终产品和劳务，不计入国内生产总值中，如农民自给自足的粮食，自我服务性劳务等，就不计入国内生产总值中。

此外，GDP还要受价格水平的影响。

计算GDP最常用的一种方法是支出法，即从国民总支出的角度，按市场价格计算各部门最终产品和劳务的支出，即把整个社会对最终产品和劳务的购买支出加总在一起，得出社会最终产品和劳务流量的价值总和。

第一，消费（Consumption）。消费者个人购买的消费品和劳务价值，简称"消费"，用C表示。主要包括：耐用消费品、非耐用消费品、住房租金和生活劳务的支出。

第二，私人投资（Investment）。各种资本品价值，简称"投资"，用I表示。它除了包括企业的固定资产投资和存货投资以外，还包括消费者个人购买住房的投资。

第三，政府购买（Governor purchase）。用G表示。它包括各级政府部门用于物品和劳务的购买支出，如政府在道路和导弹上的开支，用于教师和法官的劳务开支等。

第四，净出口（Net exports）。即出口（以X表示）减去进口（以M表示），表示为"$X-M$"。

为了避免重复计算，用支出法计算国内生产总值不包括中间产品的价值。以支出法计算国内生产总值的公式为：GDP=$C+I+G+X-M$。我们通常把消费、投资、出口称为拉动经济增长的三驾马车，政府调节经济的货币政策、财政政策即是通过调节这几个变量来调节整个宏观经济。

二、GDP 的缺陷及纠正

GDP并不是一个完美的指标，一些经济活动是无法被计入GDP之中的，这些经济活动主要包括：第一，地下经济。地下经济是指为了逃避政府管制所从事的经济活动。如各国都不同程度地存在着地下工厂的生产、黑市交易、走私等非法活动。另外，各国也都不同程度地存在着个人或公司偷税漏税，不向政府上报收入，隐瞒财产等违法现象。第二，非市场经济活动。非市场经济活动是那些公开的但没有市场交易行为经济活动。如自给性生产与服务，物物交换，家务活动等。第三，社会福利。如闲暇、自然资源和环境、收入分配等因素也是无法在GDP中衡量的。

对GDP的纠正：绿色GDP（GGDP）的概念。绿色GDP=GDP-具有中间消耗性质的自然资源耗减成本-环境破坏的成本+闲暇等福利的增加。这一指标虽然在学术界早已提出，但到底用一种什么样的标准去核算和衡量至今尚无定论。我国从2009年开始推出了GDP含金量指标并公布了相关统计结果。这一指标先用某地区GDP总量除以常住人口数量，得出人均 GDP，然后用人均收入除以人均 GDP，得出的"单位 GDP 人均可支配收入"即为"GDP 含金量"。"GDP 含金量"既不是人均 GDP 排名，也不是居民收入排名，而是反映二者的比值。如果某地的人均 GDP 较高，但居民收入相对较低，其"GDP 含金量"就较低；如果某地的人均 GDP 较低，但居民收入相对较高，其"GDP 含金量"就较高。"GDP 含金量"就是 GDP 质量的直观表征，它体现了 GDP 的虚与实，揭示了 GDP 的"民生含量"，反映了民众分享 GDP 蛋糕的大与小，映照出政府"还富于民"力度的强与弱，它考验着地方政府的执政理念和发展观念，并且做出了有益的提醒。

第二节　产业链——振兴中华的利剑

一、产业链

产业链（Industry Chain）是什么？产业链是产业层次、产业关联程度、资源加工深度、满足需求程度的表达。

产业链分为接通产业链和延伸产业链。接通产业链是指将一定地域空间范围内的断续的产业部门借助某种产业合作形式串联起来；延伸产业链则是将一条既已存在的产业链尽可能地向上下游拓展延伸。产业链向上游延伸一般使得产业链进入到基础产业环节和技术研发环节，向下游拓展则进入到市场拓展环节。产业链的实质就是不同产业的企业之间的关联，而这种产业关联的实质则是各产业中企业之间的供给与需求的关系。

二、延长产业链，增加附加值

附加值即增加值（Added Value），是指在产品的原有价值的基础上，通过生产过程中的有效劳动新创造的价值，即附加在产品原有价值上的新价值。

哈佛大学出版的《企业管理百科全书》中对附加值的解释如下：附加价值是企业通过生产过程新增加的价值；或者，从企业的销售额中扣除供生产之用而自其他企业购入的原材料成本，也就是企业的纯生产额。

产业链是产业环逐级累加的有机统一体，某一链环的累加是对上一环节追加劳动力投入、资金投入、技术投入以获取附加值的过程，链环越是下移，其资金密集性、技术密集性越是明显；链环越是上行，其资源加工性、劳动密集性越是明显。由此，欠发达国家与发达国家的类型划分，往往是依据其在劳动地域分工格局中的专业化分工角色。一般而言，欠发达国家更多地从事资源开采、劳动密集的经济活动，其技术含量、资金含量相对较低，其附加价值率也相对较低；发达国家更多地从事深加工、精加工和精细加工经济活动，其技术含量、资金含量相对较高，其附加价值率也相对较高。

你是否向往这样一种生活：有自己的一亩三分地，自己种、自己收、自己做？如果相反呢？让人种、让人收、让人做？两种态度、两种生活与国之振兴似乎是风马牛不相及。

让我们通过以下例子来讲述产业链的形成。如果观察我国的农村生活，会发现大部分农民吃的东西很少有从商店买的，他们往往都是自己动手做，自己种出麦子，自己磨成面，然后自己在家里做饭吃。农民从田间地头摘来的菜，就直接吃了，他们没有从商店买的过程。所以我国9亿农民，大多数人吃饭的过程，其价值链条非常短，他们生产出粮食来，磨一磨就吃了，对GDP没有任何贡献，属于没有经过市场交易的产品。

我们接着这个例子来讲如何延长产业链。假设某家有四个劳动力，父亲与三个儿子，原来他们是日出而作、日落而息。在正常的年份，地里收的粮食够家里每人每天三个馒头，刚好吃一年自给自足，生产规模永远周而复始地重复，他们也没有从事其他工作，也就是永远都这样每人每天吃三个馒头。

现在假设在农闲时，这家人的父亲去收购粮食进行贩卖（先不管资本从哪来），那么为什么去收粮食呢？很简单，因为觉得有利可图才去干，这里的"利"就是这个环节的一个增值。因为赚到了钱，或许家里吃饭的时候就加了一个炒土豆丝。如果收粮食真的赚钱可能很多人都会去做，然后又有人发现如果开个面粉加工厂用收购的粮食磨面再贩卖可能是个更好的选择，从小麦到面粉这又是一个增值的过程，如果无利可图就没有人会去开面粉加工厂。

我们再假设这家的大儿子在面粉厂打工，就有了收入，那么家里的饭桌上可能又会增加个蒜苔炒肉。如果出现了第三个环节，如把面粉卖给馒头加工厂，不赚钱没有人开馒头厂，又是一个增值。这家的二儿子在馒头厂打工，那么家里又加个糖醋鱼是没问题的，因为家里的状况越来越好。馒头再卖给超市，超市也得赚钱啊，在超市又是一个增值的过程。家中的小儿子恰好在超市工作，他从超市给家里买馒头吃，于是家中的境况更好了：既有馒头吃，又有三个菜，这在原来想都不敢想啊！这整个过程实际上就是一个产业链不断延长、价值不断增值的过程。这其中每一个环节，GDP都在增加。

美国的农民也一样，如果他生产出麦子，自己不磨面、不烤面包吃，而是从超市把面包买回来吃，从超市把黄油买回来吃，从超市把蔬菜买回来吃。这样一来，他们的价值链就做长了，GDP的蛋糕就做大了很多。因为在产业链延长的过程中，每个阶段、环节都有一个增值，养活了一大群人，他们有了工作就有了收入，有了更好的生活。

上面的例子只是说明了产业链带来的价值增值，其实仅仅增值是远远不够的，因为我们的附加值低，尤其是在制造业。为什么附加值低呢？因为我们没有掌握核心技术。IPONE 为什么卖那么贵？很简单，这东西只有苹果能造出来，而且就卖这个价！并且看到这个"被咬了一口的苹果"，很多人是愿意支付这个高价的。为什么？因为它"值"。苹果几十年的信誉、品牌价值、技术以及创新都在里面，这就是我们所说的核心竞争力。别看国内很多手机厂商也很风光，试问他们的手机从面板到芯片里里外外有多少是自己的技术生产的？所以他们中大多数只能得到微利，在夹缝中生存，利润的大头都让技术的拥有者赚走了。

虽然我国已经成为仅次于美国的世界第二大经济体，但我国产品的附加值不高是一个不争的事实，媒体曾有用 1 亿条裤子换一架波音飞机的报道。小平同志说"科学技术是第一生产力"，这是一个经典的论断，只有发展科技、创造自己响当当的品牌、延长产业链才能使我国的经济健康、快速成长，才能在国际竞争中拔得头筹。大家都知道，芭比娃娃是世界上有名的玩具，它是美国的品牌在中国加工生产的。芭比娃娃在中国生产的成本是多少呢？只有 0.75 美元；然后，它在香港通过转口、运输等环节加价到 1.25 美元；到了美国，经过广告宣传、分销等运作进入超市，在超市里卖 10 美元。也就是说，美国在广告费、营销费、品牌价值等环节上，总共赚取了 8 美元。

2006 年，国家提出了建设创新型国家的战略，要把我国建设成为以技术创新为经济社会发展核心驱动力、有日益强大竞争优势的国家，这是一个让国人欢欣鼓舞的事件。因为国家重视了，整个社会对创新活动的投入会增加，会增强我们产品的技术竞争力，带来投入产出的高绩效。科技进步和技术创新在产业发展和国家的财富（以GDP 衡量的）增长中起重要作用。所以对我们来说转变观念很重要。无论是企业家还是政府官员，都要想方设法，把企业的价值链做长，把经济的价值链做长，把产品的附加价值做大。当然同时还要注重对环境的保护，绿色增长、可持续发展，合理调整产业结构。

因为我们产品的价值增值链条短，我们只做了一道工序，农民的粮食从地里种出来就已经快进嘴了。然而一个成熟的工业化社会，它有一个价值不断增值的过程。所以，如果你做企业，一定要把价值链做长，让它们增值。企业家和政府怎样把企业做大做强，怎样把城市的 GDP 做大，怎样把我国的 GDP 的总量做大，就是要把产品和服务的价值链不断延长。

当我们每个人、每个企业家和政府官员，都在思考怎样做长产业价值链，怎样增加产品与服务附加值时，我们国家的经济发展就快了，GDP 增长就多了，人均收入就上来了，整个国家就富强了，所以说产业链是一把振兴中华、实现中华民族伟大复兴的利剑！

参考文献

［1］黄亚钧. 微观经济学（第3版）. 北京：高等教育出版社，2009.

［2］黄亚钧. 宏观经济学（第3版）. 北京：高等教育出版社，2009.

［3］梁小民. 西方经济学. 北京：中国广播电视大学出版社，2002.

［4］韩秀云. 推开宏观之窗. 北京：经济日报出版社，2003.

［5］卢荣忠. 国际贸易. 北京：高等教育出版社，2010.

［6］吴智勇. 贸易可以使每个人状况更好. IT经理世界，2000（12）.

［7］陈共. 财政学. 北京. 中国人民大学出版社，2012.

［8］李健. 金融学. 北京. 高等教育出版社，2010.

［9］钟晓敏. 财政学. 北京：高等教育出版社，2010.

［10］张世贤. 西方经济思想史. 北京：经济管理出版社，2009.

［11］王俊豪. 产业经济学. 北京：高等教育出版社，2008.

第八章 发展中的中国电子商务

第九章 电子商务交易陷阱及其安全提示

第七章
电子商务纵横谈

第一节　电子商务概述

一、电子商务的含义

电子商务采用现代信息网络技术，改变了传统的商贸交易方式。网上交易洽商、网上支付、网上交流等新兴的电子交易方式以其高效率、低成本、高收益、全球化的特点，受到各国政府和企业界的广泛重视，已成为贸易发展的新方向。任何一个企业都应该重视这一交易形式，尽快适应这种全球性的发展和变化。

近几年来，电子商务这一概念越来越热门，京东、天猫、国美网上商城、苏宁易购等电子商务巨头的竞争也是愈演愈烈。但究竟什么是电子商务？

这个问题我们可以从各个方面获得非常多的答案，但目前比较通用的定义是：电子商务（Electronic Business）就是通过电子手段进行的商业事务活动。通过使用互联网等电子工具，使公司内部、供应商、客户和合作伙伴之间，利用电子业务共享信息，实现企业间业务流程的电子化，配合企业内部的电子化生产管理系统，提高企业的生产、库存、流通和资金等各个环节的效率。

电子商务是一个不断发展的概念。IBM 公司于 1996 年提出了 Electronic Commerce（e-Commerce）的概念，到 1997 年，该公司又提出了 Electronic Business（e-Business）的概念。但我国在引进这些概念的时候都翻译成"电子商务"，很多人对这两者的概念产生了混淆。事实上这两者是有区别的，e-Commerce 应翻译成电子商业，有人将

e-Commerce 称为狭义的电子商务，将 e-Business 称为广义的电子商务。e-Commerce 是指实现整个贸易过程中各阶段贸易活动的电子化，e-Business 则是利用网络实现所有商务活动业务流程的电子化。e-Commerce 集中于电子交易，强调企业与外部的交易与合作，而 e-Business 则把涵盖范围扩大了很多。

综合以上内容，我们可以将电子商务分为两个层次：一是较低层次的电子商务如电子商情、电子贸易、电子合同等。二是最完整的也是最高级的电子商务，即在网上将信息流、商流、资金流和部分的物流完整地实现，也就是说，电子商务通常是指是在全球各地广泛的商业贸易活动中，在互联网开放的网络环境下，基于浏览器／服务器应用方式，买卖双方不谋面地进行各种商贸活动，实现消费者的网上购物、商户之间的网上交易和在线电子支付以及各种商务活动、交易活动、金融活动和相关的综合服务活动的一种新型的商业运营模式。也就是说，完整的电子商务应该是企业面向终端消费者、面向下面的各级分销商和经销商、面向其他合作伙伴例如银行以及认证中心等，进行的各种商业活动，都将通过网络来完成。

二、电子商务的特点

相对于传统的商务活动，电子商务有以下特点：

1. 交易虚拟化。电子商务是通过以互联网为代表的计算机网络进行的交易活动，交易双方从交易磋商、签订合同到支付等环节，无须当面进行，均可通过计算机网络完成，整个交易完全虚拟化。对卖方来说，可以到网络管理机构申请域名，制作自己的主页，组织产品信息上网。而虚拟现实、网上聊天等新技术的发展使买方能够根据自己的需求选择广告，并将信息反馈给卖方。双方通过信息互动，签订电子合同，完成交易并进行电子支付，整个交易都在网络这个虚拟的环境中进行。

2. 交易成本低。电子商务使得买卖双方的交易成本大大降低，具体表现在：(1) 交易距离越远，网络上进行信息传递的成本相对于信件、电话、传真而言就越低。此外，缩短时间及减少重复的数据录入也降低了成本；(2) 卖方可通过互联网络进行产品介绍、宣传，避免了在传统方式下做广告、发印刷产品等大量费用；(3) 电子商务实行"无纸贸易"，可减少大量的文件处理费用。企业利用内部网可实现"无纸办公"，提高了内部信息传递的效率，节省时间，并降低管理成本。通过互联网络把其公司总部、代理商以及分布在其他国家的子公司、分公司联系在一起，及时对各地市场情况作出反应，即时生产，即时销售，降低存货费用。采用高效快捷的配送公司提供交货服务，从而降低产品成本。

3. 交易效率高。由于互联网络将贸易中的商业报文标准化，使商业报文能在世界各地瞬间完成传递与计算机自动处理，将原料采购，产品生产、需求与销售、银行汇兑、保险，货物托运及申报等过程无须人员干预，而在最短的时间内完成。传统贸易方式中，用信件、电话和传真传递信息、必须有人的参与，且每个环节都要花费一定时间。有时由于人员合作和工作时间的问题，会延误传输时间，失去最佳商机。

4. 交易透明化。买卖双方从交易的洽谈、签约以及货款的支付、交货通知等整个交易过程都在网络上进行。通畅、快捷的信息传输可以保证各种信息之间互相核对，可以防止伪造信息的流通。

第二节　电子商务的要素与分类

一、电子商务的要素

电子商务的基本组成要素包括计算机网络、用户、认证中心、物流配送中心、网上银行等。

1. 计算机网络。计算机网络包括互联网、内联网、外联网。互联网是电子商务的基础，是全世界范围内进行商务、业务信息传送的载体；内联网是企业内部商务活动和经营管理的网络平台；外联网是企业与企业自己及企业与客户之间进行商务活动的纽带。

2. 用户。电子商务用户可分为个人用户和企业用户。个人用户使用浏览器、电视机顶盒、个人数字助理、可视电话等接入互联网，并获取信息、购买商品。企业用户建立企业内联网、外联网和企业管理信息系统，对人、财、物、供、销、存进行科学管理。

3. 认证中心（CA）。认证中心是法律承认的权威机构，负责发放和管理电子证书，使网上交易的各方能相互确认身份。电子证书是一个包含证书持有人、个人信息、公开密匙、证书序号、有效期、发证单位的电子签名等内容的数字文件。

4. 物流配送中心。接受商家的送货要求，组织运送无法从网上直接得到的商品，跟踪产品的流向，将商品送到客户的手中。

5. 网上银行。在互联网上实现传统银行的业务，为用户提供 24 小时的实时服务；与信用卡公司合作，发放电子钱包，提供网上支付手段，为电子商务交易中的用户和商家服务。

二、电子商务的分类

电子商务可以按照电子商务交易涉及的对象、电子商务交易所涉及的商品内容等对电子商务进行不同的分类。

（一）按参与对象分类

电子商务按参与对象的不同，基本上分为如下五种类型。

1. 企业对消费者的电子商务（Business To Customer，B2C）

B2C 类似于零售业，也是近几年发展较快的一种电子商务形式。企业或商业机构借助于互联网开展在线销售，为广大客户提供搜索与浏览功能，使消费者很容易了解到所需商品的品质及价格，并可以在网上直接订购商品，支付手段通常采用电子信用卡、智能卡、电子现金及电子支票等。目前，在互联网上遍布这类商业中心，提供从鲜花、快餐、书籍、软件到电脑、家电、汽车等各种消费商品以及服务。

2. 企业对企业的电子商务（Business To Business，B2B）

B2B 是电子商务的主流，大宗的交易多属于这一类型，今后还将有更多的企业或商业机构加入。这类电子商务还可以分为特定企业间的电子商务和非特定企业间电子商务。所谓特定企业间电子商务，是指以往一直有交易关系的或者确定今后继续进行交易的特定企业之间为了共同的经济利益，彼此在市场开拓、库存管理、顶供货、收付款等方面进行紧密的默契式的合作，保持相当程度的信任，使得这类电子商务更臻完善。非特定企业间电子商务是指在开放的网络中对每笔交易寻找最佳伙伴，并与交易伙伴进行全部的交易行为。其最大的特点是：交易双方不以永久式持续交易为前提。其实，企业间的电子商务已有多年历史，规模和效果都很大，特别是通过专用网络或增值网络运行的电子数据交换（EDI）。

B2B 除交易双方之外，更需要涉及相关的银行、认证、税务、保险、物流配送、通信等行业部门。对于国际 B2B，还要涉及海关、商检、担保、外运、外汇等行业部门。总之，必须有各参与方的有机配合和实时响应。可以说，这些行业部门也都是 B2B 的参与对象。

3. 企业对政府的电子商务（Business To Government，B2G）

B2G 覆盖了企业与政府之间的各项事务。政府通过网上服务，为企业创造良好的电子商务空间。B2G 主要包括：（1）网上报批、网上报税、电子缴税、网上报关、EDI 报关、电子通关等；（2）企业对政府发布的采购清单，以电子化方式回应；（3）企业对政府的工程招标，进行投标及竞标；（4）政府通过网络实施行政事务的管理，如政府管理条例和各类信息的发布、涉及经贸的电子化管理；（5）工商登记信息、统计信息、社会保障信息的获取；（6）咨询服务、政策指导；（7）政策法规和议案制订中的意见收集；（8）网上产权交易；（9）各种经济法政策的推行等。

4. 政府对消费者的电子商务（Government To Citizen，G2C）

在现代社会中，政府势必要将个人的繁杂的事务处理转到网上进行。这也正是电子商务中政府作为参与方所要从事的管理活动。主要包括（1）政府对个人身份的核实；（2）对居民福利基金、生活保障费的发放；（3）收集民意和处理公民的信访及举报；（4）政府主持的拍卖；（5）居民的自我估税、报税及政府的电子纳税；（6）公民行使对政府机构和官员的监督等。当今世界上，许多国家及地方政府都将这一类型的电子商务看作树立良好形象，提供优良服务的重要方法。

5. 消费者对消费者的电子商务（Consumer To Consumer，C2C）

C2C 是近年来互联网上产生的一种新模式，即个人对个人的商务交易方式。最典型的例子就是那些拍卖或竞买的网站，交易者个人可以到网站注册入户，参加竞买或者拍卖自己的商品。目前在网上拍卖的物品，主要包括个人收藏品、计算机硬件、家用电器、影视作品、车辆配件、电子设备以及毕业班的书籍等。有的网站还支持企业对个人、企业对企业的竞价交易，以处理各种积压、闲置的商品，这些交易一般应列入 B2C 或 B2B 的范畴。

（二）按交易内容分类

电子商务按交易的内容基本上可分为如下两种大类型。

1. 直接电子商务（Direct Electronic Commerce）。是指商家直接向客户提供软体商品（又称无形商品）和各种内容数字化的服务。如在线下载计算机软件、研究性咨询性的报告、网上订票、参团出游及娱乐内容的订购、或网上银行业务、证券及期货的网上交易、网上信息服务等，都可以通过网络直接传送，保证安全抵达客户。直接电子商务的优点是快速、简便及十分便宜，深受客户欢迎，企业的运作成本显著降低。缺点则是只能经营可以在网上传输的非实体商品和服务。

2. 间接电子商务（Indirect Electronic Commerce）。是指客户在网上进行订货和支付等环节后，商家通过物流手段向客户提供的实体商品（又称有形商品）及有关服务。由于要求做到在很广的地域范围和严格的时限内送达，一般均交由现代物流配送公司和专业服务机构去完成配送工作，这里所说的现代物流配送公司和专业服务机构远非过去传统商业的仓储货运机构和简单的服务部门，而是一种具有相当规模，拥有很强运输能力，采用自动化手段，特别是充分运用互联网精心信息管理的现代企业。

（三）按交易的信息网络范围分类

按开展电子交易的信息网络范围，可将电子商务分为本地电子商务、远程国内电子商务和全球电子商务三类。

1. 本地电子商务。本地电子商务通常指利用本城市内或本地区内的信息网络实现的电子商务活动，电子交易的地域范围较小。

2. 远程国内电子商务。远程国内电子商务是指往本国范围内进行的网上电子交易活动，其交易的地域范围较大，对软、硬件和技术要求较高，要求电子商务商家在全国范围内实现商业电子化、自动化，实现金融电子化。交易各方具备一定的电子商务知识、经济能力和技术能力，并具有一定的管理水平和能力等。

3. 全球电子商务。全球电子商务是指在全世界范围内进行的电子交易活动，参加电子交易各方通过网络进行贸易。它涉及有关交易各方的相关系统，如买方国家进出口公司系统、海关系统、银行金融系统、税务系统、运输系统、保险系统等。全球电子商务业务内容繁杂，数据来往频繁，要求电子商务系统严格、准确、安全、可靠。这就必须制订出世界统一的电子商务标准和电子商务（贸易）协议。

第三节　电子商务的功能

电子商务可提供对网上交易和管理等全过程的服务，因此它具有广告宣传、咨询洽谈、网上订购、网上支付、电子账户、服务传递、意见征询、交易管理等各项功能。

一、广告宣传

电子商务可凭借企业的 Web 服务器，在互联网上发布各类商业信息。客户可借助网上的检索工具（Search）迅速地找到所需商品信息，而商家可利用网上主页（Home Page）和电子邮件（E-mail）在全球范围内作广告宣传。与以往的各类广告相比，网上的广告成本较为低廉，而提供给顾客的信息量却最为丰富。

二、咨询洽谈

通过电子商务客户可借助非实时的电子邮件（E-mail）、新闻组（News Group）和实时的讨论组（chat）来了解市场和商品信息、洽谈交易事务，如有进一步的需求，交易双方还可用在线白板会议（Whiteboard Conference）来交流即时的图形信息。网上的咨询和洽谈能超越人们面对面洽谈的限制、提供多种方便的异地交谈形式。

三、网上订购

电子商务可借助互联网中的邮件交互传送实现网上的订购。网上订购的销售商通常都会在产品介绍页面上提供十分友好的订购提示信息和订购交互格式框。当客户填完订购单后，通常系统会回复确认信息单来保证订购信息的收悉。订购信息也可采用加密的方式使客户和商家的商业信息不会泄露。

四、网上支付

电子商务要成为一个完整的过程，网上支付是一个重要的环节，客户和商家之间可采用信用卡进行支付。在网上直接采用电子支付手段将可省略交易中很多环节的成本。同时，网上支付也有对信息传输安全性的更高要求，以防止欺骗、窃听、冒用等非法行为。

五、物流服务

对于已完成付款的客户，应将其订购的货物尽快地送达他们手中。对于有形商品，如鲜花、服装、食品、书籍等，电子商务系统可以对本地和异地的货物在网上进行物流的调配，并通过物流公司完成商品的传递。而对无形的非定付产品，如软件、电子读物、信息服务流，则可以直接从电子仓库中将商品通过网络发送到客户端。

六、意见征询

电子商务能很方便地采用网页上的设计好的环节来收集用户对商品和销售服务的反馈意见。这样，使企业的市场运营能形成一个完整的回路。客户的反馈意见不仅能提高售后服务水平，更能使企业获得改进产品、发现市场的商业机会。

七、业务管理

企业的业务管理涉及人、财、物等多个方面，不仅涉及企业和企业之间、企业和消费者之间的协调和管理，而且也涉及企业内部各个方面的协调和管理。因此，电子商务的业务管理涉及商务活动全过程的管理。

> **案例分析：**
>
> 美国第一实体书店巴诺：迎接互联网时代的挑战
>
> 我们有多久没有走进过书店了？在这个电子阅读的时代，关于书店，我们听到更多的恐怕是倒闭的消息吧。2007—2009 年，中国有上万家民营书店倒闭。不只民营书店，就连大型连锁书店也难逃"关门潮"。2011 年 7 月 18 日，美国第二大书店 Borders 宣告破产，"第一书店"巴诺（Barnes & Noble）也不容乐观。近年来面临亚马逊等在线零售商和沃尔玛等大型超市的夹击，巴诺书店利润逐年下滑。其股价也从 2006 年最高点时的 46 美元跌落到现在的 17 美元。

一、"第一书店"是怎样炼成的？

巴诺的经营模式很像台湾诚品书店"以书为基础，带动零售的复合式经营"。每家书店都有咖啡厅、游乐场地、音乐商品区、杂志区等。杂志区旁边的咖啡厅出售星巴克咖啡，人们可以边喝咖啡边看杂志。店内还会经常举办各式各样的讲座、新书推介活动，现在的巴诺不再是人们买书的首选地，而成为了一个阅读和休闲聚会场所。

1873 年查乐斯·巴恩斯创办了第一家巴诺书店，迄今已有 130 多年历史。自 1986 年 12 月在特拉华州成立有限责任公司，之后几十年来通过不断的并购扩张，巴诺发展成为了美国最大的实体连锁书店，截至 2011 年 4 月 30 日，巴诺在全美共拥有 1 341 家书店，其中包括 705 家巴诺超级书店，636 家大学书店，堪称实体书店领域的"巨无霸"。巴诺的 700 多家超级书店仿佛一个个大型图书馆，均位于人口密集、交通便利的地区，每周 7 天长时间营业。每家书店都根据当地用户的兴趣爱好精心挑选书目。同时巴诺十分重视小型独立出版商及高校出版社的书籍。畅销书的销售额只占书店的 2%~3%。人们在巴诺书店内总能找到在其他书店难找到的非大众书籍。

店内图书的价格约为出版商建议零售价的 70%，而对于儿童和计算机书籍给予 8 折折扣。而其会员则会享受更加低的折扣价格及一系列其他优惠政策。

二、来自亚马逊的挑战

近年来，用户阅读习惯和消费方式的转变，给实体书店带来了前所未有的冲击。美国图书行业研究协会数据显示，2010 年，美国超过一半的电子阅读器拥有者增加了电子书购买量，而只有 9% 的消费者增加了实体书购买量。电子书读者平均每月阅读 2.6 本书，纸质书读者平均每月阅读 1.9 本书。

实体书店的衰退已是不争的事实。自 1997 财年起，巴诺书店营业收入增长速度就逐渐放缓，2008 财年超级书店营业收入首度出现负增长。

随着书业竞争的日渐升温，巴诺的对手也呈现多元化趋势。不仅 Costco，Target 和沃尔玛等大型超市进军图书领域，苹果（Apple Inc.）和谷歌（Google Inc.）也开始销售图书。但巴诺最大的挑战来自亚马逊。

亚马逊成立于 1995 年，是互联网上出现的第一个虚拟书店。1997 年上市之初市值仅为 4 亿多美元，现在市值已超过 900 亿美元，是世界上最大的网络零售商，目前占据美国网络销售额的三分之一的市场份额。用户只要登录 www.amazon.com 就可以搜寻 300 多万册书，输入送达地址，信用卡编号和其他信息就可以轻易购书，免去了去书店筛选浏览的大量时间，网络购书的便利使实体书店的顾客大量流失。

亚马逊对巴诺实体书店的另一个主要冲击来自电子书，越来越多的读者选择购买电子书。2007 年，亚马逊推出 Kindle 并大获成功，亚马逊电子书销售业务也一直呈持续增长势头。2010 年 7 月，其电子书销售首次超过纸质书。美国市场调查公司 Benchmark 所作调查表明，亚马逊 2010 年售出 800 万台 Kindle 阅读器，占据公司产品销售额的 5%。

亚马逊庞大的销售量、卓越的网络购物体验、强大的物流系统及广受欢迎的 Kindle 产品对巴诺的业务产生巨大的威胁。

三、迟到的 Barnes & Noble.com

巴诺书店在 1997 年就开始涉足网上书店领域，成立了 Barnes& Noble.com，与德国贝塔斯曼集团各持有巴诺网上书店三分之一多的股份。但在当时，一心要把连锁书店做大的巴诺并未给予网站足够的重视。

随着实体书店营收能力的下降，巴诺开始从单一的实体书店模式向"线上线下相结合"的模式发展。2003 年，巴诺总部收购贝塔斯曼所持有的约 37%Barnes& Noble.com 股份，2004 年收购剩余股份，Barnes& Noble.com 成为其全资子公司。巴诺希望可以借巴诺书店的强势品牌，大力发展线上图书业务。

未来，巴诺表示将继续加大对线上业务的投入，加强 NOOK 的开发，线下业务逐渐"瘦身"，将线上和线下业务相结合，利用其强大的品牌效应将顾客吸引到多渠道平台上。

四、"第一书店"的未来？

Barnes& Noble.com 和巴诺大学书店虽然都有较好的经营表现，但巴诺的衰退已是不争的事实，近几年公司的净利润逐年降低，2011 财年首次出现亏损，亏损达 7 400 万美元。

巴诺 2010 年对外表示将寻求出售，2010 年 5 月，收到美国传媒巨头 Liberty Media 的约 10 亿美元现金收购要约。目前公司仍在对 LibertyMedia 的要约进行审查。2010 财年，线上业务营收同比增长 24%，2011 财年，线上业务营收更是猛增 64.7%，在总营收中所占比例也由 2010 财年的 9.9% 增加到 12.3%。超级书店营收占比进一步下滑至 62.3%。巴诺实体书店能否躲过 Borders 倒闭的命运，依然存在很大的不确定性。

倒闭？出售？也或许，未来的巴诺会依靠线下资源，将线上业务做得风生水起，在亚马逊的挑战下顽强的活下来。

（资料来源：根据 http：//news.imeigu.com/a/1311848249339.html 内容整理）

案例分析题：

1. 巴诺的经营模式出现了什么问题？
2. 亚马逊的经营模式有哪些突出的优点？

第八章
发展中的中国电子商务

2012 年，中国网购市场规模继续迅猛发展。由第三方电子商务研究机构中国电子商务研究中心最新发布的《2012 年度中国网络零售市场数据监测报告》显示，截至 2012 年年底，中国网络零售市场交易规模已经达到 13 205 亿元，同比增长 64.7%；预计 2013 年，全国网络零售市场交易额有望达到 18 155 亿元。

第一节　电子商务市场的跨越式发展

一、电子商务整体发展格局

近年来，我国电子商务快速发展，对经济社会生活的影响不断提升，正成为我国经济发展的新引擎。利用好这个新引擎，对于启动消费、扩大内需、转变经济发展方式具有重要意义。目前，我国网络购物快速从分散化购买阶段进入规模化购买阶段。即使面对国际金融危机的冲击，我国电子商务行业从 2007 年至 2010 年的增长速度均超过30%，2012 年更是达到了 64.7% 的增速，占到社会消费品零售总额的 6.3%。

在网络购物上，我国已不局限于 3C 产品、图书等标准化品类，而扩展到包括服装鞋帽、化妆品、食品、家用电器、家居百货、文体用品、珠宝配饰、母婴产品等各种商品，线上零售与线下零售的差异正在缩小，甚至许多家庭生活服务、政务服务等都能在线上购买。传统零售企业纷纷建立网络平台，争取网络购物客源。特别是 2008 年以来，随着网络购物的发展，消费人群日益增多，许多零售企业加大了对网上销售的投入。

截止到 2012 年年底，我国电子商务市场交易规模达 7.85 万亿，同比增长 30.83%。其中，B2B 业务交易额达 6.25 万亿，同比增长 27%。网络零售市场交易规模达 13 205 亿元，同比增长 64.7%。

电子商务整体排在前十的省份（含直辖市）分别为：浙江省、广东省、上海市、北京市、江苏省、山东省、四川省、河北省、河南省、福建省。城市十强分别为北京、上海、杭州、广州、深圳、南京、重庆、成都、厦门、宁波。

从行业分布来看，排在前十名的依次为：服装鞋帽、纺织化纤、农林畜牧、数码家电、机械设备、化工塑料、食品糖酒、建筑建材、五金工具、医疗医药。截止到 2012 年 12 月，电子商务服务企业直接从业人员超过 200 万人。目前由电子商务间接带动的就业人数，已超过 1 500 万人。

2012 年我国网络购物市场份额有所提升，其因素是核心电子商务企业通过各种形式的促销，深入挖掘网购用户的消费潜力，从而带动了网购市场的快速增长。仅"双十一"仅淘宝就创造了 191 亿元的交易业绩，远超美国 2012 年"网购星期一" 15 亿美元交易额成绩。未来随着传统企业大规模进入电子商务行业、移动互联网的快速发展促使移动购物日益便捷，中国网络购物市场整体还将保持较快增长速度。此外，在线旅游市场虽然占比较低，但近年来受机票、酒店、旅游度假等细分市场不同程度的驱动，一直保持 30% 以上的增长，逐渐成为电子商务市场重要的组成部分。

更为可观的是，未来几年，随着传统企业大规模进入电子商务行业，中国西部省份及中东部三四线城市的网购潜力将得到进一步开发，加上移动互联网的发展促使移动网购日益便捷，中国网络购物市场整体还将保持较快增长速度，预计 2015—2016 年中国网络购物市场交易规模将超过 30 000 亿元。

二、B2B 市场数据

2012 年中国 B2B 业务市场规模达 6.25 万亿元，同比增长 27%，相较 2011 年下滑两个百分点。我国 B2B 电子商务服务企业达 11 350 家，同比增长 8%，相较 2011 年下降 6 个百分点。

2012 年 B2B 电子商务服务商营收收（包括线下服务收入）份额中，阿里巴巴继续排名首位，市场份额为 45%。而环球资源、我的钢铁网、慧聪网、中国制造网、环球市场集团、网盛生意宝分别位列二至七位。分别占比 8.90%、5.90%、3.40%、2.80%、1.90%、1.00%。国内使用第三方电子商务平台的中小企业用户规模（包括同一企业在不同平台上注册但不包括在同一平台上重复注册）已经突破 1 700 万元。

三、网络零售市场数据

2012 年中国网络零售市场交易规模达 13 205 亿元，同比增长 64.7%，占社会消费品零售总额的 6.3%。到 2012 年 12 月底国内 B2C、C2C 与其他电商模式企业数已达 24 875 家，较去年增幅达 19.9%，预计 2013 年达到 25 529 家。

截至 2012 年 12 月 B2C 网络零售市场（包括平台式与自主销售式），排名第一的是天猫商城，占 52.1%；京东商城名列第二，占据 22.3%；位于第三位的是苏宁易购达到 3.6%，后续 4~10 位排名依次为：腾讯 B2C（3.3%）、凡客诚品（2.7%）、亚马逊中国（2.3%）、库巴网（1.4%）、当当网（1.2%）、易迅网（0.6%）、新蛋中国（0.3%）。在 C2C 市场上，截至 2012 年 12 月淘宝占全部的 96.4%。拍拍网占 3.4%，易趣网占 0.2%。

2012 年，中国网络购物市场规模延续 2011 年的高速增长态势。2012 年中国网购用户规模达 2.47 亿人，较 2011 年的 2.03 亿人同比增长 21.7%；与用户规模相比，国内网购市场的交易规模扩张的速度更快，2012 年，中国网络零售市场交易规模达到 13 205 亿元，比 2011 年增长了 64.7%。

截止到 2012 年 12 月，中国移动电子商务市场交易规模达到 965 亿元，同比增长 135%，依然保持快速增长的趋势。

四、网络团购市场数据

截至 2012 年年底全国累计诞生团购网站总数高达 6 177 家，累计关闭 3 482 家，"死亡率"已达 56%，尚运营中 2 695 家。

团购在其起步的 2010 年，交易额只有 25 亿元。至 2012 年，我国团购市场（含聚划算）成交规模达到了 348.85 亿元，同比增长 61%。目前排名前十的独立团购网站依次为：美团网 13%、高朋网 7%、拉手网 6%、大众点评 5%、糯米网 5%、窝窝团 5%、千品网 2%、满座网 2%、嘀嗒团 1%、聚齐网 1%。十大团购网站占据了整个团购市场 46% 的市场份额。而以聚美优品、知我网、Like 团、喜团网、团购王、品质团等为主的中小综合团购网站和垂直细分团购网站占据了约 12% 的市场份额。

案例分析：

淘宝天猫年交易额破万亿元折射国内消费巨大增量

2012 年 11 月 30 日 21 时 50 分 18 秒，这是一个让阿里巴巴公司载入史册的时刻，也是中国电子商务行业迈过的一道门槛。此时此刻，阿里巴巴旗下电子商务平台淘宝网和天猫商城的销售总额突破 1 万亿元——这也是中国第一家销售规模达到 13 位数的民营企业。在这 1 万亿元背后，许多问题值得思考——它意味着什么？它是如何做到的？它让中国的零售业、流通业和制造业发生了哪些变化？

一、"1 万亿"的意义："富可敌国"的阿里巴巴

在此之前，很少有人想到 1 万亿元对一个企业而言意味着什么。因为除中石油、中石化等极少数央企外，中国再也没有那个企业的年营业额可以达到万亿级别，这其中不仅包括零售企业，也包括规模型制造企业和被看做暴利的房地产行业。只有在提到省际 GDP 比拼的时候，媒体才会用"万亿俱乐部"等形容词来描述。

据财务报表显示，中石油营业收入在 2011 年首度突破 2 万亿元，同比增长 36.7%。中石化去年营业收入 2.5 万亿元，同比增长 31%。在可查数据中，这是仅有的两个年营业收入达到万亿级别的企业。而按照现有增速计算，阿里巴巴将在数年内赶超"两桶油"，成为国内经营规模最大的企业。

阿里巴巴集团首席战略官（Chief Strategy Officer，CSO）曾鸣表示，集团内部对"1万亿"的成绩心态较平稳，因为"知道它一定会到来"，但对于社会而言则意义重大。"因为很多人还是不明白互联网对于整个商业带来的巨大影响，以及电子商务的潜力有多大。我们希望通过这个标志性的事件让更多人了解电子商务的力量。"

在阿里巴巴方面看来，阿里巴巴网购平台的 1 万亿元交易额也折射出国内消费增量所在。"1 万亿元的交易额不仅折射出中国巨大的消费增量，更是新经济主体的代表。更主要的是，这一增量还在不断急速上升中。"阿里巴巴相关负责人表示。据阿里巴巴集团数据显示，消费增量的重心开始逐渐从一线城市转移到三四线城市。在三四线及以下城市中，消费增速达到 60% 以上，远远高于作为传统消费主力的一二线城市不足40% 的消费增速。

二、"1 万亿"的影响：商业生态圈被颠覆

在 1 万亿元的销售数据背后，是中国零售业、流通业和制造业正在发生着根本性

变化。淘宝网数据显示，2012 年以来，消费者在淘宝和天猫的服饰鞋包类消费超过
3 000 亿元，占淘宝和天猫总交易额的 30.3%。对比国家统计局的数据，可以发现全国
约 36% 的服饰鞋包消费都是在淘宝和天猫上完成的。在服饰鞋包之后，3C 数码类商品
（即计算机 Computer、通信 Communication、消费电子产品 Consumer Electronic 三类电
子产品的简称）以及话费、游戏充值等成为淘宝和天猫总交易额第二、三名，消费金额
分别超过 1 860 亿元和 860 亿元。这意味着消费者的消费习惯已经发生改变。

随之改变的还有我国电子商务的环境。十几年前，电子商务模式刚刚在中国出现
时，不少零售业人士断言电子商务将无法逾越"信用"、"支付"和"物流"三座大山。
而现在，以淘宝为代表的网上信用体系的建立、以支付宝为代表的网上支付体系的安全
快捷以及社会化大物流体系的成型，让电子商务正在形成和推动一场新浪潮。从广告模
式的颠覆，到电商对传统渠道的冲击和变革，以及社会化物流体系的突破性发展、信息
共享等。互联网将在未来继续改造企业的采购流程、订单实现的流程、生产的流程以及
整个供应链管理体系。电子商务正在促使整个社会商业效率提升。

来自淘宝网的数据显示，截至 2013 年，淘宝和天猫创造的直接就业达到 467.7 万
人，拉动间接就业 1 333 万人，这其中包括网络支付、快递物流、网络代购、电商运营
服务及"淘女郎"等。曾鸣提道，阿里巴巴将在未来的两三年内提供更多新的就业机
会。"我们希望在未来两年，会有 100 万淘宝卖家年销售额能够超过 100 万元；在更远
的将来，我们希望'大阿里体系'中能有 1 000 万名客服人员和 1 000 万名物流快递人
员，创造 10 万亿元的电子商务蓝图。"

三、"1 万亿"的隐忧 一家独大和税收漏洞

根据艾瑞咨询最新统计，2012 年三季度中国 C2C（不含 C2C 商家推出的 B2C 商城）
网购市场份额中，淘宝网占到 94.53%；在 B2C 市场中，天猫占比达到 54.6%，均凸显
出绝对优势。

而目前包括京东商城、当当网、亚马逊中国在内的大多数自主营销型 B2C 已经完
善税收制度，但淘宝却一直被看做"被国家税收遗忘的角落"。淘宝网方面表示，淘宝
网作为平台，交易额是平台卖家产生的，并非企业本身营收。按照国家政策和各地方政
策，平台商家应自觉缴税并接受政府监督。但北京市税务局相关负责人曾对记者表示，
在平台运营商不介入的前提下，淘宝网 600 万小卖家的税收问题将难以解决。

此前，某大型 B2C 电子商务商家负责人表示，一方面自主营销型电子商务企业每
单都在缴税，但另一方面淘宝网的卖家却无人纳税，对于其他电子商务企业而言难言公
平，国家应在这方面予以统一对待。

四、"1万亿"是如何炼成：十年时间交易额猛增 5 万倍

在不少业内人士看来，淘宝和天猫的发展历程几乎就是一部中国网络购物市场的发展史。从 2003 年至 2012 年，阿里巴巴网购平台的交易额占社会消费品零售总额的比例不断提升。据淘宝网方面介绍，这个比例在 2010 年是 2.55%，在 2012 年则达到 3.44%。而据商务部门的数据显示，中国网络零售占社会消费品零售额的比例也基本按照这个速率在上升，而阿里巴巴在其中占到的比例一直在 80% 左右。

数据显示，2003 年淘宝网刚刚创立时，当年的交易额只有 2 000 万元。由于当年淘宝网推出支付宝和阿里旺旺，解决了此前一直困扰中国网购市场的信任、支付和沟通的问题，随后淘宝网的发展迅速呈现爆发式增长的趋势。2004 年，淘宝交易额迅速攀升至 10 亿元，2005 年则达到 80 亿元。这样的增长势头一直保持至今。截至 2012 年 11 月 30 日，淘宝和天猫的交易额突破 1 万亿元。从 2 000 万元到 1 万亿元，淘宝和天猫的交易额在十年内增长了 5 万倍。

淘宝网相关负责人认为，这种井喷式的发展速度最重要的一点是推出第三方支付工具支付宝，打造网络消费中最关键的一环——信用体系。之后，淘宝网从 2005 年的 80 亿元一路冲高至 2012 年的 1 万亿元，与此同时，整个互联网领域的支付交易规模已经超过 2 万亿元。

五、"1万亿"的未来：电商时代正在到来

从 1999 年阿里巴巴雏形初建，到 2012 年销售规模突破 1 万亿元，阿里巴巴走过了 13 年。但在业内人士看来，过去的十年只是电子商务"蓄势待发"的十年。互联网数据中心（Date Center of China Internet，DCCI）创始人胡延平指出，站在商业、运营、市场、消费来看，电子商务尚处于发展早期。电子商务的特性并没有完全发挥出来，电子商务的人口红利还没有释放出来，电子商务的高速发展还远未开始。

面向未来，阿里巴巴提出了"10 万亿"的目标，但并未给这个目标加上具体期限。曾鸣在回答问题时表示"感觉 8～10 年能够达到这个目标"，并同时认为这是"最让人兴奋的地方"。曾鸣认为，如果说 1 万亿元是一个战略转折点，让大家能感受到电子商务带来的新商业模式和对于社会的未来影响，那么当阿里集团销售达到 10 万亿元的时候，"这个游戏就已经结束了"。"那时商务将全部都是互联网化的商务，所以 10 万亿元作为我们下一个目标，它表示整个社会基础已经全面互联网化了。"曾鸣说，"站在 1 万亿元的坎上，我们看到 10 万亿元的未来，看到一个更有生命力的社会效率大幅度提升的全新商业模式，这是让我们最兴奋的。"

阿里巴巴集团董事局主席马云则认为，互联网环境下电子商务的本质，绝不是以前很多人理解的"虚拟经济"。"实际上，电子商务是实实在在的新经济，是将互联网信息技术和传统实体经济完美融合的一种新经济模式，这种新经济模式能有效整合当下的现有资源，切实降低企业发展的成本，提升小企业的竞争实力，极大地提高社会整体效率。当下千万级的网商以及互联网环境下的每个消费者，是新经济时代第一批移民，他们将引导中国经济的转型。"他同时表示，未来社会将产生 1 000 万家依网而生的小企业，服务 10 亿消费者；产生千万数量级的快递人员及千万数量级的网络客服人员。"1万亿只是刚刚开始，我们正在步入 10 万亿的时代。"

（来源：新华报业网－扬子晚报内容整理）

案例分析题：

1. 淘宝与天猫年交易额破万亿，淘宝是怎样逾越"信用"、"支付"和"物流"三座大山的？

2. 如何看待淘宝与天猫的一家独大和税收漏洞问题？

第二节　电子商务企业进军传统零售业

一、电子商务企业对传统零售业的影响

近几年来电子商务行业异常凶猛地发展，使传统零售行业遭遇不小的冲击。事实也印证了传统零售业的不景气。在 2012 年，李宁、匹克等体育品牌关闭了全国 1 200 家门店，家得宝退出了中国，沃尔玛关闭了四家门店。正当零售巨头们纷纷撤退的时候，电商却一路乘风破浪疯狂扩张，"双十一"当天，天猫淘宝高达 191 亿元的营业收入让整个市场为之沸腾。

从商务模式转变方面来看，电子商务改变了传统零售业中的商品流通模式。买卖双方在互联网上通过各种中介服务机构完成商品交易过程。在这种新的流通模式中，可以充分利用计算机网络和数据库技术、条码技术等手段实现商品交换过程中的数据管理功能的自动化。零售企业在运营过程中，进什么货、什么时间进、进多少、进哪家的货都可以依靠数据库来决策。从而使零售企业由原来的以产品管理为中心向以顾客需求管理为中心转变，向顾客提供更好的服务，扩大产品的销售。

从提升企业竞争力的角度看，电子商务为传统零售企业在知识经济时代下的竞争与合作开辟了一种新的平台，为企业创造了以信息、知识为核心的技术能力，零售企业通过网络技术掌握与了解市场信息、客户信息，组织采购生产，通过信息与知识在企业组织内部的沟通、学习、传递，有利于减少管理中的交易费用。最后通过信息的扩散，将产品与服务通过网络销售，以较低成本获取最大的市场份额。随着消费者选择面扩大，个性化需求、用户主动上网搜寻将取代传统的单向推销式传播模式，因此，电子商务赋予用户个性化的服务与产品，创造并引导消费潮流成为企业营销新趋势，为企业打造出强大的商业能力和竞争力。

电子商务的发展已经开始蚕食线下商家的市场份额，主要原因有以下几点：

1. 低廉的价格、便捷的支付系统、送货上门又退货迅速的周到服务。越来越多消费者的消费习惯从线下转到线上，线上购物已经成为他们生活中不可缺少的一部分，去实体店消费的时间和数额自然下降。以苏宁电器为例，其旗下电商苏宁易购不断发展，线下门店却不断萎缩。2012 年第一季度，公司新开连锁店数量首次低于关闭 / 置换连锁店数量，2012 年第三季度苏宁新开店面 37 家，但同时关闭 / 置换的门店多达 59 家。

2. 成本费用占比过高为传统百货的顽疾。据 42 家百货零售类上市公司 2012 年第三季度财务数据显示，这些公司普遍盈利，但是盈利水平并不高，主要原因在于成本费用过高，超出其他行业平均水平。2012 年前三季度，上述 42 家公司中 40 家公司盈利，在两家亏损的公司中，民生投资的百货零售业务也是盈利的。但其整体销售净利率偏低。数据显示，2012 年前三季度，百货零售行业整体销售净利率为 3.84%，同期全部 A 股的销售净利率为 8.99%，差距一目了然。

3. 人工及地租成本的上涨拉高百货零售业成本。据统计，42 家百货零售企业中，在 2011 年年底有 30 家员工人数超过 1 000 人，6 家员工人数超过万人，员工数量最多的为友谊股份，2012 年员工数达到 54 599 人，而 2010 年该公司员工数只有 13 334 人。从整个行业来看，2010 年到 2011 年，行业员工人数增加了 68 882 人（上述统计不包括 2012 年上市的翠微百货）。人工成本的上升及店铺租金的上涨都给百货增加不少压力。

4. 异地扩张水土不服使得毛利率下降。如按地区分析百货零售类公司利润，可以发现，主营业地以外的地区毛利率普遍低于主营业地区。这表明这些公司在异地扩张时水土不服从而拉低了公司的整体毛利率。在 42 家公司中，共有 18 家公司在 2012 年中报中公布了两个以上地区的营业收入和利润（此处的利润指毛利），其中 15 家公司位列第二的营业地区（非主营业地区）毛利率较第一地区（主营业地区）的毛利率小。另外 3 家虽然第二营业地区毛利率高于第一地区，但幅度没有超过 1 个百分点。

对于异地扩张导致水土不服的原因，主要集中在三个方面：选址难、招商难、模式复制难。①选址难。由于进入时间较晚，新进入地区核心的商圈已经被当地企业所占据，外来企业缺乏良好人脉，难以拿到好的位置或者租金成本过高。如广百百货进入成都时因为选址较偏僻，难以汇聚客流，最后不得已退出成都。②招商难。中国百货零售业基本都使用联营扣点模式，由百货零售业者在服饰、化妆品、家电等品牌中统一招商。在中国市场，几乎所有有些知名度的品牌都使用代理商制度，代理商往往以区域划分，不同区域的代理商完全不同。在外来者新进入之前，品牌代理商与当地企业已合作多年形成了紧密的伙伴关系，因而新进入者难以获得与当地百货零售业者同等的待遇。③模式复制难。因为对异地消费者的习惯、定价等方式不熟悉，商家在本地成功的模式难以在另一个地方成功复制。但在异地扩张初期商家往往认识不到这个问题，将自己原有的模式照搬到异地，失败之后才意识到这一点。

二、传统零售企业的电子商务之路

传统零售企业进军 B2C 市场是基于其现有业务模式的一个延伸。由于有线下业务、品牌、渠道、顾客等多方面资源的支持，这种电子商务模式更稳健，相对于纯网络型电子商务企业自有其竞争优势。主要有以下几个方面：

1. 商品品类优势

传统零售企业在商品品类及货源供应方面拥有相当的优势，尤其是大型连锁卖场，覆盖面广，规模大，其商品品类数量和品质方面都更有保障，而且其中大部分都是与老百姓日常生活息息相关的商品。更丰富的商品品类和更有保障的商品品质，能为网络购物人群提供丰富的商品选择，加快促进 B2C 业务的发展。

2. 价格成本优势

规模采购和高效的商品流通周转是零售商获得供应商较高折扣的最重要因素。传统零售企业通过这两点能在与上游供应商的谈判过程中获得更大的议价权力，甚至直接获得商品销售的定价权。而在这方面，纯网络型 B2C 难以与传统企业相比。

3. 渠道网点优势

对大型零售企业来说，其网点布局面广，供应链管理较成熟，仓储及配送体系也相对完善，能为众多网络购物人群提供高效率、低成本的物流配送服务，而且这些资源都是既有的。

4. 品牌及顾客群体优势

传统零售企业都有多年的实业运营，诚信和产品品质乃至服务品质方面都可以让网购用户放心。这些区域性的或者全国性的零售企业品牌进入电子商务领域，它们的推广和渗透都拥有强大的线下品牌和服务支持，相对而言，更容易突破诚信障碍，获得高速发展。

同时，也存在一些因素阻碍着传统零售企业的电子商务化进程，主要有以下几个方面：

1. "左右手互搏"问题。传统零售企业做电子商务时最纠结之处一般在于：如果商品在线上、线下的价格一样，在网上就没有竞争力；如果网上的价格低于线下，又无异于"左右手互搏"。而且，传统零售企业开展网络营销还将面对来自供应商的价格体系的压力，虽然网络营销和实体店铺共同经营一个品牌，采取同样的进货渠道，但二者是不同的部门。进行考核时，两个部门的矛盾也会逐渐激化。此外，线上线下送货配合也存在矛盾。"左右手"是两种进货渠道、两个价格体系、两套考核体系间的问题。任何一个传统零售企业，在开展网上业务的初期，都面临这一问题。

2. 供应链和物流配送的变化。传统零售企业的物流，从电子商务的观点看，是一种 B2B 的物流方式，有规模大、点对点和业务要求单一等特点。而网络零售对商品组织、配送速度、配送细化都提出了不同的要求，如小规模、小批量、点到面和综合性服务等，其主要是为每位消费者提供一对一的服务。然而，这些对于传统零售业来说都无法在短时间内通过技术创新完成，而需要经过一段时间来积累。换句话说，传统零售业已有物流并不能满足网络零售对配送的要求。

3. 成本和盈利难以预期。一般而言，如果要建立一个业务覆盖全国、达到亿元销售规模的网络零售网络，初始投入应至少在 3 000 万元以上（目前我国稍有规模的 B2C 企业的投入，均已达到亿元、甚至是数十亿元）。投资一家实体卖场，3 年后实现盈利的可能性是可以较为准确的统计的，但如果投入到 B2C 业务中，先期投入只是开始，是否能够盈利、何时盈利和还需要多少投入都是未知数。

4. 人才问题。与网络零售相比，传统零售企业的人员工资低，特别是一些专业人才方面（如网页设计、网络营销），待遇比纯粹网络零售企业低很多，由此造成传统零售企业人才流失率高的问题。

传统零售企业进入电子商务是有利有弊的，但是面对来势汹汹的电子商务大潮，传统零售企业只有主动迎接挑战，利用网络展开营销，充分发挥实体产业在零售和流通中的优势，才能扬长避短，走出一条具有时代特色的创新之路。

案例分析：

苏宁、国美抢滩电子商务市场

2012 年上半年，各大 B2C 网站的争夺风起云涌，国美苏宁等传统渠道斥巨资高调进入，淘宝商城在改名天猫后继续着强势表现，高喊"无所畏"和"正能量"的凡客诚品在这个春天感到更多的寒意，有关京东商城资金吃紧以及上市的传闻依旧不绝于耳，当当网坚决地布局平台化，而亚马逊则在更努力讨本土用户欢心。

一、苏宁国美抢滩电子商务市场，火拼低价撼动传统格局

2012 年 4 月份以来，国内的电子商务商家开始了新一轮价格战。值得注意的是，像苏宁易购、国美网上商城这样传统的家电零售企业也悉数加入战局。而两大零售业巨头凭借"物流革命"和"低价策略"，更是让电子商务市场的传统格局在悄然间发生变化。

来自国美网上商城的销售数据显示，在春节、元宵节期间，立体电视、智能手机、单反相机及小家电在春节期间销售占比超过 80%，大家电销售月环比增长 300%。而来自苏宁易购的数据显示，假日期间网购一族的消费多是由新春送礼和开学经济带动，消费者购买的品类多集中在居家类生活电器和电脑、手机等产品，整体销售额较往年亦有明显增幅。

业内人士认为，家电网购之所以发展迅猛，是因为相对于多数电子商务商家节日促销的物流短板问题而言，依托卖场的家电网购拥有得天独厚的先天物流优势，相对于快递公司招工难、快递爆仓等多重压力下被迫上涨的运费价格，卖场网购依托完善的自建物流配送体系，为网站便捷购物体验加分不少。

以苏宁易购为例，其发挥了从下单到物流快捷配送的一站式购物服务优势，做到了消费者在下单购买商品之后，127 个城市半日达、220 个城市次日达，1700 家实体门店轻松自提，并承诺 24 小时免费安装调试，避免了快递公司因爆仓而出现的种种问题。网购消费者可在苏宁易购网购买的产品可在苏宁任意门店进行自提、试机，真正实现了"最后 1 公里"的概念。

二、苏宁开创新供销关系模式国美进驻当当网

2012 年 2 月，继与美的签署战略协议后，苏宁电器又宣布与海尔集团结成战略合作伙伴。未来 3 年，海尔家电通过苏宁线下门店、线上网店以及定制服务等渠道进行销售，总销售目标为 500 亿元。

苏宁副董事长孙为民表示，双方合作建立在销售增长、利润增长等目标，而非过去传统简单的合作政策，如扣点等。他坦言，海尔、美的都是全国性的品牌，产品几乎覆盖全品类，与它们的合作不仅可以有利于苏宁在全国的门店扩张，更可以让双方不必把精力耗费在每年谈供应合同上。

家电行业专家梁振鹏认为，这开创了一个新型的零售商和供应商的关系模式，值得其他人借鉴。他们的合作已经深度到家电产品的供销定制，对于提高产品毛利率有好处，包括内部的信息系统对接，这是中国家电业打造新型健康零供关系的重要方式。另一方面，2012 年 3 月，当当网宣布上线新电器城，国美电器将协同其全品类商品进驻，

当当网方面将为国美提供专属频道页面。国美提供家电和数码类货品，以店中店的方式，放在当当网的平台上售卖。

当当网与国美的合作被一些业内人士看做是向京东看齐。当当网此前一直以卖书为主，而作为最早进入家电网上销售领域的电子商务商家，京东商城的地位也一直很稳固。分析认为，当当网的营业额还很小，3C 也不是重点，比例很小。当当网的扩张策略造成了亏损，所以要找合作伙伴来弥补亏损。而对于国美来说，商品以什么渠道卖出都是一样的。合作是互利的。当当网与国美合作后想赶上京东依然很难，但双方差距会缩小。双方的合作更多是因为有契合点，国美有自己的策略：做供应链。当当网也有自己的策略：做平台。

三、家电卖场"去电器化"，电子商务业务将直逼门店业务

2012 年"两会"期间，苏宁电器董事长张近东称，未来 10 年，苏宁电器将不再是传统家电连锁企业，而要做中国的"沃尔玛＋亚马逊"。苏宁电器打算改名，去掉名字里的"电器"二字。"最早我们卖家电，后来我们卖数码，今后我们还要卖百货。"苏宁总裁金明说，苏宁的本质是零售企业，卖家电还是卖百货都没关系，根本上是卖服务。而品类扩张的益处也直接体现在电子商务上。金明说，苏宁易购 2012 年将陆续上线百货、虚拟产品、金融产品等，2012 年 200 亿元~300 亿元的销售目标里，IT 产品、生活电器、图书、日用百货将占据主导地位，传统大家电冰洗居次，而机票、酒店等预订服务销售额虽不高，但能给消费者带来便利。未来 10 年，苏宁在电子商务业务的销售额要达到 3 000 亿元，与门店业务 3 500 亿元的规模旗鼓相当。

而国美则是新成立了"国美在线公司"，作为新兴渠道管理平台。国美品牌管理中心总监王世永表示，除统一管理国美网上商城、库巴网等电子商务平台外，"国美在线"还将进入其他在线业态。国美总裁王俊洲说，这一调整有助于提升实体店经营效率，电商也得到加强，国美网上商城和库巴网的双品牌布局已形成，物流、信息共享使效率大幅提升，力争 2014 年占中国家电网购市场 15% 的份额。

四、电商巨头 6 月迎来"决战"，火拼市场投入高达 70 亿元

2012 年 6 月 18 日，是京东商城进入电子商务领域八周年庆，然而，让京东想不到的是，这个店庆日，却被天猫、苏宁易购、易迅等电子商务巨头盯上，成了众多巨头的又一个"决战日"。

2012 年 4 月，国美入驻当当网以后，双方联合推出了四轮大家电促销活动，并且声称促销商品是全网最低价。此后，苏宁易购、京东商城、天猫、易迅等巨头纷纷跟进。苏宁易购也发起了 "6·18 全网底价日三折抢三天" 促销行动，并进一步推出 "全月比价，差额补返" 的活动，其网站称，只要消费者发现苏宁易购的比价商品价格高于比价方价格，就直接返回这个差价。6 月份，电子商务价格战进入白热化状态，按照各家电子商务巨头公布的数据，这轮价格大战，各方投入的资金高达 70 亿元，被誉为 "史上最强价格战"。

众多业内人士表示，目前我国的电子商务依然处于野蛮式发展阶段，电子商务巨头们的价格大战，是我国电子商务市场格局真正形成前的 "最后一役"，大家都是在 "烧钱买市场份额"。大战之后，格局将初定。

（来源：中国新闻网 http://finance.chinanews.com/it/2012/06-29/3995619.shtml）

案例分析题：

1. 苏宁国美这类传统家电连锁企业在电子商务竞争大战中有什么优势？

2. "电子商务巨头的价格大战，实际上是烧钱买市场份额"。谈谈你对此观点的理解。

第三节　移动电子商务将成新的扩张领域

移动电子商务就是利用手机、PDA 及掌上电脑等无线终端进行的 B2B、B2C、C2C 等电子商务活动。它将互联网、移动通信技术、短距离通信技术及其他信息处理技术有机地结合，使人们可以在任何时间、任何地点进行各种商贸活动，实现随时随地、线上线下的购物与交易、在线电子支付以及各种交易活动、商务活动、金融活动和相关的综合服务活动等。

随着网购对零售业的渗透进一步加深，更多品类商品的加入，在线销售将迎来更快速的发展。当然，电子商务的终极目的并非 "革掉传统零售业的命"，而是与之融合以实现线上线下的双赢。在前台拓展产品品类，实现综合流量的快速扩张，在后台实现对用户需求、产业资本的精准分析与流转调配，已成为电子商务企业的一种新发展方式。以此为核心，传统的以产品为核心的竞争模式已经走向终结，而基于用户需求挖掘与集金融服务、物流配送等综合价值于一体的全新竞争模式正在加速形成。在这一过程中，随着移动互联网覆盖人们生活和工作的方方面面，电子商务移动化已势不可挡——2009

年我国移动电子商务用户规模达 3 600 万；2010 年这一数字攀升到 7 700 万；2011 年达到 1.5 亿人，同比增长 94.8%；2012 年则约达 2.505 亿人，同比增长 67%；预计 2013 年，这个数字将增长到 3.725 亿人。虽然移动电商目前的交易额在整个电商市场中所占的比重还很小，但其增长速度之快却显而易见。

移动电子商务之所以能够获得如此快速的增长，与国内手机上网用户规模的大规模增长密不可分。据中国互联网络信息中心的数据显示，2012 年中国手机上网用户规模已达到 4.2 亿，占比高达 74.5%。而手机上网用户数量攀升，又得益于移动设备特别是智能手机的高速普及、网络环境改善、手机上网资费下调等。当然，传统电子商务市场的沉淀，其所累积的用户，也为移动电子商务的发展奠定了基础。

根据艾瑞咨询《2012—2013 年中国移动支付市场研究报告》数据显示，2012 年中国移动支付市场交易规模达 1 511.4 亿元，同比增长 89.2%；预计 2016 年中国移动支付市场交易规模将突破万亿交易规模，达到 13 583.4 亿元。从各主要移动支付运营商的市场份额来看，2012 年在移动互联网市场整体爆发的情况下，移动远程支付正快速进入高速成长期，短信、移动互联网、客户端等远程支付产品运营企业市场表现较好。其中，传统互联网支付企业支付宝在移动支付市场整体和移动互联网支付领域的市场份额分别为 31.5% 和 57.9%，均占据市场第一位。联动优势、上海捷银、钱袋宝等开展移动支付业务较早的运营企业，凭借其市场先发优势亦在整体市场中占据一定位置，三者市场份额依次为 27.8%、10%、2.6%，分列第二、三、七位；中国银联借助其在传统金融体系中的领导地位和在支付领域的积极布局，亦取得较好的成绩，在移动支付市场整体和移动互联网支付领域的市场份额分别为 6.8% 和 11.9%，分别排第四和第二位；而电信运营商受限于金融业务许可、商户拓展、资金账户以及近场支付发展缓慢等因素，移动支付发展相对靠后。

移动支付结合了移动通信技术、互联网技术、电子商务技术、金融行业相关技术等，具有明显的跨行业的技术特点，因此目前行业发展处于起步阶段，尚未形成稳定的市场竞争环境。以支付宝、财付通为代表的拥有自有电子商务平台的在线支付企业在移动互联网的趋势下，逐步将在线支付的优势、产品形态以及用户平移至移动端，由于技术成熟且不需要改造终端，因此短期内即可产生联动效应，获取先发优势，但长期来看，移动互联网支付排他性较弱，支付企业还需深化结合线上与线下市场，不断创新商业模式。现在还有一些因素困扰着移动电商的发展，主要包括外环境因素与内环境因素两大类。

一、影响移动电子商务发展的外环境因素

1. 网速。目前移动互联网还处于初期发展阶段，移动互联网的网速是制约移动电

子商务发展的一个因素。通常情况下多数移动上网用户都处在没有无线网络，只能通过手机流量上网的环境下，这种条件下手机网速严重影响了用户浏览商品页面的效率。如果打开每个页面都需要几秒钟甚至更久的时间缓冲，那么这样条件下根本不适合用户使用移动电子商务 APP 挑选商品。

2. 流量。另外一个制约移动电商发展的外环境因素就是电信运营商对流量的限制。目前手机上网大都采用流量包月套餐，大部分套餐的流量限制在几百兆内，对于需要打开大量图片的移动电子商务购物行为来讲，几百兆的流量根本不够用户使用。

3. 移动终端。移动终端的配置也是影响移动电子商务发展的一个重要因素。虽然现在智能手机与平板电脑的价格都在不断下降，但是适合移动电子商务发展的移动终端设备的普及尚需一段时间。（平板电脑不是普通人的生活必需品，所以暂不讨论平板电脑对移动电子商务的影响。）目前大部分用户的智能手机配置相对还比较低，低配置智能手机的分辨率、运行速度、系统稳定性等因素都严重影响着移动电子商务的用户体验。

二、影响移动电子商务发展的内环境因素

1. 移动支付。没有移动支付就无法完成移动电子商务交易，所以移动支付是影响移动电子商务发展的首要问题。目前移动支付还处于初期发展阶段，不同的利益集体对移动支付的建设有着不同的打算，现在的移动支付市场还比较混乱，看待国家统一移动支付标准。

2. 信息安全。移动电子商务涉及了金钱交易，目前移动互联网的安全问题仍然有待提高。随着移动互联网的发展，很多不法分子已经开始把目光转移到移动互联网上，恶意软件与手机病毒越来越多，移动电子商务想要发展一定要有能力保护好用户的信息安全。

3. 消费者认知。移动电子商务才刚刚起步，消费者对其认知仍需一段时间的培养。传统电子商务的发展也是经历了缓慢的消费认知过程，移动电子商务同样需要一个消费者认知过程，只是消费者在已有传统互联网电子商务认知度，可以更快地接受移动电商这一新的购物方式。

4. 商品选择。就如同不是所有商品都适合在传统电子商务平台上销售一样，也并不是所有商品都适合在移动电子商务平台上销售。由于智能手机屏幕大小等客观因素的限制，很多商品无法通过移动电子商务平台了解得很清楚，尤其是 3C、家电这类高单价的商品。消费者在购买这类商品时需要经过谨慎的对比思考，最后才能下决策，目前显然移动电子商务还不适合销售这类商品。移动电子商务需要专注于那些适合在移动终

端上销售的商品，选择商品是移动电子商务的重要课题。

5. 用户体验。传统电子商务交易与移动电子商务交易是在不同的硬件终端上进行的，不同终端的用户体验完全不同。传统电子商务的功能在日臻完善，而移动电子商务还有很多问题需要解决。消费者已经习惯了传统电子商务的操作方式，对于移动电子商务的操作方式仍需时间慢慢体验。电子商务企业已经把设计传统电子商务页面时相互抄袭借鉴的经验用到了移动 APP 上，现在几十家不同电子商务商家的移动 APP 应用的用户体验越来越相似。

6. 产品功能。移动电子商务的用户体验取决于产品功能的设置，而移动电子商务的产品功能还有很多地方需要完善。如传统电子商务是消费者在个人计算机的浏览器进行查看商品信息，购买商品等操作过程的，而移动电子商务多是通过移动电子商务 APP 进行商品查看与交易的。在个人计算机浏览器上购物时可以同时打开多个商品页面，然后根据自己的喜好对商品进行比较，最终做出购买选择，但在移动 APP 上这个功能就难以实现。

第九章
电子商务交易陷阱及其安全提示

自 1987 年中国第一封电子邮件《穿越长城，走向世界》，中国互联网在这短短 20 余年的发展中，发生了巨大改变。现今的网络用户对于网络的需求不再仅仅限于浏览新闻、收发电子邮件、娱乐交友等目的，各种多样化的网络需求也随之产生。小到针头线脑，大到机械设备，都可以利用互联网这个巨大的平台进行展示、宣传和交易。随着网上购物行为和网上购物成交金额的急剧快速增长，预示着大众化电子商务时代开始来临，"电子商务时代"开始成为互联网世界新的主题，电子商务正在悄悄地改变着人们的商务生活方式。但是伴随着电子商务的快速发展，电子商务中的各种问题也随之暴露出来。

第一节　电子商务市场投诉现状

2012 年，在宏观经济走低、资本市场降温的背景下，电子商务行业跌宕起伏。各企业仍不断加大市场营销和推广的力度，以价格战为主的促销活动赶超往年。而在电商巨头高歌猛进，新进者踌躇满志之时，也有大量的企业以不同的方式黯然退出，倒闭、转型时有发生。激烈乃至惨烈的市场竞争带给行业阵痛，但也在逐渐推进电商产业结构调整和升级的步伐。

近 10 年来，我国电子商务市场高速稳定增长，电子商务交易额在消费总额中的占比从几乎为零稳步增长到突破 6%，成为我国扩大消费的一个重要渠道。同时，电子商务促进了相关产业的变革和发展，如网络支付、快递等。电子商务的蓬勃发展还扩大了社会就业。但我国电子商务领域还存在诸多问题，政府部门应加强监管和法制建设，维护公平交易的市场环境，防止网络欺诈，促进电子商务有序发展。同时，顺应电子商务的发展，政府应转变行政理念和方式，因势利导，扶持壮大电子商务产业，尤其是推进电子商务服务业向纵深发展，促进经济结构调整和经济发展方式转变。

据中国电子商务投诉与维权公共服务平台监测数据显示，2012 年网络购物投诉占电子商务类投诉 55.40%，占最大的比例。团购投诉紧随其后，占 21.32%，第三位是移动电子商务领域投诉，占 5.36%。第四位是 B2B 网络贸易领域投诉，占 2.53%。

2012 年全年电子商务交易中消费者投诉最多的前十大问题，分别是退款问题、节能补贴、账户被盗、虚假促销、货到迟缓、网络诈骗、退换货难、物流快递、网络售假、支付问题。在各类用户反馈的投诉问题中，退款问题、节能补贴、账户被盗问题较为严峻，这三类问题均与消费者财产（现金）密切相关，需引起各电子商务企业的高度重视与切实落实。

数据显示，在 2012 年度全国服装类电子商务网站投诉中，凡客诚品占比为 25.90%，梦芭莎占比 14.23%，麦考林占比为 6.74%。在 2012 年度全国鞋类电子商务网站投诉中，放心鞋占比为 23.80%，优购网上商城占比为 17.14%，名鞋库占比为 15.23%，好乐买占比为 10.47%，拍鞋网占比为 7.62%。在化妆品类电子商务网站投诉中，聚美优品占比为 19.23%，米奇网占比为 11.54%，爱妆网占比为 7.69%。在手机数码类电子商务网站投诉中，新蛋网占比为 33.34%，华为商城占比为 26.67%，尼彩智能手机工厂店占比为 15.32%，小米手机官网占比为 5.30%。在图书类电子商务网站投诉中，当当网占比为 28.57%，蔚蓝网占比为 23.30%，博大图书批发网占比为 16.67%。在母婴类电子商务网站投诉中，新一佳网上超市占比为 32.12%，快乐家园母婴批发网占比为 25.71%，苏州福禧儿用品有限公司占比为 21.43%，红孩子网上商城占比为 8.57%。在全国团购网站投诉中，高朋网最高为 8.62%，位列第一，随后依次为拉手网 8.13%，糯米网 7.88%，爱丽团购网 7.64%，窝窝团 6.16%，24 券 5.67%，聚齐网 4.43%，团宝网 3.21%，嘀嗒团 2.22%，58 团购 4.46%。

2012 年度十大热点被投诉传统电子商务企业分别为美特斯邦威、杰克琼斯、TCL、海信电视、卡西欧、森马、罗莱家纺、阿迪达斯、茵奈儿、李维斯。

第二节 电子商务交易中的各类陷阱

现代社会快节奏的生活让不少在职消费群体不愿再为购物走街串巷，随着互联网的广泛运用，方便、快捷的网络购物方式备受青睐。然而，伴随着这种新的购物方式的产生，诈骗现象层出不穷，诈骗方式花样百出，电子商务交易着实"让人欢喜让人忧"，安全隐患让人揪心不已。网络诈骗产生的原因并不单一，网上监督滞后、电子商务交易环节制约不健全以及客户的防范意识差、贪图小利等心理，给各类违法犯罪分子提供了一个网上诈骗的温床。加之电子商务交易诈骗诱惑性强、隐蔽性高、跨地区销售不易侦破等特点，导致电子商务交易现象日益增多并且有向国外蔓延的趋势。尤其是网络购物过程中，各种消费陷阱层出不穷。

一、不要过分相信信誉度

很多网购的消费者都有经验，"信誉度"是一家网店吸引消费者的重要指标。如淘宝网按照每个买家在购买商品后给予卖家的好评度记录，经过长期积累，将网店逐渐从"红心级"信誉升至"钻石级"信誉，最后升为"皇冠级"信誉。信誉度越高，通常意味着卖家的商品受到了越多的好评，也越值得信赖。所以，消费者购物时一般都会选择高信誉度的卖家去购物，认为信誉度越高，购物风险越低。殊不知，"信誉度"已被一些不法商家所利用用以误导消费者。

一些网站采用违规方式"刷"信誉度，并从中谋利。而网店"刷"信誉已不是什么新鲜事。除了花钱"买钻"、花钱"雇托儿"，粉饰美好形象以外，一些买家为少生事端而给出的"注水评价"也助涨了无良网店的气焰，成为迷惑消费者的"帮凶"。

二、山寨网站"以假乱真"

许多消费者都遇到过这样的情况，当利用搜索引擎搜索一些国际时尚品牌的网站时，常常搜索到许多"贴"着国际时尚品牌的山寨网站，而且这些网站甚至排在搜索引擎显示的结果中靠前的位置，让人难辨真假。其实，靠"物美价廉"揽客是此类"山寨网站"的惯用伎俩，它们所售商品的价格远远低于真品。一旦欺骗交易成功，骗子会另起炉灶，再注册一个新的网站继续行骗。而且，"山寨网站"页面设计得很正规很真实，如网页上有网安备案、工商红盾、在线诚信企业等标志，让人难辨真假。

消费者应该谨慎那些标价太过低廉的商品，网上购物时消费者应该只接受货到付款或安全的第三方支付方式。

三、虚拟商品交易难举证

充值卡类虚拟商品交易是网购交易纠纷的高发地带之一，这和虚拟商品交易相对实物交易的特殊性有关。一旦虚拟类商品发生交易纠纷后，因为没有实物凭证，充值卡密码发没发、对不对，都很难取证，导致交易纠纷处理困难，从而延长了处理时间。或者很难鉴定事实真相。

此外，网购虚拟产品也是网购骗局高发地带，被钓鱼网站骗取银行账号、支付宝账号的网络骗局，很多都来自虚拟产品交易。

四、支付也能"狸猫换太子"

不少不法分子利用网购特殊的付款方式，仗着新开网店的卖家不熟悉交易程序，利用"支付宝截图"诈骗新手卖家。或者伪造网银支付页面，通过钓鱼网站与 IM 工具的配合，以伪造的网银支付页面骗取用户的网银账号信息，然后直接登录用户网银盗走账户金额。

此外，一旦消费者的计算机遭遇病毒袭击，当其进行网购时，当前页面就会跳转到虚假付款页面，不但让你收不到货，账户里的钱也会被黑客窃取，所以网购前不仅要小心犯罪分子伪造的支付页面，还要确保自己电脑安全。

五、用低价商品诱惑消费者进行欺诈

许多消费者都有这样的经验：在购物网站选择商家时发现某些卖家以低于市场价百分之十或者更多来销售产品，其实就是利用人们喜欢物美价廉商品的特点，他们发布一些低于其他正常卖家价格的商品。比较常见的是手机、笔记本、数码相机等商品，在买家拍下商品并付款后，欺诈者以各种理由诱骗买家提前确认收货，再以各种理由引诱买家使用银行汇款，之后再声称支持第三方交易平台支付方式，引诱买家使用即时到账功能进行支付。

六、惊喜大奖实为骗局

与非常吸引眼球的"非常低价"一样,"惊喜大奖"也常常被当作网购中的诱饵。以正规网站搞活动为陷阱,如"周年庆,惊喜大抽奖",大量发给用户领奖验证码。用户进入钓鱼网站,并输入验证码,都会中数码相机、笔记本之类的所谓大奖。然后钓鱼网站诱骗用户向指定银行卡转入所得税等款项,骗取钱财。这种网站还会伪造公证网站以及虚假的客服电话。

引诱消费者先注册成为会员,提供个人信息,预付定金,甚至购买一部分其他产品,强行增加交易数量,才能得到所谓"大奖"。最后,这份"大奖"还是消费者自己花钱买下的。

七、利用钓鱼网站诈骗

钓鱼网站的骗术主要有以下几种:(1)邮件欺诈。骗子买下商品,申明已经付款,请卖家查收邮件看看是否已经付款。一旦卖家点击了邮件中的链接,输入账号密码,其账号立刻泄露。(2)钓鱼网银。骗子同样声称已用网上银行转账付款成功,且让卖家查询是否到款。并利用伪造的银行页面进行账号盗取。(3)病毒文件。骗子发送带有木马病毒的文件。如果不慎点击了,很可能账号密码就会被盗取。

八、第三方诈骗

第三方诈骗犯罪分子通过网络发布低价手机充值卡等信息,如有买家联系,骗子就给买家一个其他高信用卖家的自动发货链接,谎称那是自己的店铺,等到买家购买后,骗子再给一个病毒网站诱导买家提取密码去充值,这就等于消费者把自己花钱购买的东西白白送给了骗子。第三方诈骗东西的一般都是虚拟的物品或手机充值卡等非实体商品。这一类诈骗案件有三方参与,但实际上骗子只有一个,故此得名。

九、索要购物发票难上加难

网上购物没有发票一直是困扰消费者的问题,也带来了巨大的风险。发票是消费者维权和获取售后服务的重要凭据,有的网店经营者不会主动,甚至就是故意不把购货的发票随货物一同寄送。等到商品出现问题，消费者要维权时，网店就以没有发票为由拒绝提供售后服务，消费者因没有合法的购货凭证无法主张权利。

第三节　电子商务交易安全提示

网络购物以其简单快捷、价格便宜的特点日渐成为许多消费者购物的首选。逢年过节，网络购物更是呈井喷状态。但不容忽视的是，消费者在网络购物的过程中，经常遭遇一些"网购陷阱"，损害消费者的合法权益。其实，网购的安全系数与普通购物相比并无太大差别。大部分网购安全问题是由于消费者对网上购物缺乏认识和经验引发的。所以消费者在网络购物时要注意以下几点：

一、网络购物前货比三家

消费者网购时要对所购物品有所了解，做到"货比三家"。要比较的不光是价格，更重要的是对比物品的质量等。对于出价过低的物品，消费者需要谨慎选购。不要因为贪图小便宜，而受到不法分子在价格上的蛊惑。尤其是要对网上和电视购物提供的各种产品信息、广告宣传和承诺，不要轻信，更不要丧失理智，安全的网络购物应该对商品有较为全面的了解。

二、选择知名网站进行消费

消费者网络购物时要尽量去有信用制度和安全保障的购物网站，因为这些网站都会有明确的服务条款，明确约定物品的规格、名称、单价、交货时间等，包括退、换货等售后服务，在网站上放物品的实拍图。如因质量问题需要退、换货，商家承担运费，如果是顾客主观原因要求换货，顾客自己承担运费。而且这些网站大多采用安全性较高的支付工具作为"第三方交易中介"，或是实行先到货后付款，以及先付定金等保护消费者的购物方式。比如，大型购物网站淘宝等使用的支付形式是第三方支付，京东商城、当当网等都支持货到付款，大大增加了支付环境的安全性。

三、注意识别网站合法备案标志

消费者网络购物时要对网站的合法性合法商家应具有证书管理机构（CA）颁发的能够识别商家身份的"数字证书"。消费者可以在网站主页最下方查看商家的数字证书来验证其"身份"。如发现未经备案的网站，应及时向当地工商部门查验或咨询。

四、注意保留各种网购凭证

消费者网络购物时要注意保存各种票据、订单等交易凭证，树立票据意识。网上交易成功后，应主动向商家索要购物凭证及相关结算证明，并与其达成商品质量协议和履约期限，明确法律责任，杜绝和减少权益争议的发生。因为经营者很容易篡改网上交易的商品或服务内容，很多都是消费者苦于没有留下证据使自己的财物受到损失，所以消费者在消费过程中要注意保留好相关购物凭证。

五、收到货物先验货再签收

消费者在收到包裹的时候，一定要拆开包裹检查物品有无损坏，是否与实物相符等，只有检验无误才能签收。对于产品存在瑕疵、损坏、功能不全等问题，应拒绝付款。我国于 2012 年 5 月 1 日起实施《快递服务》系列国家标准，该标准明确规定了"先验货后签收"、"跨省超 7 天算彻底延误"、"文明分拣"等问题，大大降低了网络购物的风险。

六、注意个人信息安全

伴随着网上购物日益受到消费者的追捧，也出现了很多困扰消费者的问题，最为让消费者头疼的莫过于网上购物后会接到各种商品的推销短信和电话。究其原因主要是个人信息泄露问题。消费者要提高警惕，预防信息外泄，涉及个人隐私的事项，能不填写就不要填写。不要将自己的网络账号、信用卡账户和密码泄露给陌生人，尽量不要使用公用的计算机进行购物、支付等操作。在网络购物中，消费者必须提高对于自己的账户以及密码的安全意识、技术措施，应该购置正版的杀毒以及防火墙等相关软件，从技术方面进行严格把关，预防网络黑客的侵入；因为网络黑客能够利用软件研究浏览器技术轻而易举地找到消费者的账户密码，所以，应该加大保护密码的力度，账户以及密码的设置尽量繁杂一些比如数字与英文字母（包括大小写变换）组合，不用出生日期、手机号码、门牌号码等能够轻易破解的数字。

参考文献

[1] 戴夫查菲著，吴冠之译. 网络营销：战略、实施与实践. 北京：机械工业出版社，2003.

[2] 汪泓，汪明艳. 电子商务——理论与实践. 北京：清华大学出版社，2010.

[3] 芮廷先. 电子商务. 北京：北京大学出版社，2010.

[4] 张泉馨. 网络营销理论与实务. 济南：山东人民出版社，2003.

[5] 2012 年度中国电子商务市场数据监测报告. http://b2b.toocle.com/zt/2012ndbg/，2013-03.

[6] 2012—2013 年中国网络购物行业年度监测报告. http://report.iresearch.cn/2008.html，2013-08.

第十章
公司概述

第一节 公司的概念与种类

一、公司的概念

由于各国立法对公司规定不同，加之不同类型的公司法律特征有一定区别，因此公司的概念并不统一。根据《中华人民共和国公司法》（以下简称《公司法》）的规定，公司是指依法设立的，以营利为目的的，由股东投资形成的企业法人。

1. 依法设立

依法设立，是指公司必须依法定条件、法定程序设立。一方面要求公司的章程、资本、组织机构、活动原则等必须合法。另一方面，要求公司设立必须经过法定程序，进行工商登记。公司通常依《公司法》设立，但还遵循公司登记管理相关法律法规，一些特殊公司的设立还必须符合《中华人民共和国商业银行法》、《中华人民共和国保险法》、《中华人民共和国证券法》等法律的规定。

2. 以营利为目的

以营利为目的，是指公司设立以经营并获取利润为目的，且股东出资设立公司的目的也是为了营利，即从公司经营中取得利润。因此，以营利为目的不仅要求公司本身为营利而活动，而且要求公司有利润时应当分配给股东。如果其经营利润不进行分配，而是用于社会公益等其他目的，则不属于以营利为目的的公司性质。

3. 以股东投资行为为基础设立

根据《公司法》规定，公司设立必须具备的法定条件之一是达到法定的注册资本，而注册资本来源于股东的投资，即由股东按法定和公司章程约定的出资方式及约定比例出资形成，因此没有股东的投资行为就不能设立公司。

4. 具有法人资格

公司是企业法人，应当符合《中华人民共和国民法通则》规定的法人条件，主要是独立的法人财产和独立承担民事责任。《公司法》规定的有限责任公司和股份有限公司都具有法人资格，股东以其认缴的出资额或者认购的股份为限对公司承担有限责任，公司要以全部财产对公司的经营活动包括法定代表人、工作人员和代理人代表公司进行的经营活动产生的债务承担责任。

二、公司的种类

按照法律的规定及学理的解释，可以对公司进行分类。

1. 以公司资本结构和股东对公司债务承担责任的方式为标准，可以将公司分为以下四类：

（1）有限责任公司。是指股东以其认缴的出资额为限对公司承担责任，公司以其全部财产对公司的债务承担责任的公司。

（2）股份有限公司。是指将公司全部资本分为等额股份，股东以其认购的股份为限对公司承担责任，公司以其全部财产对公司的债务承担责任的公司。

（3）无限公司。是指由两个以上的股东组成，全体股东对公司的债务承担无限连带责任的公司。无限公司与合伙企业具有基本相同的法律属性，但不同的是有些国家规定无限公司具有法人资格。

（4）两合公司。是指由负无限责任的股东和负有限责任的股东组成，无限责任股东对公司债务负无限连带责任，有限责任股东仅就其认缴的出资额为限对公司债务承担责任，其中无限责任股东是公司经营管理者，有限责任股东则是不参与经营管理的出资者。我国《公司法》规定的公司形式仅包括有限责任公司和股份有限公司。

2. 以公司的信用基础为标准，可以将公司分为以下三类：

（1）资合公司。是指以资本的结合作为信用基础的公司，其典型的形式为股份有限公司。此类公司仅以资本的实力取信于人，股东个人是否有财产、能力或者信誉与公司无关。股东对公司债务以出资额为限承担有限的责任，共同设立公司原则上不以相互信任为前提。

（2）人合公司。是指以股东个人的财力、能力和信誉作为信用基础的公司，其典型的形式为无限公司。人合公司的财产及责任与股东的财产及责任没有完全分离，其不以自身资本为信用基础，法律上也不规定设立公司的最低资本额，股东可以用劳务、信用和其他权利出资，企业的所有权和经营权一般也不分离。

（3）资合兼人合的公司。是指同时以公司资本和股东个人信用作为公司信用基础的公司，其典型的形式为两合公司。

3. 以公司组织关系为标准，可以将公司分为以下两类：

（1）母公司和子公司。在不同公司之间基于股权而存在控制与依附关系时，因持有其他公司股权而处于控制地位的是母公司，因其股权被持有而处于依附地位的则是子公司。母、子公司之间虽然存在控制与被控制的组织关系，但它们都具有法人资格，在法律上是彼此独立的企业。我国《公司法》规定，公司可以设立子公司，子公司具有法人资格，依法独立承担民事责任。

（2）总公司与分公司。分公司是公司依法设立的以公司名义进行经营活动，其法律后果由本公司承担的分支机构。相对分公司而言，公司称为总公司或本公司。分公司没有独立的公司名称、章程，没有独立的财产，不具有法人资格，但可领取营业执照，进行经营活动，其民事责任由总公司承担。我国《公司法》规定，公司可以设立分公司，分公司不具有法人资格，其民事责任由公司承担。

三、我国《公司法》对有限责任公司与股份有限公司的不同规定

我国《公司法》规定的有限责任公司与股份有限公司主要存在以下区别：

1. 设立方式不同。有限责任公司只能以发起方式设立，公司资本只能由发起人认缴，不允许向社会筹集。股份有限公司既可以发起设立，也可以募集设立，即由发起人认缴公司设立时发行的一部分股份，其余股份向社会公开募集或向特定对象募集。

2. 股东人数上下限规定不同。有限责任公司的股东人数无下限规定，仅作了50人以下的上限规定，允许设立一人有限责任公司和国有独资公司。股份有限公司对发起人的股东人数有上下限的规定，为2人以上200人以下，而且须由半数以上的发起人在中国境内有住所。

3. 股权的表现形式不同。有限责任公司股东以出资证明书作为股权表现形式，出资证明书通常为纸面形式；股份有限公司股东以股票作为股权表现形式，股票可以采取纸面形式，但目前通常为无纸化形式。有限责任公司股东的出资证明书必须采取记名方式；股份有限公司的股票除法律另有规定外，既可以采取记名方式，也可以采取无记名方式。

4. 股权转让方式不同。有限责任公司的股东转让其股权受到一定法律限制，除公司章程另有规定外，在股东之间可以自由转让其全部或者部分股权；对于股东向股东以

外的人转让股权的，法律有限制性规定。股份有限公司的股票以自由转让为原则，股票还可以依法在证券交易所上市交易。

5. 注册资本最低限额不同。有限责任公司的注册资本最低限额为人民币 3 万元，股份有限公司的注册资本最低限额为人民币 500 万元。

6. 组织机构不同。有限责任公司的组织机构设置较股份有限公司更为灵活，如公司股东人数较少或者规模较小，可以不设董事会，只设一名执行董事，可以不设监事会，只设 1 至 2 名监事。股份有限公司则必须设置股东大会、董事会、监事会，依法规范运作。

7. 公司所有权与经营权分离程度不同。有限责任公司的两权分离程度较低，其股东多通过出任经营职务直接参与公司的经营管理，决定公司事务。股份有限公司，尤其是向社会公众发行股票的股份有限公司，其两权分离程度较高，所以必须强调组织机构与法人治理机制的完善，法律也对其规定较多强制性义务。

8. 信息披露义务不同。股份有限公司具有开放性，负有法律规定的信息披露义务，其财务状况和经营情况等要依法进行公开披露，以保障社会投资者的利益。有限责任公司则因其非开放型公司性质而不受此限制。

第二节　资本金制度

资本金制度是国家就企业资本金的筹集、管理以及所有者的责权利等方面所作的法律规范。资本金是企业权益资本的主要部分，是企业长期稳定拥有的基本资金，此外，一定数额的资本金也是企业取得债务资本的必要保证。

一、资本金的本质特征

设立企业必须有法定的资本金。资本金，是指企业在工商行政管理部门登记的注册资金，是投资者用以进行企业生产经营、承担民事责任而投入的资金。资本金在不同类型的企业中表现形式有所不同，股份有限公司的资本金被称为股本，股份有限公司以外的一般企业的资本金被称为实收资本。

从性质上看，资本金是投资者创建企业所投入的资本，是原始启动资金；从功能上看，资本金是投资者用以享有权益和承担责任的资金，有限责任公司和股份有限公司以其资本金为限对所负债务承担有限责任；从法律地位来看，资本金要在工商行政管理部门办理注册登记，投资者只能按所投入的资本金而不是所投入的实际资本数额享有权益和承担责任，已注册的资本金如果追加或减少，必须办理变更登记。从时效来看，除了企业清算、减资、转让回购股权等特殊情形外，投资者不得随意从企业收回资本金，企业可以无限期地占用投资者的出资。

二、资本金的筹集

1. 资本金的最低限额

有关法规制度规定了各类企业资本金的最低限额，我国《公司法》规定，股份有限公司注册资本的最低限额为人民币500万元，上市的股份有限公司股本总额不少于人民币3 000万元；有限责任公司注册资本的最低限额为人民币3万元，一人有限责任公司（又称独资公司或独股公司）的注册资本最低限额为人民币10万元。

如果某些情况需要高于这些最低限额的，可以由法律、行政法规另行规定。如《中华人民共和国注册会计师法》和《资产评估机构审批和监督管理办法》均规定，设立公司制的会计师事务所或资产评估机构，注册资本应当不少于人民币30万元。《中华人民共和国保险法》规定，采取股份有限公司形式设立的保险公司，其注册资本的最低限额为人民币2亿元。《中华人民共和国证券法》规定，采取股份有限公司形式设立证券公司，在证券公司中属于经纪类的，最低注册资本为人民币5 000万元；属于综合类的，公司注册资本最低限额为人民币5亿元。

2. 资本金的出资方式

根据《公司法》等法律法规的规定，投资者可以采取货币资产和非货币资产两种形式出资。全体投资者的货币出资金额不得低于公司注册资本的30%；投资者可以用实物、知识产权、土地使用权等可以依法转让的非货币财产作价出资。法律、行政法规规定不得作为出资的财产除外。

3. 资本金缴纳的期限

资本金缴纳的期限，通常有三种办法：一是实收资本制，在企业成立时一次筹足资本金总额，实收资本与注册资本数额一致，否则企业不能成立；二是授权资本制，在企业成立时不一定一次筹足资本金总额，只要筹集了第一期资本，企业即可成立，其余部分由董事会在企业成立后进行筹集，企业成立时的实收资本与注册资本可能不相一致；三是折中资本制，在企业成立时不一定一次筹足资本金总额，类似于授权资本制，但规定了首期出资的数额或比例及最后一期缴清资本的期限。

《公司法》规定，资本金的缴纳采用折中资本制，资本金可以分期缴纳，但首次出资额不得低于法定的注册资本最低限额。股份有限公司和有限责任公司的股东首次出资额不得低于注册资本的 20%，其余部分由股东自公司成立之日起两年内缴足，投资公司可以在 5 年内缴足。而对于一人有限责任公司，股东应当一次足额缴纳公司章程规定的注册资本额。

4. 资本金的评估

吸收实物、无形资产等非货币资产筹集资本金的，应按照评估确认的金额或者按合同、协议约定的金额计价。其中，为了避免虚假出资或通过出资转移财产，导致国有资产流失，国有及国有控股企业以非货币资产出资或者接受其他企业的非货币资产出资，需要委托有资格的资产评估机构进行资产评估，并以资产评估机构评估确认的资产价值作为投资作价的基础。经国务院、省政府批准实施的重大经济事项涉及的资产评估项目，分别由本级政府国有资产监管部门或者财政部门负责核准，其余资产评估项目一律实施备案制度。严格来说，其他企业的资本金评估时，并不一定要求必须聘请专业评估机构评估，相关当事人或者聘请的第三方专业中介机构评估后认可的价格也可成为作价依据。不过，聘请第三方专业中介机构来评估相关的非货币资产，能够更好地保证评估作价的真实性和准确性，有效地保护公司及其债权人的利益。

三、资本金的管理原则

企业资本金的管理，应当遵循资本保全这一基本原则。实现资本保全的具体要求，可分为资本确定、资本充实和资本维持三部分内容。

1. 资本确定原则

资本确定，是指企业设立时资本金数额的确定。企业设立时，必须明确规定企业的资本总额以及各投资者认缴的数额。如果投资者没有足够认缴资本总额，企业就不能成立。为了强化资本确定的原则，法律规定由工商行政管理机构进行企业注册资本的登记管理。这是保护债权人利益、明晰企业产权的根本需要。根据《公司法》等法律法规的规定，一方面，投资者以认缴的资本为限对公司承担责任；另一方面，投资者以实际缴纳的资本为依据行使表决权和分取红利。《企业财务通则》规定，企业获准工商登记（即正式成立）后 30 日内，应依据验资报告向投资者出具出资证明书等凭证，以此为依据确定投资者的合法权益，界定其应承担的责任。特别是占有国有资本的企业需要按照国家有关规定申请国有资产产权登记，取得企业国有资产产权登记证，但这并不免除企业向投资者出具出资证明书的义务，因为前者仅是国有资产管理的行政手段。

2. 资本充实原则

资本充实，是指资本金的筹集应当及时、足额。企业筹集资本金的数额、方式、期限均要在投资合同或协议中约定，并在企业章程中加以规定，以确保企业能够及时、足额筹得资本金。对企业登记注册的资本金，投资者应在法律法规和财务制度规定的期限内缴足。如果投资者未按规定出资，即为投资者违约，企业和其他投资者可以依法追究其责任，国家有关部门还将按照有关规定对违约者进行处罚。投资者在出资中的违约责任有两种情况：一是个别投资者单方违约，企业和其他投资者可以按企业章程的规定，要求违约方支付延迟出资的利息、赔偿经济损失；二是投资各方均违约或外资企业不安规定出资，则由工商行政管理部门进行处罚。

企业筹集的注册资本，必须进行验资，以保证出资的真实可信。对验资的要求，一是依法委托法定的验资机构，二是验资机构要按照规定出具验资报告，三是验资机构依法承担提供验资虚假材料或重大遗漏报告的法律责任，因出具的验资证明不实给公司债权人造成损失的，除能够证明自己没有过错的外，在其证明不实的金额范围内承担赔偿责任。

3. 资本维持原则

资本维持，指企业在持续经营期间有义务保持资本金的完整性。企业除由股东大会或投资者会议作出增减资本决议并按法定程序办理之外，不得任意增减资本总额。

企业筹集的实收资本，在持续经营期间可以由投资者依照相关法律法规以及企业章程的规定转让或者减少，投资者不得抽逃或者变相抽回出资。除《公司法》等有关法律法规另有规定外，企业不得回购本企业发行的股份。在下列四种情况下，股份公司可以回购本公司股份：（1）减少公司注册资本；（2）与持有本公司股份的其他公司合并；（3）将股份奖励给本公司职工；（4）股东因对股东大会作出的公司合并、分立决议持有异议而要求公司收购其股份。股份公司依法回购股份，应当符合法定要求和条件，并经股东大会决议。用于将股份奖励给本公司职工而回购本公司股份的，不得超过本公司已发行股份总额的5%。用于收购的资金应当从公司的税后利润中支出。所收购的股份应当在1年内转让给职工。

第三节　公司的设立

一、有限责任公司的设立

（一）有限责任公司的设立条件

根据《公司法》的规定，设立有限责任公司，应当具备下列条件：

1. 股东符合法定人数

《公司法》规定，有限责任公司由 50 个以下股东出资设立。《公司法》对有限责任公司股东人数没有规定下限，即有限责任公司股东人数可以为 1 个或 50 个以下股东，既可以是自然人，也可以是法人。

2. 股东出资达到注册资本最低限额

（1）注册资本最低限额。注册资本是指公司向公司登记机关登记的出资额，即经登记公司登记确认的资本。注册资本最低限额是指国家规定的设立公司所需资本的最低要求。

如《公司法》规定，有限责任公司的注册资本为在公司登记机关登记的全体股东认缴的出资额，最低限额为人民币 3 万元。法律、行政法规有较高规定的，从其规定。如《证券法》规定，设立综合类证券公司，注册资本最低限额为人民币 5 亿元；经纪类证券公司注册资本最低限额为人民币 5 000 万元。

（2）股东出资额和出资期限。《公司法》规定，有限责任公司全体股东的首次出资额不得低于注册资本的 20%，也不得低于法定的注册资本最低限额，其余部分由股东自公司成立之日起两年内缴足；其中，投资公司可以在 5 年内缴足。根据这一规定，股东在认缴全部出资后可以分期缴付出资。对于股东分期缴付出资的，应由公司章程作出具体、明确的规定。

根据上述规定，股东出资首先必须满足法定注册资本最低限额的要求，即不低于人民币 3 万元；其次，首期出资不仅不低于 3 万元且不低于注册资本的 20%。如某公司主责资本为 30 万元，首次出资额必须 6 万元以上，其余部分可以由股东分期缴纳。这样首次出资额不仅满足最低 3 万元的要求，它是符合不低于注册资本 20% 的要求的。又如某公司注册资本为 6 万元，如首次出资额不低于注册资本的 20%，即 1.2 万元，则不能满足注册资本最低限额 3 万元的要求，因此必须首先满足 3 万元的最低出资要求，其次 3 万元出资又达到注册资本为 6 万元的 50%，满足了首次出资额不低于注册资本 20% 的要求。

（3）股东出资方式。股东可以用货币出资，也可以用实物、知识产权、土地使用权等可以用货币估价并可以依法转让的非货币财产作价出资；但是，法律、行政法规规定不得作为出资的财产除外。实物出资是指以房屋、机器设备、工具、原材料、零部件等有形资产的所有权出资。知识产权出资是指以无形资产，包括著作权、专利权、商标权、非专利技术等所有权出资。对作为出资的非货币财产应当评估作价，核实财产，不得高估或者低估作价。全体股东的货币出资金额不得低于有限责任公司注册资本的 30%。如某公司注册资本为 30 万元，全体股东用货币出资必须达到 9 万元，才能符合法定条件，其余的则可以用实物、知识产权、土地使用权等非货币财产出资。

3. 股东共同制定公司章程

公司章程是记载公司组织、活动基本准则的公开性法律文件。设立有限责任公司必须由股东共同依法制定公司章程。股东应当在公司章程上签名、盖章。公司章程对公司、股东、董事、监事、高级管理人员具有约束力。

公司章程所记载的事项可以分为必备事项和任意事项。必备事项是法律规定的在公司章程中必须记载的事项，或称绝对必要事项。任意事项是由公司自行决定是否记载的事项，包括公司有自主决定权的一些事项。

根据《公司法》的规定，有限责任公司章程应当载明下列事项：公司名称和住所；公司经营范围；公司注册资本；股东的姓名或者名称；股东的出资方式、出资额和出资时间；公司的机构及其产生办法、职权、议事规则；公司法定代表人；股东会会议认为需要规定的其他事项。

4. 有公司名称，建立符合有限责任公司要求的组织机构

公司的名称是公司的标志。公司设立自己的名称时，必须符合法律、法规的规定，并应当经过公司登记管理机关进行预先核准登记。公司应当设立符合有限责任公司要求的组织机构，即股东会、董事会或者执行董事、监事会或者监事等。

5. 有公司住所

设立公司必须有住所。没有住所的公司，不得设立。公司以其主要办事机构所在地为住所。

（二）有限责任公司设立的程序

1. 订立公司章程

股东设立有限责任公司，必须先订立公司章程，将要设立的公司基本情况以及各方面的权利义务加以明确规定。

2. 股东缴纳出资

股东应当按期足额缴纳公司章程中规定的各自所认缴的出资额。股东以货币出资的，应当将货币出资足额存入为设立有限责任公司而在银行开设的账户；以非货币财产出资的，应当依法办理其财产权的转移手续。这里的手续，是指过户手续，即将原来属于股东所有的财产，转移为属于公司所有的财产。如股东以房产出资的，必须到房管部门办理房屋所有权转移手续，将房屋所有权人由股东改为公司。股东不按照规定缴纳出资的，除应当向公司足额缴纳外，还应当向已按期足额缴纳出资的股东承担违约责任。

股东缴纳出资后，必须经依法设立的验资机构验资并出具证明。依法设立的会计师事务所等，可以依法承担股东出资的验资工作。

3. 申请设立登记

股东的首次出资经依法设立的验资机构验资后，由全体股东指定的代表或者共同委

托的代理人向公司登记机关申请设立登记。公司经核准登记后，领取公司营业执照，公司企业法人营业执照签发日期为公司成立日期。

有限责任公司成立后，发现作为设立公司出资的非货币财产的实际价额显著低于公司章程所定价额的，应当由交付该出资的股东补足其差额，公司设立时的其他股东承担连带责任。

有限责任公司成立后，应当向股东签发出资证明书。出资证明书是确认股东出资的凭证，应当载明下列事项：公司名称；公司成立日期；公司注册资本；股东的姓名或者名称、缴纳的出资额和出资日期；出资证明书的编号和核发日期，出资证明书由公司盖章。

有限责任公司应当置备股东名册。股东名册是公司为记载股东情况及其资本事项而设置的簿册。记载于股东名册的股东，可以依股东名册主张行使股东权利。公司应当将股东的姓名或者名称及其出资额向公司登记机关登记，登记事项发生变更的，应当办理变更登记。未经登记或者变更登记的，不得对抗第三人。

二、一人有限责任公司的特别规定

（一）一人有限责任公司的概念

一人有限责任公司，是指只有一个自然人股东或者一个法人股东的有限责任公司。

一人有限责任公司是独立的企业法人，具有完全的民事权利能力、民事行为能力和民事责任能力，是有限责任公司中的特殊类型。

（二）一人有限责任公司的特别规定

《公司法》规定，一人有限责任公司的设立和组织机构适用特别规定，没有特别规定的，适用有限责任公司的相关规定。这些特别规定，具体包括以下几个方面：

1. 一人有限责任公司的注册资本最低限额为人民币 10 万元，股东应当一次足额缴纳公司章程规定的出资额，不允许分期缴付出资。

2. 一个自然人只能投资设立一个一人有限责任公司，该一人有限责任公司不能投资设立新的一人有限责任公司。

3. 一人有限责任公司应当在公司登记中注明自然人独资或者法人独资，并在公司营业执照中载明。

4. 一人有限责任公司不设股东会。法律规定的股东会职权由股东行使，当股东行使相应职权作出决定时，应当采用书面形式，并由股东签字后置备于公司。

5. 一人有限责任公司应当在每一会计年度终了时编制财务会计报告，并经会计师事务所审计。

6. 一人有限责任公司的股东不能证明公司财产独立于股东自己财产的，应当对公司债务承担连带责任。

三、股份有限公司的设立

（一）股份有限公司的设立方式

股份有限公司的设立，可以采取发起设立或者募集设立的方式。

发起设立，是指由发起人认购公司应发行的全部股份而设立公司。以发起设立的方式设立股份有限公司的，在设立时其股份全部由该公司的发起人认购，而不向发起人之外的任何社会公众发行股份。因此，以发起设立方式设立的股份有限公司，在其发行新股之前，其全部股份都由发起人持有，公司的全部股东都是设立公司的发起人。

募集设立，是指由发起人认购公司应发行股份的一部分，其余股份向社会公开募集或者向特定对象募集而设立公司。以募集设立方式设立股份有限公司的，在公司设立时，认购公司应发行股份的人不仅有发起人，而且还有发起人以外的人。因此法律对采用募集设立方式设立公司规定了较为严格的程序，以保护广大投资者的利益，保证正常的经济秩序。

（二）股份有限公司的设立条件

《公司法》规定，设立股份有限公司，应当具备下列条件：

1. 发起人符合法定人数。

发起人是指依法筹办创立股份有限公司事务的人。发起人既可以是自然人，也可以是法人；既可以是中国公民，也可以是外国公民。

设立股份有限公司，应当有 2 人以上 200 人以下为发起人，其中须有半数以上的发起人在中国境内有住所。发起人在中国境内有住所，就中国公民而言，是指公民以其户籍所在地为居住地或者其经常居住地在中国境内。就外国公民而言，是指其经常居住地在中国境内；就法人而言，是指其主要办事机构所在地在中国境内。因此，发起人是否在中国有住所，要视其经常居住地或者主要办事机构所在地是否在中国境内。

股份有限公司发起人承担公司筹办事务。发起人应当签订发起人协议，明确各自在公司设立过程中的权利和义务。

2. 发起人认购和募集的股本达到法定资本最低限额。

法定资本最低限额，是指法律规定的股份有限公司注册资本的最低数额。《公司法》规定，股份有限公司注册资本的最低限额为人民币 500 万元。法律、行政法规对股份有限公司注册资本的最低限额有较高规定的，从其规定。股份有限公司采取发起设立方式设立的，注册资本为在公司登记机关登记的全体发起人认购的股本总额。公司全体发起人的首次出资额不得低于注册资本的 20%，其余部分由发起人自公司成立之日起两年内缴足；其中，投资公司可以在 5 年内缴足。在缴足前，不得向他人募集股份。

股份有限公司采取募集方式设立的，注册资本为在公司登记机关登记的实收股本总额。即公司的注册资本为公司实际收到作为公司股本的财产总额，已由股东认购但实际并未缴纳的部分，不得计入公司的注册资本额中。

发起人可以用货币出资，也可以用实物、知识产权、土地使用权等可以用货币估价并可以依法转让的非货币财产作价出资；但是，法律、行政法规规定不得作为出资的财产除外。对作为出资的非货币财产应当评估作价，核实财产，不得高估或者低估作价。法律、行政法规对评估作价有规定的，从其规定。全体发起人的货币出资金额不得低于股份有限公司注册资本的 30%。

3. 股份发行、筹办事项符合法律规定。

发起人为了设立股份有限公司而发行股份时，以及在进行其他的筹办事项时，都必须符合法律规定的条件和程序，不得有所违反。如向社会公开募集股份，应当依法报国务院证券监督管理机构核准，并公告招股说明书、认股书。应当同依法设立的证券公司签订承销协议，通过证券公司承销其发行的股份。应当在法定的期限内召开创立大会，依法决定有关事项。应当在法定的期限内依法向公司登记机关申请设立登记，等等。

4. 发起人制定公司章程，采用募集方式设立的应经创立大会通过。

股份有限公司的章程是指记载有关公司组织和行动基本规则的文件。公司章程对公司、股东、董事、监事、高级管理人员具有约束力。设立公司必须依法制定章程。对于以发起设立方式设立的股份有限公司，由全体发起人共同制定公司章程；对于以募集设立方式设立的股份有限公司，发起人制定的公司章程，还应当经有其他认股人参加的创立大会通过，以出席会议的认股人所持表决权的半数以上通过，方为有效。

股份有限公司章程应当载明下列事项：公司名称和住所；公司经营范围；公司设立方式；公司股份总数、每股金额和注册资本；发起人的姓名或者名称、认购的股份数、出资方式和出资时间；董事会的组成、职权、任期和议事规则；公司法定代表人；监事会的组成、职权、任期和议事规则；公司利润分配办法；公司的解散事由与清算办法；公司的通知和公告办法；股东大会会议认为需要规定的其他事项。

5. 有公司名称，建立符合股份有限公司要求的组织机构。

6. 有公司住所。

第四节 公司股东、经营者和债权人利益的冲突与协调

一、代理理论

现代企业的一个重要特征，就是所有权与经营权的分离，由此就产生了委托代理关系。委托代理关系（Principal-Agent Relationship）是指某人或某些人（称为委托人）为将责任委托给他人（称为代理人），雇佣他或他们而形成的关系。委托人和代理人的权利与义务均在双方认可的契约关系中加以明确。当委托人赋予某个代理人一定的权利，如使用一种资源的权利时，一种代理关系就建立起来了。代理人受正式与非正式的契约制约，代表着委托人的利益，并相应获取某种形式的报酬。当委托人与代理人的利益目标不一致时，就产生了所谓的代理问题。

在现实经济中，股东与管理者的关系就是一种典型的委托代理关系。企业的所有者即股东是委托人，经营管理层是代理人。由于所有者与经营者之间的信息不对称及利益的差异，使得经营者的行为可能偏离所有者的要求。这里的代理问题就是：管理者能否完全按股东的意愿或要求行事，管理者是否把股东财富或公司价值作为最大化目标；另一方面，股东将如何有效地激励、约束、监督管理者按股东的意愿和利益行事。

股东和债权人都为企业提供了财务资源，但是他们处在企业之外，只有经营者即管理当局在企业里直接从事管理工作。股东、经营者和债权人之间构成了企业最重要的财务关系。企业是所有者即股东的企业，财务管理的目标也就是股东的目标。股东委托经营者代表他们管理企业，为实现他们的目标而努力，但经营者与股东的目标并不完全一致。债权人把资金借给企业，并不是为了"股东财富最大化"，与股东的目标也不一致。公司必须协调这三方面的利益冲突，才能实现"股东财富最大化"的目标。

二、股东与经营者

（一）经营者的目标

在股东和经营者分离以后，股东的目标是使企业财富最大化，千方百计要求经营者以最大的努力去完成这个目标。经营者也是最大合理效用的追求者，其具体行为目标与委托人不一致。他们的目标是：

1. 增加报酬，包括物质和非物质的报酬，如工资、奖金，提高荣誉和社会地位等。
2. 增加闲暇时间，包括较少的工作时间、工作时间里较多的空闲和有效工作时间中较小的劳动强度等。

　　上述两个目标之间有矛盾，增加闲暇时间可能减少当前或将来的报酬，努力增加报酬会牺牲闲暇时间。

　　3. 避免风险。经营者努力工作可能得不到应有的报酬，他们的行为和结果之间有不确定性，经营者总是力图避免这种风险，希望付出一份劳动便得到一份报酬。

（二）经营者对股东目标的背离

　　经营者的目标和股东不完全一致，经营者有可能为了自身的目标而背离股东的利益。这种背离表现在两个方面：

　　1. 道德风险。经营者为了自己的目标，可能不会尽最大努力去实现企业财务管理的目标。他们没有必要为提高股价而冒险，股价上涨的好处将归于股东，如若失败，经营者自己的"身价"将下跌。他们不做什么错事，只是不十分卖力，以增加自己的闲暇时间。这样做，不构成法律和行政责任问题，只是道德问题，股东很难追究他们的责任。

　　2. 逆向选择。经营者为了自己的目标而背离股东的目标。如装修豪华的办公室，购置高档汽车等，或借口工作需要乱花股东的钱，又或蓄意压低股票价格，以自己的名义借款买回，导致股东财富受损。

（三）防止经营者背离股东目标的方法

　　为了防止经营者背离股东的目标，一般有两种方式：

　　1. 监督。经营者背离股东的目标，其条件是双方的信息不对称，主要是经营者了解的信息比股东多。避免"道德风险"和"逆向选择"的出路是让股东获取充分的信息，对经营者进行监督，在经营者背离股东目标时，减少其各种形式的报酬，甚至解雇他们。

　　但是，全面监督在实际上是行不通的，因为：（1）股东是分散的或者远离经营者，得不到充分的信息；（2）经营者比股东有更大的信息优势，比股东更清楚什么是对企业更有利的方案；（3）全面监督管理行为的代价是高昂的，很可能超过它所带来的收益。因此，股东支付审计费聘请注册会计师，往往限于审计财务报表，而不是全面审查所有管理行为人。股东对于情况的了解和对经营者的监督总是必要的，但受到监督成本的限制，不可能事事都监督。监督可以减少经营者违背股东意愿的行为，但不能解决全部问题。

　　2. 激励。防止经营者背离股东利益的另一种方式是采用激励计划，使经营者分享企业增加的财富，鼓励他们采取符合股东最大利益的行动。如企业利润率或股票价格提高后，给经营者以现金、股票期权奖励。支付报酬的方式和数量的大小，有多种选择。报酬过低，不足以激励经营者，股东不能获得最大利益。报酬过高，股东付出的激励成本过大，也不能实现自己的最大利益。因此，激励可以减少经营者违背股东意愿的行为，但也不能解决全部问题。

通常，股东同时采取监督和激励两种方式来协调自己和经营者的目标。尽管如此仍不可能使经营者完全按股东的意愿行动，经营者仍然可能采取一些对自己有利而不符合股东最大利益的决策，并由此给股东带来一定的损失。监督成本、激励成本和偏离股东目标的损失之间此消彼长，相互制约。股东要权衡轻重，力求找出能使三项之和最小的解决办法。

三、股东与债权人

当公司向债权人借入资金后，两者也形成一种委托代理关系。债权人把资金借给企业，其目标是到期时收回本金，并获得约定的利息收入。公司借款的目的是用它扩大经营，投入有风险的生产经营项目，两者的目标并不一致。

债权人事先知道借出资金是有风险的，并把这种风险的相应报酬纳入利率。通常要考虑的因素包括：公司现有资产的风险、预计公司新增资产的风险、公司现有的负债比率、公司未来的资本结构等。

但是，借款合同一旦成为事实，资金划到企业，债权人就失去了控制权，股东可能通过经营者为了自身利益而伤害债权人的利益，其常用方式是：

第一，股东不经债权人的同意，投资于比债权人预期风险更高的新项目。如果高风险的计划侥幸成功，超额的利润归股东独享；如果计划不幸失败，公司无力偿债，债权人与股东将共同承担由此造成的损失。《中华人民共和国企业破产法》（以下简称《破产法》）尽管规定，债权人先于股东分配破产财产，但多数情况下，破产财产不足以偿债。所以，对债权人来说，超额利润肯定拿不到，发生损失却有可能要分担。

第二，股东为了提高公司的利润，不征得债权人的同意而指使管理当局发行新债，致使旧债权的价值下降，使旧债权人蒙受损失。旧债权价值下降的原因是发新债后公司负债比率加大，公司破产的可能性增加，如果企业破产，旧债权人和新债权人要共同分配破产后的财产，使旧债权的风险增加、价值下降。尤其是不能转让的债权或其他借款，债权人没有出售债权来减少损失的出路，处境更加不利。

债权人为了防止其利益被伤害，除了寻求立法保护，如破产时优先接管、优先于股东分配剩余财产等外，通常采取以下措施：

第一，在借款合同中加入限制性条款，如规定资金的用途、规定不得发行新债或限制发行新债的数额等。

第二，发现公司有损害其债权意图时，拒绝进一步合作，不再提供新的借款或提前收回借款。

第十一章
时间就是金钱，风险无处不在

第一节　时间价值

　　货币时间价值是财务管理中最重要的概念，甚至被称为"理财的第一原则"。货币（资金）时间价值通常被定义为货币经历了一段时间的投资和再投资后所增加的价值。货币具有时间价值是一种客观的经济现象。时间价值观念在企业理财中广泛运用，如企业融资、投资决策、信用管理等。由于时间是有价值的，不同时间单位资金的价值是不可比的，任何投资决策均应考虑资金的时间价值。

一、时间价值的内涵

　　货币（资金）时间价值，是指货币经历一定时间的投资和再投资所增加的价值，也称为资金的时间价值，货币（资金）时间价值，是指一定量资金在不同时点上的价值量差额。货币（资金）时间价值等于没有风险、没有通货膨胀条件下的社会平均资金利润率。
　　货币必须经过投资才拥有时间价值，不进行投资的货币不会增值。从单个企业来看，企业资金循环和周转的起点是投入货币资金，用它来购买所需要的资源，然后生产出产品，产品出售时所得到的货币大于初始投入的货币，这是货币的时间价值的真正来源。从整个社会来看，货币的时间价值则来源于各个企业投资利润的平均化。资金的时间价值来源于资金进入社会再生产过程后的价值增值。

二、时间价值产生的原因

　　相同的一元钱在今天和将来某一天的价值是否相同？经济学家说：不同。为什么？回答是，因为人们具有时间偏好——人们在消费时总是抱着赶早不赶晚的态度，认为现期消费产生的效用要大于对同样商品的未来消费产生的效用。因此，即使相同的一元钱在今天和未来都能买到相同的商品，其价值却不相同——因为相同的商品在今天和未来所产生的效用是不相同的。正是人们的时间偏好使货币具有了时间价值。

　　我们先来看一个简单的例子：假设某人今天将 10 000 元现金存入银行，银行存款税后年利息率为 2%，那么一年后的今天，他可以从银行取出 10 200 元现金。在不考虑通货膨胀的情况下，这 200 元实质上是 10 000 元在一年的时间里发生的增值，即货币的时间价值。它反映的是由于时间因素的作用而使现在的一笔资金高于将来某个时期的同等数量的资金的差额或者资金随时间推延所具有的增值能力。也就是说今天的 10 000 元和一年后的 10 000 元是不能同日而语的。

　　那么，货币的时间价值到底是如何产生的呢？在西方，大多数经济学家都认为货币时间价值是对货币所有者推迟消费的耐心应给予的报酬，正如前例中将 10 000 元存入银行，为了弥补储蓄者推迟 1 年消费的耐心，银行补偿他 200 元。如果真是这样，那我们大可以将钱放在家里不消费，等到以后再消费这样也是推迟消费的一种做法，但为什么不会出现增值的现象呢？显然这种观点只能说明某些现象，并没有说明时间价值的本质。这也告诉我们，货币如果闲置不用是没有时间价值的，只有当做资本投入生产和流通后才能增值，也就是货币资金。因为货币时间价值既然来源于工人创造的剩余价值，如果闲置不用，也就是企业未将资金投入生产，没有一定的生产要素，工人怎么可能创造剩余价值，那又怎么可能产生时间价值呢？有几种不同的观点。

　　1. 认为货币周转使用后产生增值是货币时间价值产生的根源

　　此种观点认为，货币被当做资本进行投资时，通过资本运动形式进入到生产领域，从而创造出了价值。通过资本循环运动最终使原来的货币产生了增值，这就是货币时间价值产生的根源。

　　2. 认为通货膨胀的存在是货币时间价值产生的根源

　　此种理论的主要观点是，通货膨胀使货币的购买力下降，随着时间的推移，一定量的货币所包含的价值在减少。因此，要保持货币原来的购买力应该使其增值。这种由通货膨胀导致的货币购买力下降，客观上要求货币保持购买力的内生动力是货币具有时间价值的根源。

　　3. 认为机会成本的存在是货币时间价值产生的根源

　　此种观点认为，货币的持有者推迟了消费，而将货币用了其他用途。对于货币持有者的这种推迟消费的行为应该给予补偿，推迟消费的时间越长，应该给予的补偿就越多。因此，这种补偿客观上要求货币应该增值。这就是产生货币时间价值的根源。

货币本身是不能创造任何价值的。货币的时间价值是商品经济下借贷关系高度发展的产物，是资本所有者和使用者分离的结果。在商品经济高度发展的今天，资本所有者将资本租借给使用者，由其将资本投入再生产过程以获取利润，资本使用者在获取利润后，要将其中一部分作为使用费（即利息）付给资本所有者。由此可知，货币时间价值的实质是货币经历了投资转化为资本，进而周转使用产生增值，完全是和劳动创造价值相关的，确切地说，是劳动者创造的剩余价值。因此货币的时间价值是货币经历一定时间的投资和再投资所增加的价值，这就是货币时间价值的实质。

货币必须经过投资才拥有时间价值，不进行投资的货币不会增值。因为如果将一大笔钱放在保险柜里，随着时间的变化不可能使资金增值，而是必须投入周转使用，经过劳动过程才能产生资金时间价值。从单个企业来看，企业资金循环和周转的起点是投入货币资金，用它来购买所需要的资源，然后生产出产品，产品出售时所得到的货币大于初始投入的货币，这是货币时间价值的真正来源。

三、时间价值的计算

由于货币随时间的延续而增值，现在的 1 元钱与将来的 1 元多钱甚至是几元钱在经济上是等效的。换一种说法，就是现在的 1 元钱和将来的 1 元钱经济价值不相等。由于不同时间单位货币的价值不相等，所以，不同时间的货币收入不宜直接进行比较。需要把它们换算到相同的时间基础上，然后才能进行大小的比较和比率的计算。由于货币随时间的增长过程与复利的计算过程在数学上相似，因此，在换算时广泛使用复利计算的各种方法。

1. 单利与复利

单利（SimpleInterest）：本能生利，而利息不能生利。

复利（CompoundInterest）：本能生利，利息在下期则转为本金一起计算利息，俗称"利滚利"。

复利有巨大的魔力，下面具体看几个例子：

有一个古老的故事，一个爱下象棋的国王棋艺高超，从未碰到对手。为了找到对手，他下了一个诏书，说无论是谁，只要赢了国王，国王就会答应他任何一个要求。一个年轻人来到皇宫，要求与国王下棋，最终这个年轻人赢了国王，国王问这个年轻人要什么奖赏，年轻人说他只要一点小奖赏，在他的棋盘上摆满麦粒赏给他：第 1 格放 1 粒，第 2 格放 2 粒，第 3 格放 4 粒每一小格的麦粒数量都是前一格的一倍，如此下去，直至所有格子都摆满。一边的大臣忍不住都在偷笑，心想：这个年轻人是不是脑子进水了，怎么提了这么傻的要求。国王认为这很简单，马上派人搬来一车麦粒开始摆放，但很快他发现这个要求根本不可能满足，即使将自己国库所有的粮食都给他，也不够百分之一。因为即使一粒麦子只有一克重，也需要数十万亿吨的麦子才够。尽管从表面上看，从一粒麦子开始，起点十分低，但经过很多次的翻倍，就迅速变成庞大的天文数字。

1790 年，富兰克林在去世之前，留下 5 000 美元给美国的波士顿市，并嘱咐 100年不动，让这笔资金可以有足够的时间发挥钱滚钱的效果。经过了 100 年后，这笔5 000 美元的小额捐款足足膨胀了 84 倍之多，达 42 万美元！

一张普通的钞票只有 0.01 厘米厚。但如果你能把它对折 22 次，它的厚度可以达到420 米，是上海金茂大厦的高度。如果这样对折下去，当对折到 44 次时，它的厚度可以达到 38.4 万公里，是地球到月球的距离。复利的力量和魅力就在于此，越往后力量越大。

台湾著名投资理财专家黄培源先生推崇的一个创造亿万富翁的神奇公式：黄培源先生认为，假定一位身无分文的年轻人，从现在开始能够每年存下 1.4 万元，如此持续40 年，如果他每年存下的钱都投资到股票和房地产上，并获得每年平均 20% 的投资收益率，那么 40 年后，他能累积多少财富呢？一般人猜的金额，多落在 200 万到 800 万元之间，最多的也不超过 1 000 万元，然而依照财务学计算复利的公式，正确的答案应该是 1.028 1 亿元。

2009 年有报道称因为无力偿还信用卡上的透支金额，广州 61 岁的关老伯麻烦缠身，2 年多前透支的 2 万元，利滚利，滚到了 20 多万元的天文数字。其欠款之所以膨胀得这么快，是因为透支利息和各种费用使其负债以每月大约 11.5% 的复利递增。照此计算，如果再过 16 个月，关老伯的欠款将达 108.46 万元。

复利具有神奇的魔力，它能在不知不觉之中使财富获得巨额的增长。很多人小看了复利的威力，觉得一年或一天内增长那么一点点，根本无足轻重。其实，复利是世界财富增长的最大秘密。科学巨匠爱因斯坦曾说："世界上最强大的力量不是核武器爆炸的威力，而是复利！"

我们经常说现在银行的存款利率是多少多少，这个利率都是指单利，银行每年按这个利率计算利息，在存款到期时才和本金一并支付给储户。如现在存 1 000 元 5 年期的定期存款，利率是 2.88%，5 年的利息总和就是 1 000 × 2.88% × 5 = 144（元），那么 5年后储户得到的本息总共是 1 144 元。

另外，还有一种支付利息的方法，那就是复利，利息在每年的年末就支付给储户，而不是存款到期后才一并支付，这样，上一年得到的利息在下一年就成了本金，在以后的每年中都可以得到利息，也就是通常所说的"利滚利"。我们还是用上面的例子，按复利的方式算一算，如表 11-1 所示。

表 11-1　复利计算表

时间	年初本金（元）	年利率（%）	本年所得利息（元）	年末本息和（元）
第一年	1 000	2.88	28.8	1 028.8
第二年	1 028.8	2.88	29.63	1 058.43
第三年	1 058.43	2.88	30.48	1 088.91
第四年	1 088.91	2.88	31.36	1 120.27
第五年	1 120.27	2.88	32.26	1 152.53

显然，按复利计息可以多得到 1 152.53−1 144 = 8.53（元）的利息。你可能会说，确实不一样，不过只几块钱的差异而已，没什么大不了的。可千万不要小看这点小小的差异，在利率比较高、期限比较长的情况下，这个数字会大得惊人。

2. 现值与终值

终值（futurevalue）又称将来值，即一定量的现金在未来某一时点上的价值，俗称本利和。现值：（presentvalve）：未来某一时点的一定量的现金折和到现在的价值，又称折现。现值和终值概念可以适当推广。对于所分析的任意一段时间，资金在起始时刻的价值量都可以称为现值；资金在终了时刻的价值量都可以称为终值。一定量资金的终值与现值的差额即为资金的时间价值。现实生活中"本金"、"本利和"的说法相当于资金时间价值理论中的"现值"和"终值"概念，

3. 年金

年金是指等额、定期的系列收支。如分期付款赊购、分期偿还贷款、发放养老金、分期支付工程款、每年相同的销售收入等，都属于年金收付形式。具有两个特点：一是金额相等；二是时间间隔相等。

第二节　风险与报酬

一、风险的内涵

与风险相联系的另一个概念是不确定性。从理论上讲，风险和不确定性有一定的区别。通常风险是指决策者能够事先知道事件最终可能呈现出来的状态，即事前可以知道

所有可能的后果，并且可以根据经验和历史数据比较准确地预知每种可能状态出现的可能性（概率）大小，即知道整个事件发生的概率分布。各种结果发生的可能性可以用概率分布、标准差和方差等指标来表示，因此它可以被度量。而不确定性是指事前不知道所有可能的后果，或者虽然知道可能的后果，但不知道它们出现的概率，或者什么都不知道。企业的大多数财务决策都是在不确定情况下做出的，但为了提高财务决策的科学性，决策人员常常为不确定性财务活动规定一些主观概率，以便进行计量分析，这使得不确定性决策与风险性决策十分相似。在实务中，当说到风险时，可能指的是确切意义上的风险，但更可能指的是不确定性。

总之，某一行动的结果具有多种可能性而不肯定，就叫有风险；反之，若某一行动的结果很肯定，就叫没有风险。从财务管理角度来说，风险就是实际收益无法达到预期收益的可能性，或者说，它是在企业各项财务活动中，由于各种难以预料或无法控制的因素作用，使企业的实际收益与预计收益发生背离，从而蒙受经济损失的可能性。

对风险最简单的定义是：风险是发生财务损失的可能性。发生损失的可能性越大，风险越大。它可以用不同结果出现的概率来描述。结果可能是好的，也可能是坏的，坏结果出现的概率越大，就认为风险越大。这个定义非常接近日常生活中使用的风险一词的概念，主要强调风险可能带来的损失，与危险的含义类似。

在对风险进行深入研究以后可以发现，风险不仅可以带来超出预期的损失，也可能带来超出预期的收益。于是，出现了一个更正式的定义：风险是预期结果的不确定性。风险不仅包括负面效应的不确定性，还包括正面效应的不确定性。风险的正面效应，可以称为"机会"。人们对于机会，需要识别、衡量、选择和获取。理财活动不仅要管理危险，还要识别、衡量、选择和获取增加企业价值的机会。风险的新概念，反映了人们对财务现象更深刻的认识，也就是危险与机会并存。

二、风险的分类

（一）从投资主体角度划分，风险可以分为系统风险和非系统风险

系统风险是指对所有企业产生影响的因素引起的风险。系统风险大多是由于宏观经济形势和政治形势的变化造成的，如国家政治形势的变化、国家经济政策的调整、自然灾害、战争、经济周期的变化、通货膨胀以及世界能源状况的变化等，这些因素往往会对证券市场上所有资产的收益产生影响，因此系统风险不可能通过多样化投资来分散。由于系统风险是影响整个资本市场的风险，所以也称"市场风险"。由于系统风险不能通过分散化投资的方法消除，所以也称"不可分散风险"。系统风险虽然对整个证券市场产生影响，但是，对于不同行业、不同企业的影响是不同的，有些行业或企业受其影

响较大，有些则受其影响要小一些。

非系统风险是指发生于个别公司的特有事件造成的风险，如罢工、诉讼失败、失去销售市场等。这种风险不是每个企业都面临的，而是发生于个别企业，而且事件发生的可能性是不确定的，因而，要想回避这个风险可以通过多样化投资来分散风险，即非系统风险可以通过将资金同时投资于多种资产来有效地分散如一家公司的工人罢工、新产品开发失败、失去重要的销售合同、诉讼失败，或者宣告发现新矿藏、取得一个重要合同等。这类事件是非预期的、随机发生的，它只影响一个或少数公司，不会对整个市场产生太大影响。这种风险可以通过多样化投资来分散，即发生于一家公司的不利事件可以被其他公司的有利事件所抵消。由于非系统风险是个别公司或个别资产所特有的，因此也称"公司特有风险"。由于非系统风险可以通过投资多角化分散掉，因此也称为"可分散风险"。

（二）从公司经营本身划分，风险又可分为经营风险和财务风险

经营风险是指因生产经营方面的原因给企业盈利带来的不确定性。企业的供、产、销等各种生产经营活动都存在着很大的不确定性，都会对企业收益带来影响，因而经营风险是普遍存在的。产生经营风险的因素既有内部的因素，又有外部的因素。如原材料供应地政治经济情况变动，运输方式改变，价格变动等，这些因素会造成供应方面的风险。由于所生产产品质量不合格，生产组织不合理，设备事故等因素而造成生产方面的风险。由于出现新的竞争对手，消费者爱好发生变化，销售决策失误，产品广告推销不力以及货款回收不及时等因素带来的销售方面的风险。所有这些生产经营方面的不确定性，都会引起企业的利润或利润率的变化，从而导致经营风险。

财务风险又称筹资风险，是指由于举债而给企业财务成果带来的不确定性。企业举债经营，全部资金中除主权资金外还有一部分借入资金，这会对主权资金的盈利能力造成影响。同时，借入资金需还本付息，一旦无力偿付到期债务，企业便会陷入财务困境甚至破产。其风险大小受借入资金与自有资金比例的影响，借入资金比例越大，风险程度越大。借入资金比例减小，风险程度就会随之减小。对财务风险的管理，关键是要保证有一个合理的资金结构，维持适当的负债水平，既要充分利用举债经营这一手段获取财务杠杆利益，提高资金盈利能力，又要注意防止过度举债而引起的财务风险加大，避免陷入财务困境。

三、风险与报酬的关系

巴菲特有一次在哥伦比亚大学演讲时提到报酬与风险之间的正向关系，如果有人告

诉我：我有一支六发弹装的左轮枪，并且填装一发子弹。你可以任意地拨动转轮，然后朝自己扣一次扳机。如果你能够逃过一劫，我就赏你 100 万美元。我将会拒绝这项提议——或许我的理由是 100 万美元太少了。然后，他可能建议将奖金提高为 500 万美元，但必须扣两次扳机——这便是报酬与风险之间的正向关系！

有个人小时候进林子里用捕猎机捕鸟。捕猎机像一只箱子，用木棍支起后，木棍上系着的绳子一直接到隐蔽的灌木丛中。只要小鸟受撒下的鸟食诱惑，就会进入箱子，一拉绳子就会大功告成。他刚支好箱子，就飞来一群小鸟，共有 9 只，不一会儿就有 6 只小鸟走进了箱子。他正要拉绳子，又觉得另外 3 只也会进去，再等等吧。等了一会儿，那 3 只非但没进去，反而走出来 3 只。接着，又有 2 只走了出来。如果这时拉绳，还能套住 1 只，但他不甘心，心想，总该有些要回去吧。终于，连最后那一只也走出来了。

财务风险与报酬的基本关系是风险与报酬相均衡，即风险越大，预期报酬率就越高，投资者投资于任何一项资产，都会要求资产的报酬率与其风险相匹配。在市场经济中，各投资项目的风险大小不同，在投资报酬率相同的情况下，理性的投资者都会选择风险小的投资。高风险项目就必须有高报酬，否则没有人投资。低报酬的项目必须风险很低，否则也没有人投资。风险与报酬的这种关系是不同投资者进行博弈所形成的市场均衡结果。风险与期望报酬率的均衡关系可表示为：期望报酬率 = 无风险报酬率 + 风险报酬率。期望报酬率包括两个部分：一部分是无风险报酬率，它等于纯粹利率加通货膨胀附加率，在实务中通常用短期国债利率表示。另一部分是风险报酬率，是投资者要求的除纯粹利率和通货膨胀之外的风险补偿。它与风险的大小有关，风险越大则要求的报酬率越高，是风险的函数，即：风险报酬率 =f（风险程度）。

在有效市场假设条件下，风险与报酬是相互匹配的，即高风险高报酬、低风险低报酬。投资者可以根据自身风险承受能力的大小选择适度风险的投资品种，获得预期报酬。

美国经济学家哈里·马科维茨（Harry M. Markowitz）通过对投资者的行为特征进行研究发现，理性投资者具有两个基本特征：一是追求收益最大化；二是厌恶风险。这两个特征决定着理性投资者在投资决策时必定会遵循以下两条基本原则：一是在两个风险水平相同的投资项目中，投资者会选择预期收益较高的投资项目。二是在两个预期收益相同的投资项目中，投资者会选择风险较小的投资项目。

尽管人们对风险的厌恶程度不完全相同，有的人对风险厌恶程度较强，有的较弱，甚至有的人可能偏好风险，但是，从理论上讲，理性投资者一般是厌恶风险的。对于厌恶风险的理性投资者来说，要使之接受风险较大的投资项目，就必须给予风险补偿，风险越大，风险补偿也应越高。投资者在进行投资时总是追求效用最大化，效用最大化就是投资者上述两个行为特征的综合反映，其中投资收益带来正效用，风险带来负效用，因此，投资者效用函数就取决于投资的预期收益和风险两个因素。

你认为投资和收益是成正比的吗？相信大家都有自己的答案，但请看下面这个故事。

有一间屋子，屋里放满了黄金，但有几颗炸弹，有三个人进到屋子里，并都成功的带出了一袋黄金。然后有人问他们三个人同样的问题："知道屋子里有炸弹么？"第一个人惊奇地说："啊？屋子里有炸弹？"第二个人擦擦汗说："是啊，我知道屋子里有炸弹，所以拿得很小心，拿了几块就跑出来了。"第三个人很平静地说："我知道，但炸弹会在30秒钟后爆炸，我已经算出来得早了。"对于这三个人而言，他们的风险和收益怎么样呢？

同样是获得了一袋黄金，第一个人从主观上来讲，压根儿就不知道有风险。但对于他而言，风险是客观存在的，如果没有人提醒他，相信他以后还会再去拿，并最终会倒在炸弹爆炸的那一刻，因为他根本就不知道有这回事。对第二个人而言，他是知道风险的，但他冒着失去生命的危险去拿到了黄金，他管理了自己的风险，并且通过一点点运气获得了回报。对第三个人来说，他知道炸弹什么时候爆炸，他进去拿黄金是毫无风险可言的，但他的收益肯定会远高于第二个人。他唯一的风险就是，他知道的那个时间是错的！其实还有第四个人，就是装炸弹的人。他的风险为零，因为他掌控这个风险，他的收益最大，但他的风险最小。

四、风险与收益的计算

风险的衡量需要使用概率和统计方法。

（一）概率

在经济活动中，某一事件在相同的条件下可能发生也可能不发生，这类事件称为随机事件。概率就是用来表示随机事件发生可能性大小的数值。通常，把必然发生的事件的概率定为1，把不可能发生的事件的概率定为0，而一般随机事件的概率是介于0与1之间的一个数。概率越大就表示该事件发生的可能性越大。

【例】ABC公司有两个投资机会，A投资机会是一个高科技项目，该领域竞争很激烈，如果经济发展迅速并且该项目搞得好，取得较高市场占有率，利润会很大。否则，利润很小甚至亏本。B项目是一个老产品并且是必需品，销售前景可以准确预测出来。假设未来的经济情况只有3种：繁荣、正常、衰退，有关的概率分布和预期报酬率见表11-2。

表 11-2　公司未来经济情况表

经济情况	发生概率	A 项目预期报酬率（%）	B 项目预期报酬率（%）
繁荣	0.3	90	20
正常	0.4	15	15
衰退	0.3	−60	10
合计	1.0		

在这里，概率表示每一种经济情况出现的可能性，同时也就是各种不同预期报酬率出现的可能性。例如，未来经济情况出现繁荣的可能性有 0.3。假如这种情况真的出现，A 项目可获得高达 90% 的报酬率。这也就是说。采纳 A 项目获利 90% 的可能性是 0.3。当然，报酬率作为一种随机变量，受多种因素的影响。我们这里为了简化，假设其他因素都相同，只有经济情况一个因素影响报酬率。

（二）数学期望或均值（预期值）

随机变量的各个取值，以相应的概率为权数的加权平均数，叫做随机变量的预期值，反映随机变量取值的平均化。

$$预期值（\overline{K}）= \sum_{i=1}^{N}（P_i \times K_i）$$

式中：P_i——第 i 种结果出现的概率；K_i——第 i 种结果出现后的预期报酬率；N——所有可能结果的数目。

据此计算表 11-2：

预期报酬率（A）$= 0.3 \times 90\% + 0.4 \times 15\% + 0.3 \times（-60\%）= 15\%$

预期报酬率（B）$= 0.3 \times 20\% + 0.4 \times 15\% + 0.3 \times 10\% = 15\%$

两者的预期报酬率相同，但其概率分布不同。A 项目的报酬率的分散程度大，变动范围在 −60%~90% 之间；B 项目的报酬率的分散程度小，变动范围在 10%~20% 之间。这说明两个项目的报酬率相同，但风险不同。为了定量地衡量风险大小，还要使用统计学中衡量概率分布离散程度的指标。

（三）离散程度

表示随机变量离散程度的量数，最常用的是方差和标准差。

方差

$$\sigma^2 = \sum_{i=1}^{n}（k_i - \overline{k}）^2 \times P_i$$

标准差

$$\sigma = \sqrt{\sum_{i=1}^{n}(K_i - \overline{K})^2 \times P_i}$$

（四）变化系数（变异系数）

标准差是以均值为中心计算出来的，因而有时直接比较标准差是不准确的，需要剔除均值大小的影响。为了解决这个问题，引入了变化系数（变异系数）的概念。变化系数是标准差与均值的比，它是从相对角度观察的差异和离散程度，在比较相关事务的差异程度时较之直接比较标准差更好些。A、B 两项目标准差如表 11-3、表 11-4 所示。

$$变化系数 = \frac{标准差}{均值} = \frac{\sigma}{E}$$

表 11-3 A 项目的标准差

$K_i - \overline{K}$	$(K_i - \overline{K})^2$	$(K_i - \overline{K})^2 \times P_i$
90%~15%	0.562 5	0.562 5 × 0.3 = 0.168 75
15%~15%	0	0 × 0.4 = 0
−60%~15%	0.562 5	0.562 5 × 0.3 = 0.168 75
方差（σ^2）		0.337 5
标准差（σ）		58.09%

表 11-4 B 项目的标准差

$K_i - \overline{K}$	$(K_i - \overline{K})^2$	$(K_i - \overline{K})^2 \times P_i$
20%~15%	0.002 5	0.002 5 × 0.3 = 0.007 5
15%~15%	0	0 × 0.4 = 0
10%~15%	0.002 5	0.002 5 × 0.3 = 0.000 75
方差（σ^2）		0.001 5
标准差（σ）		3.87%

由表 11-3、表 11-4 得知 A 项目的标准差是 58.09%，B 项目的标准差是 3.87%，由于它们的预期报酬率相同，因此可以认为 A 项目的风险比 B 项目大。

（五）投资组合的风险与收益

我们或者我们身边的亲人朋友肯定都有过这样的经历：经常把身份证、钱、银行卡、工作证、就餐卡、出入证等都一并放在钱包里，结果，当钱包遗失的时候，当下的我们不仅身无分文，而且连带里边所有的证件也都丢了，丢了钱是小，丢了身份证、工作证、银行卡什么的还得去补办，补办要钱不说，还特别麻烦，这个证明那个证明，还不能立办立取……一系列的麻烦就因为丢了一个钱包，为什么？因为我们太器重我们的钱包了，我们把什么任务都交给它，什么东西都由它保管，这样一来，它不在，我们就什么都干不了了。

这是一个特别典型，而且经常会在生活中遇到的生动例子，为什么我们会因为丢了一个钱包而搞得这么狼狈？归根结底，我们把所有的鸡蛋都放在了一个篮子里，当篮子失手掉在地上的时候，所有的鸡蛋都遭了殃——所以，西方理财界得出结论：不要把鸡蛋都放在同一个篮子里！

这是我们在投资时常常听到的一句告诫，这是欧美学者在很早时所述的一种投资理念。当时，美国很流行股票，很多人卖房子来买股票，但一次一夜之间股市狂跌，市值仅有原来的 3% 左右，很多人顿时倾家荡产，他们就是把所有的鸡蛋放在一个篮子里。所以专家后来把"不要把所有的鸡蛋放在一个篮子里"作为股市格言，告诫股民如何规避和降低风险。

随着经济的发展和人民生活水平的提高，人们手中有了余款，要让手中的钱保值增值，"把蛋糕做大"，需要有一定的投资意识和投资风险意识。"你不理财，财不理你"。在现有的金融市场中，个人和家庭的投资已不局限于银行存款储蓄，而是向多样化发展。当前的投资方式包括：财物保值（如集邮、集币、集古董和艺术品等）、换外汇、债券投资、保险投资、股票投资、基金投资、购买房产等。各种投资方式均有不同程度的收益，但各有风险。要做到合理投资，首先应分散投资，不宜把资金投向单一渠道。这是"不要把鸡蛋放在同一个篮子里"的第一层意思。

"不要把鸡蛋放在同一个篮子里"这句经典的西方投资格言，还有更深层次的意义，这就是要求人们实行投资的组合理论，把风险降到最低限度。

投资组合理论（Modern Portfolio Theory，MPT），也称资产组合理论。该理论提出主要是针对化解投资风险的可能性。现代投资组合理论发端于美国经济学家哈里·马科维茨（Harry Markowitz），由此他也获得了 1990 年诺贝尔经济学奖。该理论认为，有些风险与其他证券无关，分散投资对象可以减少个别风险。该理论要解决的问题是：在投资时，怎样在追求高收益的同时，把风险降低到最低限度。如我们置身于一个小岛上，岛上只有两种产业：一种是大型度假休闲事业（有海滩、网球场等）；一种是雨伞制造业。天气情况决定这两种产业的不同收益，它们受天气的影响不同，命运完全是负相关，一家好，另一家必定不好。因此我们若有 2 万元资金都投向一个产业，就无法消除风险了。同理，人们在选择投资方式时，既要多样化，又要善于比较利弊，最好把钱分别投到负相关的渠道或企业，不应都投向正相关的渠道或企业。

在投资组合理论出现之后，人们认识到投资多样化可以降低风险。当增加投资组合中资产的种类时，组合的风险将不断降低，而收益仍然是个别资产的加权平均值。当投资组合中的资产多样化达到一定程度后，特殊风险可以被忽略，而只关心系统风险。系统风险是没有有效的方法可以消除的、影响所有资产的风险，它来自于整个经济系统影响公司经营的普遍因素。投资者必须承担系统风险并可以获得相应的投资回报。

投资者进入市场的目的是为了获得利润，然而，市场不是摇钱树，不是只要有投资，总会有收益，市场也有亏损的风险。为了不至于在利空市场上全面套牢，将投资的方向和品种适当分散和搭配就是所谓的组合投资。投资组合是一种常用的风险规避方式。一般认为投资组合就是在银行储蓄、债券、股票、房地产、贵金属和其他投资品种等投资方向上进行搭配和结合。在证券市场上，即证券市场上，即使是一个投资方向也有投资组合的问题，也有人把同一个投资方向的投资组合称之为"分散投资"。两个或两个以上资产所构成的集合，称为资产组合。如果资产组合中的资产均为有价证券，则该资产组合也可称为证券组合。

投资组合理论认为，若干种证券组成的投资组合，其收益是这些证券收益的加权平均数，但是其风险不是这些证券风险的加权平均风险，投资组合能降低风险。

1. 资产组合的预期收益率 $E(R_p)$

资产组合的预期收益率就是组成资产组合的各种资产的预期收益率的加权平均数，其权数等于各种资产在整个组合中所占的价值比例（示例见表 11-5）。即：

$$资产组合的预期收益率 E(R) = \sum_{i=1}^{n} \left[W_i \times E(R_i) \right]$$

其中：$E(R_p)$ 表示资产组合的预期收益率；$E(R_i)$ 表示第 i 项资产的预期收益率；W_i 表示第 i 项资产在整个组合中所占的价值比例。

表 11-5　甲乙组合收益表

	投资	收益	收益率
资产甲	100	10	10%
资产乙	200	50	25%
资产甲乙组合	300	60	20%

甲乙收益率的加权平均值 = 1/3 × 10% + 2/3 × 25% = 20%。

2. 资产组合的风险度量

组合风险的大小与两项资产收益率之间的变动关系（相关性）有关。反映资产收益率之间相关性的指标是协方差或相关系数。相关系数总是在 −1~+1 间取值。当相关系数为 1 时，表示一种资产报酬率的增长总是与另一种资产报酬率的增长成比例，反之亦然；当相关系数为 −1 时，表示一种资产报酬的增长与另一种资产报酬的减少成比例，反之亦然；当相关系数为 0 时，表示缺乏相关性，每种资产的报酬率相对于另外的资产的报酬率独立变动。一般而言，多数资产的报酬率趋于同向变动，因此两种资产之间的相关系数多为小于 1 的正值。一般来讲，由于每两项资产间具有不完全的相关关系，因此随着资产组合中资产个数的增加，资产组合的风险会逐渐降低。但当资产的个数增加到一定程度时，资产组合的风险程度将趋于平稳，这时资产组合风险的降低将非常缓慢直至不再降低。

投资组合报酬率概率分布的标准差是：

$$\sigma_p = \sqrt{\sum_{j=1}^{m} \sum_{k=1}^{m} W_j W_K \sigma_{jk}}$$

其中：m 是组合内证券种类总数；W_j 是第 j 种证券在投资总额中的比例；W_k 是第 k 种证券在投资总额中的比例；σ_{jk} 是第 j 种证券与第 k 种证券报酬率的协方差。

根号内双重的 $\sum$ 符号，表示对所有可能配成组合的协方差，分别乘以两种证券的投资比例，然后求其总和。

五、风险控制对策

1. 规避风险

当资产风险所造成的损失不能由该资产可能获得的收益予以抵消时，应当放弃该资产，以规避风险。

2. 减少风险

减少风险主要包括两个方面：一是控制风险因素，减少风险的发生；二是控制风险发生的频率和降低风险损害程度。

3. 转移风险

对可能给企业带来灾难性损失的资产，企业应以一定的代价，采取某种方式转移风险。

4. 接受风险

接受风险包括风险自担和风险自保两种方式。风险自担，是指风险损失发生时，直接将损失摊入成本或费用，或冲减利润。风险自保，是指企业预留一笔风险金或随着生产经营的进行，有计划地计提资产减值准备等。

第十二章
现金为王

第一节　现金流量概述

一、现金流量的概念

现代企业是不同利益集团的结合体，人们建立企业就是为了获取利润，如果企业长期不获利，也就没有存在的价值，即追求利润是现代企业经营的主要目标。然而，许多企业"利润"丰厚，却也难逃破产的厄运，2008 年爆发的全球金融危机使我国众多企业接连破产倒闭，其直接导火线并非是企业的会计利润不足，而是企业的资金链断裂。

到目前为止，我们一直在提"赚钱"这个抽象的概念，接下来，我们将要接触到它的本质。事实上，要想准确地把握"赚钱"这个概念，并不是一件容易的事。也许有人会说，只要看一下财务报表中的"赢利"部分，自然就会明白。而且，我们在日常生活中也经常将"赚钱"和"赢利"作为同义词使用。但是，赢利这个词自从威尼斯商人时代产生，至今经历了 500 余年的历史，也不过只是会计学中的一个概念而已。对于商业活动中的"赚钱"是否能够通过"赢利"这个概念来准确地表达，只要举一个简单的例子便可以了解。

【例】日本从美国进口 BBQ 烤炉进行销售。一台烤炉的采购价格是 10 000 日元，计划以每台 15 000 日元的价格出售。这样每售出一台烤炉就能得到 5 000 日元的赢利。假设 4 月份进货 10 000 台烤炉，到 12 月的时候销售出去 6 000 台。那么在这种情况下，

$$营业额 = 15\,000 \times 6\,000 = 9\,000\ 万日元$$

$$成本 = 10\,000 \times 6\,000 = 6\,000\ 万日元$$

$$利润 = 9\,000 - 6\,000 = 3\,000\ 万日元$$

从会计学的角度来看，产生了 3 000 万日元的利润。但是，如果仔细地计算就会发现，实际情况并没有那么乐观。10 000 台烤炉乘以每台 1 万日元的售价，得到 1 亿日元，这意味着我们为了进货已经支付了 1 亿日元的现金。但是目前的销售额却只有 9 000 万日元，也就是说，现在我们还有 1 000 万日元的赤字。从资金环节来说，不管现在赢利多少，都有损失 1 000 万日元的风险。

现金流量是指企业在一定时期内现金的流入量和现金流出量。这里所指的现金是一个广义的概念，国际财务会计准则委员会于 1992 年颁布的第 7 号公告中将其定义为"现金及现金等价物"。该公告认为：现金不仅包括手头持有的货币，而且包括存在银行或其他金融机构的活期存款。并将现金等价物做了正面的描述："一般地说，只有那些限定期限等于或短于三个月的投资，才可视为现金等价物。"对现金流量内容及分类的探讨可以以下两个角度来考虑。

一是财务会计上的现金流量。主要分为三类：经营活动产生的现金流量，投资活动产生的现金流量，筹资活动产生的现金流量，即企业编制的现金流量表中所列示的内容。二是管理会计上的现金流量，指的是一项决策引起的现金流入量和流出量。

企业现金流包括现金流入量、现金流出量和现金净流量三个具体概念。一般而言，一定时期内流进企业的现金与流出企业的现金之间的差额是负值的话，表明企业的现金入不敷出。差额是正值则说明企业的现金流良好。

二、现金管理的目标

企业持有一定数量的现金主要是基于交易动机、预防动机和投机动机。

交易动机是指满足日常业务的现金支付需求。企业经常得到收入，也经常发生支出，两者不可能同步同量。收入多于支出，形成现金置存。收入少于支出，则需要借入现金。企业必须维持适当的现金余额，才能使业务活动正常地进行下去。

预防动机是指置存现金以防发生意外的支付。企业有时会出现意想不到的开支，现金流量的不确定性越大，预防性现金的数额也就应越大；反之，企业现金流量的可预测性强，预防性现金数额则可小些。此外，预防性现金数额还与企业的借款能力有关，如果企业能够很容易地随时借到短期资金，也可以减少预防性现金的数额；若非如此，则应扩大预防性现金额。

投机动机是指置存现金用于不寻常的购买机会,如遇有廉价原材料或其他资产供应的机会,便可用手头现金大量购入。又或在适当时机购入价格有利的股票和其他有价证券等。除了金融和投资公司外,一般而言,其他企业专为投机性需要而专门置存现金的不多,遇到不寻常的购买机会,也常设法临时筹集资金。但拥有相当数额的现金,确实为突然的大批采购提供了方便。

企业缺乏必要的现金,将不能应付业务开支,使企业蒙受损失。企业由此而造成的损失,称之为短缺现金成本。短缺现金成本不考虑企业其他资产的变现能力,仅就不能以充足的现金支付购买费用而言,内容上大致包括:丧失购买机会(甚至会因缺乏现金不能及时购买原材料,而使生产中断造成停工损失)、造成信用损失和得不到折扣好处。其中失去信用而造成的损失难以准确计量,但其影响往往很大,甚至导致供货方拒绝或拖延供货,债权人要求清算等。但是,如果企业置存过量的现金,又会因这些资金不能投入周转无法取得盈利而遭受另一些损失。此外,在市场正常的情况下,一般说来,流动性强的资产,其收益性较低,这意味着企业应尽可能少地置存现金,即使不将其投入本企业的经营周转,也应尽可能多地投资于能产生高收益的其他资产,避免资金闲置或用于低收益资产而带来的损失。这样,企业便面临现金不足和现金过量两方面的威胁。企业现金管理的目标,就是要在资产的流动性和盈利能力之间做出抉择,以获取最大的长期利益。

三、现金管理的成本

企业持有现金的成本通常由以下四个部分组成:

1. 持有成本(机会成本)

现金的持有成本,是指企业因持有一定现金余额丧失的再投资收益。企业只要持有现金,就不能进行其他的投资。

机会成本与现金持有量成正比例关系。即现金持有量越大,机会成本越大,反之就越少。

2. 转换成本

现金的转换成本,是指企业用现金购入有价证券以及转让有价证券换取现金时付出的交易费用,即现金同有价证券之间相互转换的成本,如委托买卖佣金、委托手续费、证券过户费、实物交割手续费等。

转换成本与证券交易的次数成正比例,与现金的持有量成反比。

3. 短缺成本

现金的短缺成本,是指由于现金持有量不足而又无法及时通过有价证券变现加以补充而给企业造成的损失，包括直接损失与间接损失。

短缺成本与现金持有量之间呈反方向变动关系。

4. 管理成本

管理费用具有固定成本的性质，它在一定范围内与现金持有量的多少关系不大，是与决策无关成本。

第二节　现金流重要　还是会计利润重要

2008 年开始，国资委就提出了"现金为王"的财务管理理念，2009 年 10 月更是明确要求，"2010 年各中央企业预算管理中要继续坚持'现金为王'的理念，以现金流量管理为核心，细化资金预算安排，高效配置企业财务资源"。用会计利润来衡量企业的价值远远不足，企业的财务管理理念应该随之转变。"现金为王"是不变的真理，且次贷危机爆发后"现金为王"的财务管理理念更加深入人心，它是金融危机下企业的生存法则和安度金融危机的法宝，亦是企业财务管理的核心观念，是现金流而不是会计利润决定着企业的价值。

现金流比利润更能真实地反映企业的收益质量。企业会计利润和现金流的概念是不同的。会计利润是通过会计制度规范由会计人员按照权责发生制核算的，它只是一个账面的结果。以会计利润作为衡量企业价值的指标，虽然简明易懂，但在某些方面容易失去其真实的意义。如企业实现的利润项目中大多数情况下都会包括许多应收未收、应付未付项目，这些项目若长时间仍未能将款项收回，就存在着一定的风险，可能会发生坏账损失，使其难以转化为现金，这不但会影响企业正常的生产经营活动，还会使其不能真实地反映企业收益的质量，某种程度上甚至会危及企业的生命。

现金流是按照收付实现制核算的，只确认实际收到和支付的现金，不确认权利和义务的变化，能如实反映企业的实力。企业的会计人员容易受他人指使通过虚假销售、扩大赊销范围等不良行为操纵利润以便获得收益，但这种行为不能增加企业的现金流，因此用现金流反映企业的收益能避免这种违法操作行为。所以现金流弥补了利润在反映企业真实盈利能力上的缺陷，更能真实地反映企业的收益质量。

利润一般表示企业在一定期间内生产经营的最终财务成果，即企业收入与成本费用相抵后的余额。利润是个差额概念，它的大小在很大程度上反映企业生产经营的经济效益。在所有会计信息中利润一直处于核心位置。因为一切会计要素变化的综合结果都会通过利润反映出来，并且利润是企业竞争能力的综合体现，同时，利润也是进行股利分配的基本依据。现金是企业能立即用来购置财产和偿还债务、支付股利的经济资源，流动性极强，是企业购买力的代表和衡量企业财务状况最直观的指标。一般情况下，企业从事经营活动的最终目的是为了向投资者和债权人分配利润或支付利息，这主要是以现金形式支付的。当然，企业拥有的现金也不是越多越好，因为大量闲置现金的存在，表明企业资金使用效益亟待提高，企业只有促进资金的不断流动，保持良好的财务结构，才能使资金保值增值。所谓良好的财务结构，就是要求企业拥有与偿债和支付现金股利相适应的现金流量，能保证企业正常的生产经营活动周转需要。综上所述，利润是以权责发生制为账务处理基础计算出来的会计盈利，是应收的收入与应付的成本费用的差额。它反映的是企业经营的结果"应该是什么"。而现金流是以收付实现制为基础计算出的现金流入和流出的差额，它反映的是企业经营的结果"实际是什么"。企业离不开现金流，它伴随着企业的一切经济活动。对于企业来说，持续、稳定、健康的现金流是企业发展的重要保障，它是企业得以生存的前提和关键。企业只有拥有足够的现金，才能从市场上购得生产资料和劳动力等，才能进行企业的生产经营活动，才能为企业创造价值，但若是企业现金流管理不善，就会造成企业现金的短缺和支付能力不足，进而引发企业的现金危机，给企业致命的打击。

企业现金流量管理与其各项经营管理活动是交织在一起的，而企业经营管理活动是不稳定的，这就造成企业现金流入与现金流出往往也不平衡。如果长期亏损、不能以收抵支或者是资不抵债、不能偿还到期债务，企业必然走向灭亡；而不能有效利用闲置的现金，则将制约企业的进一步发展。现金是变现能力最强的资产，可用来满足生产经营开支的各种需要，也是还本付息和履行纳税义务的保证。但现金是一种非盈利性资产，不必要地持有现金或长久地让其滞留于不盈利的货币资金状态，必然影响企业的效益。如何使现金管理实现流动性与效益性的最大统一，如何解决企业不同生命周期下现金流量的管理成为企业亟待解决的问题。

在企业管理实践中，目前现金流所受到的关注程度远不能与它的重要性相匹配。一直以来，企业高管们往往认为现金流管理只是一项技巧性工作，是行政经理们就能应付的"雕虫小技"。然而，现在的情况已经大不相同。全球金融危机的教训，让现金流管理成为一项战略性工作。营运现金流较弱的公司，很难从外部筹措资金，于是，这样的企业很不幸地面临这样一个尴尬局面：在营运现金流最难产生的时候，它们却比以前更加依赖于营运现金流。"中国企业真正关注现金流量只是近几年的事。"对外经贸大学商学院院长张新民教授十分肯定地说。他认为，企业在真正走向市场后，不仅仅要看盈亏情况，盈亏只是账面的，而是要看现金，现金是实在的、随时可动用的资源。一个有能力的企业必须有足够的现金支持。Ram Charan 和 Jerry Useem 在 2002 年 5 月《财富》杂志发表文章说："公司走下坡路有各种各样的原因，但是它们最终都是死于同样一个原因：缺少现金。"2008 年 11 月 19 日，经历金融危机的联想 CFO 黄伟明接受访问时说："企业没有现金就好像人没有血液一样，有再大能力也活不了。"相信现在很多由于无法从银行贷到款而被迫倒闭的众中小企业对这一点会深有感触。正是因为现金流量事关企业存亡，所有优秀的企业管理者都非常重视现金流量。

一、现金流量因何重于会计利润

1. 现金性收入作支撑的利润增长才是财务理念上追求的增长

强调现金和现金流量表，只是提醒利润表的局限性，账面利润可能异化公司决策和歪曲经营业绩。如一个公司如果通过价格战、广告战实现了销售额和市场占用率的迅速提高，在短期内很容易形成一种"欣欣向荣"的增长景象。但是如果这些景象没有现金流入作支撑，很难说这种景象不会因"贫血"而昙花一现。这类只在市场上"潇洒走一回"的企业并非个案。由此可见，没有现金性收入的增长其实并不是财务理念上追求的增长。在公司内部业绩评价中，收益性指标如果单纯从利润表取数据，尽管用"主营业务利润"来计算，也不能真实反映收益质量，因为极有可能主营业务利润也是以"应收账款"为基础的。在企业内部业绩评价中应该提倡使用"现金性利润"来计算考核收益性指标，以达成财务目标、财务决策和财务评价的一致性。

2. 现金流量才能真正提升企业价值

简单而言，企业价值是指企业本身值多少钱，它来源于企业资源的合理配置以及现有资产创造收益的能力。利润及现金流量作为评价企业经营业绩、衡量企业财富增长状况的指标，自然成为衡量企业价值的标准。由于利润代表企业新创价值的一部分，因而，利润的增加在一定程度上意味着企业价值的增长。但是，企业价值不仅仅包括新创价值的一部分，而且还包括其未来创造价值的能力，因而，以利润作为指标衡量企业的价值，其局限性十分明显。在企业持续经营的情况下，企业价值主要由其每年现金流量和贴现率决定，现金流量的增加代表着企业价值的增长。企业价值的大小取决于企业现有资产创造现金流量的能力，最终形式则表现为一系列现金流量。企业现金流量的数量和速度决定了企业价值，从某种意义上说，企业价值最大化即是现金流量最大化。

3. 现金流量是企业维持增长和控制风险的关键因素

在市场竞争日益激烈的今天，企业追求收益的强烈愿望与客观环境对流动性的强烈要求，使两者之间的矛盾更加突出。企业发展规划一般都反映其经营战略，以获利为目标，通常包括更高的经营规模、市场占用率和新的投资项目等内容，其实需以更多现金流出为前提，一旦现金短缺，其发展规划无疑就成了"无源之水"。因而，企业规划、战略风险都必须以现全流量预算为轴心，把握未来主流量的平衡，以现金流量规划作为其他规划调整的重要依据，尤其是对资本性支出应该遵循"量入为出，量力而行"的基本原则。公司发展与扩张也应该负债经营，但是负债经营的规模，也应该以未来现金流量为底线。突破底线必然会导致财务风险的扩大。所以，维持增长也罢，控制风险也罢，现金流量规划是关键性制约因素。

4. 经理人在关注企业财务报表信息中，应把现金流量表信息放在首位

资产负债表最关键的是"结构"和"风险"问题，而利润表最重要的是"规模"和"收益"问题。但是能够总览公司"结构"和"风险"，"规模"和"收益"问题的却只有现金流量表，只有现金流量表才能提供企业的现金流量状况，从整体上反映企业的财务状况，并对企业的未来发展前景做出合理预测。经营者不把握现金流量表的内在信息，就不可能通过资产负债和利润表对企业财务状况做出快速和准确的判断，从而做出相应的决策。

二、不同生命周期下现金流量的管理

生命周期作为生物学概念，是指具有生命现象的有机体从出生、成长、成熟、衰退直至死亡的全过程。在人类社会发展过程中，企业组织也同人一样，有着类似的生命周期过程。企业生命周期是指企业经营活动能力的某些特征多次重复出现的现象，是企业在不同时期所呈现的不同的增长态势，及与此相适应的不同财务管理特征。当企业经历周期性兴衰时，企业的各种财务活动（经营活动、投资活动、筹资活动）产生的现金流量也在不断发生变化。这对企业的财务状况、经营成果、现金流量及企业未来发展均有重要影响。根据企业不同阶段的特征，一般可以将企业的生命周期划分为初创期、成长期、成熟期和衰退期四个阶段，针对企业不同生命周期的现金流状况进行分析，有助于我们判断企业所处的发展阶段，了解企业真正面临的财务状况，从而采取切实有效的财务策略。

1. 初创期

在初创时期，企业经营刚刚起步，为了开拓市场和产品的研发生产，需要投入大量的资金，经营活动的现金流量往往小于零。同时投资需求非常大，因为要建立其自身基础设施，企业需要购建厂房和办公用房及购置机器设备等经营所需的固定资产，因而在长期资产上也需要大量的资金投入，使得投资活动产生的现金流出量也非常大，而此时的投资活动几乎没有现金流入量。此阶段若企业内生性资金不足，则企业必然需要对外进行筹资，因而筹资活动的现金流量主要是流入量，其净流量通常大于零。从整体上看，该阶段也处于入不敷出的状态，净现金流量体现为较大负数。这一时期现金流量管理的核心与重点是要维持现金流不短缺和顺畅。企业应根据实际经营和市场情况，明确

费用支出科目，然后根据不同的费用科目进行相应的费用申请、签批、支付、检查的流程。企业应注重内部各项现金内控体系的构建，侧重现金流出方面，围绕其现金流出项目申请、签批、记录、审核等过程，规范资金流动的各项管理制度，并且初步建立现金预算体系，加强对现金流入流出的预见性，保证企业初创期现金管理安全性及流动性。

2. 成长期

在企业的成长期，随着业务的扩张发展，现金流入增加，资金压力较前期有所缓解，企业经营活动产生的现金流入量和现金流出量趋于平衡，或者现金流入量稍小于现金流出量；从投资活动来看，企业为了获得将来更大的发展空间，通常采取扩张策略，使其经营规模不断向深度和广度发展，以实现规模经济，并延长企业的价值链，由此会加大固定资产方面的投资，因而投资活动产生的现金流出量还是非常大的，而此阶段的投资活动几乎还是没有现金流入量，投资活动产生的净现金流量通常小于零，且表现为较大的负数；在筹资活动方面，虽然成长阶段企业的盈利水平有所提高，经营活动产生的净现金流量可能接近零或小于零，但现金流量还是不稳定，企业的发展与成长也需要大量资金，且企业一般会采取较低的现金股利或利润分配的政策，因而企业投资所需的现金还是要通过筹资活动来解决，筹资活动的现金流量也主要表现为流入量，净流量通常还是大于零。在成长期阶段，现金管理的重中之重是保证现金流动平衡、顺畅。需要尤为关注企业现金流动性的管理，为经营的发展解决资金之需，并且随之企业的经营成长，关注企业现金流量结构的变化，侧重流动性关注收益性，进行现金管理的结构化管理，以实现现金管理最优化。随着日益扩大的经营规模，带来强大的现金流入需求。企业在该阶段首先要进行现金流入方面的管理。企业是通过债务融资，还是权益融资，一定要依据自身发展状况，选择合适的融资方式。同时，企业还要关注现金流的发展趋势。企业可以通过两个量化指标来衡量现金流动性发展趋势，一个指标是营运资金现金流净值，即营运资金现金流净值 = 营运现金流入 − 营运现金流出；另一个是营运资金流入与营运资金流出比。由于在此阶段企业规模扩张的压力较大，因此会有大量的营运资金占用。所以，正确处理好企业规模扩张与现金流量增长之间的矛盾也是此阶段的核心问题。

3. 成熟期

在该阶段，经营活动成为企业的主要内容，经营性流入和流出成为现金流量的主体，企业处在一个成熟的市场地位，市场份额比较稳定，现金流入量充沛，现金流出平缓，现金净流量基本稳定，净现金流大于零，且成为较大的正数；企业已形成相当规模的固定资产，简单再生产时期大规模的固定资产建设一般不再发生，可能只有一些修理活动和对外投资活动；成熟期的企业现金储备充足，企业倾向于向股东支付巨额股利，甚至回购股票，筹资活动产生的现金流量常常体现为巨额流出。成熟期的企业拥有一定现金存量，对如何管理和经营这部分富余现金是这一阶段现金流管理的关键。企业应该进行现金管理精细化，实现现金管理的最优化。在成熟期阶段，企业如何使成熟期尽量延长是这一阶段的重要工作。这一阶段企业必须处理好盈利性和可持续性的关系，应主要考虑现金管理的效率与效益，企业应当把充分利用财务杠杆，提高收益以及企业后续技术和产品的开发储备作为重点，关注自由现金流量的管理，并且应更多地在金融市场发挥作用，运用现金达成企业财务战略以及企业经营战略目的。

4. 衰退期

当处于衰退期的时候，企业经营业务开始退缩，销售额下降，利润水平也会迅速萎缩，于是营业活动的现金流量会下降，现金流入不足，甚至出现负的现金净流量；投资活动可能会是一小部分正的利润来源，用这部分投资产生的正的现金流量去弥补经营现金流量的不足。在这个阶段，企业应该正在履行它的义务，就会从事实质性的偿还债务、增加股利支付、回购股票等，企业处于一个减少现金和现金等价物的阶段。在衰退期阶段，由于滞后效应相对现金流出量较大。在此阶段企业现金流量循环可能会出现断流，导致供血不足而破产。在此阶段，应该把企业新业务的投放和现有资产的尽快变现作为现金流量管理的重点。

第十三章
企业的钱从哪里来

企业筹资，是指企业为了满足其经营活动、投资活动、资本结构调整等需要，运用一定的筹资方式，筹措和获取所需资金的一种行为。资金是企业的血液，是企业设立、生存和发展的物质基础，是企业开展生产经营业务活动的基本前提。任何一个企业，为了形成生产经营能力、保证生产经营正常运行，必须拥有一定数量的资金。

筹资活动是企业一项重要的财务活动。如果说企业的财务活动是以现金收支为主的资金流转活动，那么筹资活动则是资金运转的起点。筹资的作用主要有两个：满足经营运转的资金需要和满足投资发展的资金需要。

第一节 筹资概述

一、筹资的分类

企业筹资可以按不同的标准进行分类。按企业所取得资金的权益特性不同，企业筹资可分为股权筹资、债务筹资及衍生工具筹资三类，这也是企业筹资方式最常见的分类方法。

1. 股权筹资形成股权资本，是企业依法长期拥有、能够自主调配运用的资本。股权资本在企业持续经营期间内，投资者不得抽回，因而也称之为企业的自有资本、主权资本或股东权益资本。股权资本是企业从事生产经营活动和偿还债务的本钱，是代表企业基本资信状况的一个主要指标。企业的股权资本通过吸收直接投资、发行股票、内部积累等方式取得。股权资本由于一般不用还本，形成了企业的永久性资本，因而财务风险小，但付出的资本成本相对较高。

股权筹资项目，包括实收资本（股本）、资本公积金、盈余公积金和未分配利润等。其中，实收资本（股本）和实收资本溢价部分形成的资本公积金是投资者的原始投入部分；盈余公积金、未分配利润和部分资本公积金是原始投入资本在企业持续经营中形成的经营积累。通常，盈余公积金、未分配利润共称为留存收益。股权筹资在经济意义上形成了企业的所有者权益，其金额等于企业资产总额减去负债总额后的余额。

2. 债务筹资，是企业通过借款、发行债券、融资租赁以及赊销商品或服务等方式取得的资金形成在规定期限内需要清偿的债务。由于债务筹资到期要归还本金和支付利息，对企业的经营状况不承担责任，因而具有较大的财务风险，但付出的资本成本相对较低。从经济意义上来说，债务筹资也是债权人对企业的一种投资，也要依法享有企业使用债务所取得的经济利益，因而也可以称之为债权人权益。

3. 衍生工具筹资包括兼具股权与债务特性的混合融资和其他衍生工具融资。我国上市公司目前最常见的混合融资是可转换债券融资，最常见的其他衍生工具融资是认股权证融资。

按其是否以金融机构为媒介，企业筹资可分为直接筹资和间接筹资两种类型。

1. 直接筹资，是企业直接与资金供应者协商融通资本的一种筹资活动，主要形式主要有吸收直接投资、发行股票、发行债券等。通过直接筹资既可以筹集股权资金，也可以筹集债务资金。按法律规定，公司股票、公司债券等有价证券的发行需要通过证券公司等中介机构进行，但证券公司所起到的只是承销的作用，资金拥有者并未向证券公司让渡资金使用权，因此发行股票、债券属于直接向社会筹资。

2. 间接筹资，是企业借助银行等金融机构融通资本的筹资活动。在间接筹资方式下，银行等金融机构发挥了中介的作用，预先集聚资金，资金拥有者首先向银行等金融机构让渡资金的使用权，然后由银行等金融机构将资金提供给企业。间接筹资的基本方式是向银行借款，此外还有融资租赁等筹资方式，间接筹资形成的主要是债务资金，主要用于满足企业资金周转的需要。

按资金的来源范围不同，企业筹资可分为内部筹资和外部筹资两种类型。

1. 内部筹资，是指企业通过利润留存而形成的筹资来源。内部筹资数额的大小主要取决于企业可分配利润的多少和利润分配政策（股利政策），一般无需花费筹资费用，从而降低了筹资成本。

2. 外部筹资，是指企业向外部筹措资金而形成的筹资来源。处于初创期的企业，内部筹资的可能性是有限的；处于成长期的企业，内部筹资往往难以满足需要。这就需要企业广泛地开展外部筹资，如发行股票、债券，取得商业信用、向银行借款等。企业向外部筹资大多需要花费一定的筹资费用，从而提高了筹资成本。

因此，企业筹资时首先应利用内部筹资，然后再考虑外部筹资。

按所筹集资金的使用期限不同，企业筹资可分为长期筹资和短期筹资两种类型。

1. 长期筹资，是指企业筹集使用期限在 1 年以上的资金筹集活动。长期筹资的目的主要在于形成和更新企业的生产和经营能力，或扩大企业的生产经营规模，或为对外投资筹集资金。长期筹资通常采取吸收直接投资、发行股票、发行债券、取得长期借款、融资租赁等方式，所形成的长期资金主要用于购建固定资产、形成无形资产、进行对外长期投资、垫支流动资金、产品和技术研发等。从资金权益性质来看，长期资金可以是股权资金，也可以是债务资金。

2. 短期筹资，是指企业筹集使用期限在 1 年以内的资金筹集活动。短期资金主要用于企业的流动资产和日常资金周转，一般在短期内需要偿还。短期筹资经常利用商业信用、短期借款、保理业务等方式来筹集。

二、筹资管理的原则

企业筹资管理的基本要求，是在严格遵守国家法律法规的基础上，分析影响筹资的各种因素，权衡资金的性质、数量、成本和风险，合理选择筹资方式，提高筹资效果。

1. 遵循国家法律法规，合法筹措资金

不论是直接筹资还是间接筹资，企业最终都通过筹资行为向社会获取资金。企业的筹资活动不仅为自身的生产经营提供资金来源，而且也会影响投资者的经济利益，影响社会经济秩序。企业的筹资行为和筹资活动必须遵循国家的相关法律法规，依法履行法律法规和投资合同约定的责任，合法合规筹资，依法信息披露，维护各方的合法权益。

2. 分析生产经营情况，正确预测资金需要量

企业筹集资金，首先要合理预测资金的需要量。筹资规模与资金需要量应当匹配一致，既避免因筹资不足，影响生产经营的正常进行，又要防止筹资过多，造成资金闲置。

3. 合理安排筹资时间，适时取得资金

企业筹集资金，还需要合理预测确定资金需要的时间。要根据资金需求的具体情况，合理安排资金的筹集时间，适时获取所需资金。使筹资与用资在时间上相衔接，既避免过早筹集资金形成的资金投放前闲置，又防止取得资金的额时间滞后，错过资金投放的最佳时间。

4. 了解各种筹资渠道，选择资金来源

企业所筹集的资金都要付出资本成本的代价，不同的筹资渠道和筹资方式所取得的资金，其资本成本各有差异。企业应当在考虑筹资难易程度的基础上，针对不同来源资金的成本进行分析，尽可能选择经济、可行的筹资渠道与方式，力求降低筹资成本。

5. 研究各种筹资方式，优化资本结构

企业筹资要综合考虑股权资金与债务资金的关系、长期资金与短期资金的关系、内部筹资与外部筹资的关系，合理安排资本结构，保持适当偿债能力，防范企业财务危机，提高筹资效益。

第二节　股权筹资

企业所能采用的筹资方式，一方面受法律环境和融资市场的制约，另一方面也受企业性质的制约。中小企业和非公司制企业的筹资方式比较受限，而股份有限公司和有限责任公司的筹资方式相对多样。

如前文所述，股权筹资形成企业的股权资金，也称之为权益资本，是企业最基本的筹资方式。股权筹资又包含吸收直接投资、发行股票和利用留存收益三种主要形式，此外，我国上市公司引入战略投资者的行为，也属于股权筹资的范畴。

一、吸收直接投资

吸收直接投资，是指企业按照"共同投资、共同经营、共担风险、共享收益"的原则，直接吸收国家、法人、个人和外商投入资金的一种筹资方式。吸收直接投资是非股份制企业筹集权益资本的基本方式，采用吸收直接投资的企业，资本不分为等额股份、无需公开发行股票。吸收直接投资实际出资额，注册资本部分形成实收资本；超过注册资本的部分属于资本溢价，形成资本公积。

（一）吸收直接投资的种类

1. 吸收国家投资

国家投资是指有权代表国家投资的政府部门或机构，以国有资产投入公司，这种情况下形成的资本叫国有资本。吸收国家投资一般具有以下特点：①产权归属国家；②资金的运用和处置受国家约束较大；③在国有公司中采用比较广泛。

2. 吸收法人投资

法人投资是指法人单位以其依法可支配的资产投入公司，这种情况下形成的资本称为法人资本。吸收法人资本一般具有以下特点：①发生在法人单位之间；②以参与公司利润分配或控制为目的；③出资方式灵活多样。

3. 吸收外商直接投资

企业可以通过合资经营或合作经营的方式吸收外商直接投资，即与外国投资者共同投资，创办中外合资经营企业或者中外合作经营企业，共同经营、共担风险、共负盈亏、共享利益。

4. 吸收社会公众投资

社会公众投资是指社会个人或本公司职工以个人合法财产投入公司，这种情况下形成的资本称为个人资本。吸收社会公众投资一般具有以下特点：①参加投资的人员较多；②每人投资的数额相对较少；③以参与公司利润分配为基本目的。

（二）吸收直接投资的出资方式

1. 以货币资产出资

以货币资产出资是吸收直接投资中最重要的出资方式。企业有了货币资产，便可以获取其他物质资源，支付各种费用，满足企业创建时的开支和随后的日常周转需要。我国《公司法》规定，公司全体股东或者发起人的货币出资金额不得低于公司注册资本的30%。

2. 以实物资产出资

实物出资是指投资者以房屋、建筑物、设备等固定资产和材料、燃料、商品产品等流动资产所进行的投资。实物投资应符合以下条件：①适合企业生产、经营、研发等活动的需要；②技术性能良好；作价公平合理。

3. 以土地使用权出资

土地使用权是指土地经营者对依法取得的土地在一定期限内有进行建筑、生产经营或其他活动的权利。土地使用权具有相对的独立性，在土地使用权存续期间，包括土地所有者在内的其他任何人和单位，不能任意收回土地和非法干预使用权人的经营活动。

4. 以工业产权出资

工业产权通常是指专有技术、商标权、专利权、非专利技术等无形资产。投资者以工业产权出资应符合以下条件：有助企业研究、开发和生产出新的高科技产品；有助于企业提高生产效率，改进产品质量；有助于企业降低生产消耗、能源消耗等各种消耗；作价公平合理。

此外，对无形资产出资方式的限制，《公司法》规定，股东或发起人不得以劳务、信用、自然人姓名、商誉、特许经营权或者设定担保的财产等作价出资。对于非货币资产出资，需要满足三个条件：可以用货币估价；可以依法转让；法律不禁止。

《公司法》对无形资产出资的比例要求没有明确限制，但《中华人民共和国外资企业法实施细则》另有规定，外资企业的工业产权、专有技术的作价应与国际上通常的作价原则相一致，且作价金额不得超过注册资本的 20%。

（三）吸收直接投资的筹资特点

1. 能够尽快形成生产能力。吸收直接投资不仅可以取得一部分货币资金，而且能够直接获得所需的先进设备和技术，尽快形成生产经营能力。

2. 容易进行信息沟通。吸收直接投资的投资者比较单一，股权没有社会化、分散化，甚至于有的投资者直接担任公司管理层职务，公司与投资者易于沟通。

3. 吸收投资的手续相对比较简便，筹资费用较低。

4. 资本成本较高。相对于股票筹资来说，吸收直接投资的资本成本较高。当企业经营较好，盈利较多时，投资者往往要求将大部分盈余作为红利分配，因为企业向投资者支付的报酬是按其出资数额和企业实现利润的比率来计算的。

5. 企业控制权集中，不利于企业管理。采用吸收直接投资方式筹资，投资者一般都要求获得与投资数额相适应的经营管理权。如果某个投资者的投资额比例较大，则该投资者对企业的经营管理就会有相当大的控制权，容易损害其他投资者的利益。

6. 不利于产权交易。吸收投入资本由于没有证券为媒介，不利于产权交易，难以进行产权转让。

二、发行普通股股票

股票是股份有限公司为筹措股权资本而发行的有价证券，是公司签发的证明股东持有公司股份的凭证。股票作为一种所有权凭证，代表着股东对发行公司净资产的所有权。股票只能由股份有限公司发行。

（一）股票的特征

1. 永久性

公司发行股票所筹集的资金属于公司的长期自有资金，没有期限，不需归还。换言之，股东在购买股票之后，一般情况下不能要求发行企业退还股金。

2. 流通性

股票作为一种有价证券，在资本市场上可以自由转让、买卖和流通，也可以继承、

赠送或作为抵押品。股票特别是上市公司发行的股票具有很强的变现能力，流动性
很强。

3. 风险性

由于股票的永久性，股东成了企业风险的主要承担者。风险的表现形式有：股票价
格的波动性、红利的不确定性、破产清算时股东处于剩余财产分配的最后顺序等。

4. 参与性

股东作为股份公司的所有者，拥有参与企业管理的权利，包括重大决策权、经营者
选择权、财务监控权、公司经营的建议和质询权等。此外，股东还有承担有限责任、遵
守公司章程等义务。

（二）股东的权利

股东最基本的权利是按投入公司的股份额，依法享有公司收益获取权、公司重大决
策参与权和选择公司管理者的权利，并以其所持股份为限对公司承担责任。

1. 公司管理权

股东对公司的管理权主要体现在重大决策参与权、经营者选择权、财务监控权、公
司经营的建议和质询权、股东大会召集权等方面。

2. 收益分享权

股东有权通过股利方式获取公司的税后利润，利润分配方案由董事会提出并经过股
东大会批准。

3. 股份转让权

股东有权将其所持有的股票出售或转让。

4. 优先认股权

原有股东拥有优先认购本公司增发股票的权利。

5. 剩余财产要求权

当公司解散、清算时，股东有对清偿债务、清偿优先股股东以后的剩余财产索取的
权利。

（三）股票的种类

1. 按股东权利和义务，可分为普通股股票和优先股股票。

普通股股票简称普通股，是公司发行的代表着股东享有平等的权利、义务，不加特
别限制的，股利不固定的股票。普通股是最基本的股票，股份有限公司通常情况只发行
普通股。

优先股股票简称优先股，是公司发行的相对于普通股具有一定优先权的股票。其优
先权利主要表现在股利分配优先权和分取剩余财产优先权上。优先股股东在股东大会上

无表决权，在参与公司经营管理上受到一定限制，仅对涉及优先股权利的问题有表决权。

2. 按股票票面有无记名，可分为记名股票和无记名股票。

记名股票是在股票票面上记载有股东姓名或将名称记入公司股东名册的股票，无记名股票不登记股东名称，公司只记载股票数量、编号及发行日期。

我国《公司法》规定，公司向发起人、国家授权投资机构、法人发行的股票，为记名股票；向社会公众发行的股票，可以为记名股票，也可以为无记名股票。

3. 按发行对象和上市地点，可分为 A 股、B 股、H 股、N 股和 S 股等。

A 股即人民币普通股票，由我国境内公司发行，境内上市交易，它以人民币标明面值，以人民币认购和交易。B 股即人民币特种股票，由我国境内公司发行，境内上市交易，它以人民币标明面值，以外币认购和交易。H 股是公司注册地在内地、上市在香港的股票，依此类推，在纽约和新加坡上市的股票，就分别称为 N 股和 S 股。

（四）股票的发行与上市

1. 股份有限公司首次发行股票的一般程序

（1）发起人认足股份、缴付股资。以发起方式设立的公司，发起人应认购公司的全部股份。以募集方式设立的公司，发起人认购的股份不得少于公司股份总数的35%。发起人可以用货币出资，也可以非货币资产作价出资。在发起设立方式下，发起人缴付全部股资后，应选举董事会、监事会，由董事会办理公司设立的登记事项。在募集设立方式下，发起人认足其应认购的股份并缴付股资后，其余部分向社会公开募集。

（2）提出公开募集股份的申请。以募集方式设立的公司，发起人向社会公开募集股份时，必须向国务院证券监督管理部门递交募股申请，并报送批准设立公司的相关文件，包括公司章程、招股说明书等。

（3）公告招股说明书，签订承销协议。公开募集股份申请经国家批准后，应公告招股说明书。招股说明书应包括公司的章程、发起人认购的股份数、本次每股票面价值和发行价格、募集资金的用途等。同时，与证券公司等证券承销机构签订承销协议。

（4）招认股份，缴纳股款。发行股票的公司或其承销机构一般用广告或书面通知的办法招募股份。认股者一旦填写了认股书，就要承担认股书中约定的缴纳股款义务。如果认股者的总股数超过发起人拟招募的总股数，可以采取抽签的方式确定哪些认股者有权认股。认股者应在规定的期限内向代收股款的银行缴纳股款，同时交付认股书。股款认足后，发起人应委托法定的机构验资，出具验资证明。

（5）召开创立大会，选举董事会、监事会。发行股份的股款募足后，发起人应在规定期限内（法定30天）主持召开创立大会。创立大会由发起人、认股人组成，应有代表股份总数半数以上的认股人出席方可举行。创立大会通过公司章程，选举董事会和监事会成员，并有权对公司的设立费用进行审核，对发起人用于抵作股款的财产作价进行审核。

（6）办理公司设立登记，交割股票。经创立大会选举的董事会，应在创立大会结束后30天内，办理申请公司设立的登记事项。登记成立后，即向股东正式交付股票。

2. 股票上市交易

（1）股票上市的目的。股票上市的目的是多方面的，主要包括：①筹措新资金。证券市场是资本商品的买卖市场，证券市场上有众多的资金供应者。同时，股票上市经过了政府机构的审查批准并接受严格的管理，执行股票上市和信息披露的规定，容易吸引社会资本投资者。公司上市后，还可以通过增发、配股、发行可转换债券等方式进行再融资；②促进股权流通和转让。股票上市后便于投资者购买，提高了股权的流动性和股票的变现力，便于投资者认购和交易，促进股权分散化。上市公司拥有众多的股东，加之上市股票的流通性强，能够避免公司的股权集中，分散公司的控制权，有利于公司治理结构的完善；③便于确定公司价值。股票上市后，公司股价有市价可循，便于确定公司的价值。对于上市公司来说，即时的股票交易行情，就是对公司价值的市场评价。同时，市场行情也能够为公司收购兼并等资本运作提供询价基础。

但股票上市也有对公司不利的一面，这主要有：①上市成本较高，手续复杂严格；②公司将负担较高的信息披露成本；③信息公开的要求可能会暴露公司的商业机密；④股价有时会歪曲公司的实际情况，影响公司声誉；⑤可能会分散公司的控制权，造成管理上的困难。

（2）股票上市的条件。公司公开发行的股票进入证券交易所交易，必须受严格的条件限制。《中华人民共和国证券法》（以下简称《证券法》）规定，股份有限公司申请股票上市，应当符合下列条件：①股票经国务院证券监督管理机构核准已公开发行；②公司股本总额不少于人民币3 000万元；③公开发行的股份达到公司股份总数的25%以上，公司股本总额超过人民币4亿元的，公开发行股份比例应为10%以上；④公司最近3年无重大违法行为，财务会计报告无虚假记载。

（3）股票上市的暂停、终止与特别处理。当上市公司出现经营情况恶化、存在重大违法违规行为或其他原因导致不符合上市条件时，就可能被暂停或终止上市。

上市公司出现财务状况或其他状况异常的，其股票交易将被交易所"特别处理"（special Treatment，ST）。"财务状况异常"是指以下几种情况：①最近2个会计年度的审计结果显示的净利润为负值；②最近1个会计年度的审计结果显示其股东权益低于注册资本；③最近1个会计年度经审计的股东权益扣除注册会计师和有关部门不予确认的部分后，低于注册资本；④注册会计师对最近1个会计年度的财产报告出具无法表示意见或否定意见的审计报告；⑤最近一份经审计的财务报告对上年度利润进行调整，导致连续2个会计年度亏损；⑥经交易所或中国证监会认定为财务状况异常的。"其他状况异常"是指自然灾害、重大事故等导致公司生产经营活动基本中止，公司涉及的可能赔偿金额超过公司净资产的诉讼等情况。

在上市公司的股票交易被实行特别处理期间，其股票交易遵循下列规则：①股票报价日涨跌幅限制为5%；②股票名称改为原股票名前加"ST"；③上市公司的中期报告必须经过审计。

3. 上市公司的股票发行

上市的股份有限公司在证券市场上发行股票，包括公开发行和非公开发行两种类型。公开发行股票又分为首次上市公开发行股票和上市公开发行股票，非公开发行即向特定投资者发行，也叫定向发行。

（1）首次上市公开发行股票（IPO）。首次上市公开发行股票（Initial Public Offering, IPO），是指股份有限公司对社会公开发行股票并上市流通和交易。实施IPO的公司，应当符合中国证监颁布的《首次公开发行股票并上市管理办法》规定的相关条件，并经中国证监会核准。

（2）上市公开发行股票。上市公开发行股票，是指股份有限公司已经上市后，通过证券交易所在证券市场上对社会公开发行股票。上市公司公开发行股票，包括增发和配股两种方式。增发是指增资发行，即上市公司向社会公众发售股票的再融资方式。而配股是指上市公司向原有股东配售发行股票的再融资方式。增发和配股也应符合证监会规定的条件，并经过证监会的核准。

（五）发行普通股的筹资特点

1. 所有权与经营权相分离，分散公司控制权，有利于公司自主管理、自主经营。普通股筹资的股东众多，公司的日常经营管理事务主要由公司的董事会和经理层负责。

2. 没有固定的股息负担，资本成本较低。公司有盈利，并认为适于分配时才分派股利。公司盈利较少，或者虽有盈利但现金短缺或有更好的投资机会，也可以少支付或不支付股利。相对于吸收直接投资来说，普通股筹资的资本成本较低。

3. 能增强公司的社会声誉。普通股筹资使得股东大众化，由此给公司带来了广泛的社会影响。特别是上市公司，其股票的流通性强，有利于市场确认公司的价值。

4. 促进股权流通和转让。普通股筹资以股票作为媒介的方式便于股权的流通和转让，便于吸收新的投资者。

5. 筹资费用较高，手续复杂。

6. 不易尽快形成生产能力。普通股筹资吸收的一般都是货币资金，还需要通过购置和建造形成生产经营能力。

7. 公司控制权分散，容易被经理人控制。同时，流通性强的股票交易，也使公司更容易被恶意收购。

三、留存收益

（一）留存收益的性质

从性质上看，企业通过合法有效地经营所实现的税后净利润，都属于企业的所有者。企业将本年度的利润部分甚至全部留存下来的原因很多，主要包括以下几点：第一，收益的确认和计量是建立在权责发生制基础上的，企业有利润，但企业不一定有相应的现金净流量增加，因而企业不一定有足够的现金将利润全部或部分派给所有者。第二，法律法规从保护债权人利益和要求企业可持续发展等角度出发，限制企业将利润全部分配出去。《公司法》规定，企业每年的税后利润，必须提取 10% 作为法定盈余公积金。第三，企业基于自身扩大再生产和筹资的需求，也会将一部分利润留存下来。

（二）留存收益的筹资途径

1. 提取盈余公积金。盈余公积金是指有指定用途的留存净利润。盈余公积金是从当期企业净利润中提取的积累资金，其提取基数是本年度的净利润。盈余公积金主要用于企业未来的经营发展，经投资者审议后也可以用于转增股本（实收资本）和弥补以前年度经营亏损，但不得用于以后年度的对外利润分配。

2. 未分配利润。未分配利润是指未限定用途的留存净利润。未分配利润有两层含义：第一，这部分净利润本年没有分配给公司的股东投资者；第二，这部分净利润未指定用途。未分配利润可以用于企业未来的经营发展、转增资本（实收资本）、弥补以前年度的经营亏损及以后年度的利润分配等。

（三）利用留存收益的筹资特点

1. 不用发生筹资费用。企业从外界筹集长期资本，与普通股筹资相比较，留存收益筹资不需要发生筹资费用，资本成本较低。

2. 维持公司的控制权分布。利用留存收益筹资，不用对外发行新股或吸收新投资者，由此增加的权益资本不会改变公司的股权结构，不会稀释原有股东的控制权。

3. 筹资数额有限。留存收益的最大数额是企业到期的净利润和以前年度未分配利润之和，不像外部筹资一次性可以筹集大量资金。如果企业发生亏损，那么当年就没有利润留存。另外，股东和投资者从自身期望出发，往往希望企业每年发放一定的利润，保持一定的利润分配比例。

第三节 债务筹资

一、银行借款

银行借款是指企业向银行或其他非银行金融机构借入的、需要还本付息的款项，包括偿还期限超过 1 年的长期借款和不足 1 年的短期借款，主要用于企业购建固定资产和满足流动资金周转的需要。

（一）银行借款的种类

1. 按提供贷款的机构，可分为政策性银行贷款、商业性银行贷款和其他金融机构贷款

政策性银行贷款是指执行国家政策性贷款业务的银行向企业发放的贷款，通常为长期贷款。如国家开发银行贷款，主要满足企业承建国家重点建设项目的资金需要。中国进出口信贷银行贷款，主要为大型设备的进出口提供的买方信贷或卖方信贷。中国农业发展银行贷款，主要用于确保国家对粮、棉、油等政策性收购资金的供应。

商业性银行贷款是指由各商业银行如中国工商银行、中国建设银行、中国农业银行、中国银行等，向工商企业提供的贷款，用以满足企业生产经营的资金需要，包括短期贷款和长期贷款。

其他金融机构贷款，如从信托投资公司取得实物或货币形式的信托投资贷款，从财务公司取得的各种中长期贷款，从保险公司取得的贷款等。其他金融机构贷款一般较商业性银行贷款的期限要长，要求的利率较高，对借款企业的信用要求和担保的选择比较严格。

2. 按机构对贷款有无担保要求，可分为信用贷款和担保贷款

信用贷款是指以借款人的信誉或保证人的信用为依据而获得的贷款。企业取得这种贷款，无需以财产作抵押。对于这种贷款，由于风险较高，银行通常要收取较高的利息，往往还附加一定的限制条件。

担保贷款是指由借款人或第三方依法提供担保而获得的贷款。担保包括保证责任、财务抵押、财产质押，由此，担保贷款包括保证贷款、抵押贷款和质押贷款。

（二）银行借款的程序

1. 提出申请

企业根据筹资需求向银行书面申请，按银行要求的条件和内容填报借款申请书。

2. 银行审批

银行按照有关政策和贷款条件，对借款企业进行信用审查，依据审批权限，核准企

业申请的借款金额和用款计划。银行审查的主要内容是：企业的财务状况；信用情况；盈利的稳定性；发展前景；借款投资项目的可行性；抵押品和担保情况等。

3. 签订合同

借款申请获批准后，银行与企业进一步协商贷款的具体条件，签订正式的借款合同，规定贷款的数额、利率、期限和一些约束性条款。

4. 取得借款

借款合同签订后，企业在核定的贷款指标范围内，根据用款计划和实际需要，一次或分次将贷款转入企业的存款结算户，以便使用。

（三）银行借款的筹资特点

1. 筹资速度快

与发行债券、融资租赁等债权筹资方式相比，银行借款的程序相对简单，所花时间较短，企业可以迅速获得所需资金。

2. 资本成本较低

利用银行借款筹资，比发行债券和融资租赁的利息负担要低。而且，无须支付证券发行费用、租赁手续费用等筹资费用。

3. 筹资弹性较大

在借款之前，企业根据当时的资本需求与银行等贷款机构直接商定贷款的时间、数量和条件。在借款期间，若企业的财务状况发生某些变化，也可与债权人再协商，变更借款数量、时间和条件，或提前偿还本息。因此，借款筹资对企业具有较大的灵活性，特别是短期借款更是如此。

4. 限制条款多

与债券筹资相比较，银行借款合同对借款用途有明确规定，通过借款的保护性条款，对企业资本支出额度、再筹资、股利支付等行为有严格的约束，以后企业的生产经营活动和财务政策必将受到一定程度的影响。

5. 筹资数额有限

银行借款的数额往往受到贷款机构资本实力的制约，不可能像发行债券、股票那样一次筹集到大笔资金，无法满足企业大规模筹资的需要。

二、发行公司债券

公司债券（Corporate Bond）是股份制公司发行的一种债务契约，是公司依照法定程序发行的、约定在一定期限内还本付息的有价证券。债券是持有人拥有公司债权的书面证书，它代表持券人同发债公司之间的债权债务关系。

（一）发行债券的条件

在我国，根据《公司法》的规定，股份有限公司、国有独资公司和两个以上的国有公司或者两个以上的国有投资主体投资设立的有限责任公司，具有发行债券的资格。

根据《证券法》规定，公开发行公司债券，应当符合下列条件：（1）股份有限公司的净资产不低于人民币 3 000 万元，有限责任公司的净资产不低于人民币 6 000 万元；（2）累计债券余额不超过公司净资产的 40%；（3）最近 3 年平均可分配利润足以支付公司债券 1 年的利息；（4）筹集的资金投向符合国家产业政策；（5）债券的利率不超过国务院限定的利率水平；（6）国务院规定的其他条件。

公开发行公司债券筹集的资金，必须用于核准的用途，不得用于弥补亏损和非生产性支出。

根据《证券法》规定，公司申请公司债券上市交易，应当符合下列条件：（1）公司债券的期限为 1 年以上；（2）公司债券实际发行额不少于人民币 5 000 万元；（3）公司申请债券上市时仍符合法定的公司债券发行条件。

（二）债券的偿还

债券偿还时间按其实际发生与规定的到期日之间的关系，分为提前偿还与到期偿还两类，其中到期偿还又包括分批偿还和一次偿还两种。

1. 提前偿还

提前偿还又称提前赎回或收回，是指在债券尚未到期之前就予以偿还。只有在公司发行债券的契约中明确规定了有关允许提前偿还的条款，公司才可以进行此项操作。提前偿还所支付的价格通常要高于债券的面值，并随到期日的临近而逐渐下降。具有提前偿还条款的债券可使公司筹资有较大的弹性。当公司资金有结余时，可提前赎回债券；当预测利率下降时，也可提前赎回债券，而后以较低的利率来发行新债券。

2. 分批偿还

如果一个公司在发行同一种债券时就为不同编号或不同发行对象的债券规定了不同的到期日，这种债券就是分批偿还债券。因为各批债券的到期日不同，它们各自的发行价格和票面利率也可能不相同，从而导致发行费用较高。但由于这种债券便于投资人挑选最合适的到期日，因而便于发行。

3. 一次偿还。到期一次偿还的债券，这是最为常见的。

（三）发行公司债券的筹资特点

1. 一次筹资数额大

利用发行公司债券筹资，能够筹集大额的资金，满足公司大规模筹资的需要。这是在银行借款、融资租赁等债权筹资方式中，企业选择发行公司债券筹资的主要原因，也能够适应大型公司经营规模的需要。

2. 提高公司的社会声誉

公司债券的发行主体，有严格的资格限制。发行公司债券，往往是股份有限公司和有实力的有限责任公司所为。通过发行公司债券，一方面筹集了大量资金，另一方面也扩大了公司的社会影响。

3. 筹集资金的使用限制条件少

与银行借款相比，债券筹资筹集资金的使用具有相对的灵活性和自主性。特别是发行债券所筹集的大额资金，能够主要用于流动性较差的公司长期资产上。从资金使用的性质来看，银行借款一般期限短、额度小，主要用途为增加适量存货、增加小型设备等。反之，期限较长、额度较大，用于公司扩展、增加大型固定资产和基本建设投资的需求多采用发行债券方式。

4. 能够锁定资本成本的负担

尽管公司债券的利息比银行借款高，但公司债券的期限长、利率相对固定。在预计市场利率持续上升的金融市场环境下，发行公司债券筹资，能够锁定资本成本。

5. 发行资格要求高，手续复杂

发行公司债券，实际上是公司面向社会负债，债权人是社会公众，因此国家为了保护投资者利益，维护社会经济秩序，对发债公司的资格有严格的限制。从申报、审批、承销到取得资金，需要经过众多环节和较长时间。

6. 资本成本较高

相对于银行借款筹资，发行债券的利息负担和筹资费用都比较高。而且债券不能像银行借款一样进行债务展期，加上高额的本金和较高的利息，在固定的到期日，将会对公司现金流量产生巨大的财务压力。

第十四章
企业的钱投向哪里

第一节　股票

一、股票的定义

股票是一种有价证券，它是股份有限公司签发的证明股东所持股份的凭证。

股份有限公司的资本划分为股份，每一股股份的金额相等。公司的股份采取股票的形式。股份的发行实行公平、公正的原则，同种类的每一股份具有同等权利。股票一经发行，购买股票的投资者即成为公司的股东。股票实质上代表了股东对股份公司的所有权，股东凭借股票可以获得公司的股息和红利，参加股东大会并行使自己的权利，同时也承担相应的责任与风险。

股票作为一种所有权凭证，有一定的格式。从股票的发展历史看，最初的股票票面格式既不统一，也不规范，由各发行公司自行决定。随着股份制度的发展和完善，许多国家对股票票面格式作了规定，提出票面应载明的事项和具体要求。我国《公司法》规定，股票采用纸面形式或者国务院证券监督管理机构规定的其他形式。股票应当载明下列主要事项：公司名称、公司成立的日期、股票种类、票面金额及代表的股份数、股票的编号。股票由法定代表人签名，公司盖章。发起人的股票应当标明"发起人股票"字样。

二、股票的性质

1. 股票是有价证券

有价证券是财产价值和财产权利的统一表现形式。持有有价证券，一方面表示拥有一定价值量的财产，另一方面也表明有价证券持有人可以行使该证券所代表的权利。股票具有有价证券的特征：第一，虽然股票本身没有价值，但股票是一种代表财产权的有价证券，它包含着股东可以依其持有的股票要求股份公司按规定分配股息和红利的请求权；第二，股票与它代表的财产权有不可分离的关系，二者合为一体。换言之，行使股票所代表的财产权，必须以持有股票为条件，股东权利的转让应与股票占有的转移同时进行，股票的转让就是股东权的转让。

2. 股票是要式证券

股票应具备《公司法》规定的有关内容，如果缺少规定的要件，股票就无法律效力。

3. 股票是证权证券

证券可以分为设权证券和证权证券。设权证券是指证券所代表的权利本来不存在，而是随着证券的制作而产生，即权利的发生是以证券的制作和存在为条件的如汇票、本票、支票。证权证券是指证券是权利的一种物化的外在形式，它是权利的载体，权利是已经存在的。股票代表的是股东权利，它的发行是以股份的存在为条件的，股票只是把已存在的股东权利表现为证券的形式，它的作用不是创造股东的权利，而是证明股东的权利。所以说，股票是证权证券。

4. 股票是资本证券

发行股票是股份公司筹措自有资本的手段。因此，股票是投入股份公司资本份额的证券化，属于资本证券。但是，股票又不是一种现实的资本，股份公司通过发行股票筹措的资金，是公司用于营运的真实资本。股票独立于真实资本之外，在股票市场上进行着独立的价值运动，是一种虚拟资本。

5. 股票是综合权利证券

股票不属于物权证券，也不属于债权证券，而是一种综合权利证券。物权证券是指证券持有者对公司的财产有直接支配处理权的证券。债权证券是指证券持有者为公司债权人的证券。股票持有者作为股份公司的股东，享有独立的股东权利。换言之，当公司股东将出资交给公司后，股东对其出资财产的所有权就转化为股东权（股权）了。股东权是一种综合权利，股东依法享有资产收益、重大决策、选择管理者等权利。股东虽然是公司财产的所有人，享有种种权利，但对于公司的财产不能直接支配处理，而对财产的直接支配处理是物权证券的特征，所以股票不是物权证券。另外，一旦投资者购买了公司股票，即成为公司部分财产的所有人，但该所有人在性质上是公司内部的构成分子，而不是与公司对立的债权人，所以股票也不是债权证券。

三、股票的特征

股票具有以下五个方面的特征：

1. 收益性

收益性是股票最基本的特征，它是指股票可以为持有人带来收益的特性。持有股票的目的在于获取收益。

2. 风险性

股票风险的内涵是股票投资收益的不确定性，或者说实际收益与预期收益之间的偏离。投资者在买入股票时，对其未来收益会有一个预期，但真正实现的收益可能会高于或低于原先的预期，这就是股票的风险。

3. 流动性

流动性是指股票可以通过依法转让而变现的特性，即在本金保持相对稳定、变现的交易成本极小的条件下，股票很容易变现的特性。股票持有人不能从公司退股，但股票转让为其提供了流动性。由于股票的转让可能受各种条件或法律法规的限制，因此，并非所有股票都具有相同的流动性。通常情况下，大盘股流动性强于小盘股，上市公司股票的流动性强于非上市公司股票，而上市公司股票又可能因市场或监管原因而受到转让限制，从而具有不同程度的流动性。

4. 永久性

永久性是指股票所载有权利的有效性是始终不变的，因为它是一种无期限的法律凭证。股票的有效期与股份公司的存续期间相联系，二者是并存的关系。这种关系实质上反映了股东与股份公司之间比较稳定的经济关系。股票代表着股东的永久性投资，当然股票持有者可以出售股票而转让其股东身份，而对于股份公司来说，由于股东不能要求退股，所以通过发行股票募集到的资金，在公司存续期间是一笔稳定的自有资本。

5. 参与性

参与性是指股票持有人有权参与公司重大决策的特性。股票持有人作为股份公司的股东，有权出席股东大会，行使对公司经营决策的参与权。股东参与公司重大决策权利的大小通常取决于其持有股份数量的多少，如果某股东持有的股份数量达到决策所需要的有效多数时，就能实质性地影响公司的经营方针。

四、影响股价变动的基本因素

（一）公司经营状况

股份公司的经营现状和未来发展是股票价格的基石。正常而言，公司经营状况与股票价格正相关，公司经营状况好，股价上升；反之，股价下跌。公司经营状况的好坏，可以从以下各项来分析：

1. 公司治理水平与管理层质量

公司治理包括决定公司经营的若干制度性因素，其重点在于监督和制衡，良好的公司治理结构与治理实践对公司的长期稳定经营具有至关重要的作用。对于公司治理情况的分析主要包括公司股东、管理层、员工及其他外部利益相关者之间的关系及其制衡状况，公司董事会、监事会构成及运作等因素。管理层是具体负责公司日常经营的核心力量，对公司的营运前景关系重大。对管理层的分析包括主要高级管理人员经验、水平、性格等内容，以及管理团队稳定性、合作与分工等情况。

2. 公司竞争力

在任何时期、任何行业，具有竞争力的公司股票通常更容易得到投资者认可。反之，缺乏竞争力的公司股票价格会下跌。对具体公司而言，竞争力分析的侧重点各不相同，但通常会包括市场占有情况、产品线完整程度、创新能力、财务健全性等。

3. 财务状况

会计报表是描述公司经营状况的一种相对客观的工具，分析公司财务状况，重点在于研究公司的盈利性、安全性和流动性。

（1）盈利性。公司盈利水平高低及未来发展趋势是股东权益的基本决定因素，通常把盈利水平高的公司股票称为绩优股，把未来盈利增长趋势强劲的公司股票称为高增长型股票，它们在股票市场上通常会有较好的表现。

（2）安全性。公司的财务安全性主要是指公司偿还债务从而避免破产的能力，通常用公司的负债与公司资产和资本金相联系来刻画公司的财务稳健性或安全性。而这类指标同时也反映了公司自有资本与总资产之间的杠杆关系，因此也称为杠杆比率。除此之外，财务安全性分析往往还涉及债务担保比率、长期债务比率、短期财务比率等指标。

（3）流动性。公司资金链状况也是影响经营的重要因素，流动性强的公司抗风险能力较强，尤其在经济处于低迷时期，这一类公司股票往往会有较好的表现。反之，流动性弱的公司，一旦资金链断裂，很容易陷入技术性破产。衡量财务流动性状况需要从资产负债整体考量，最常用的指标包括流动比率、速动比率、应收账款平均回收期、销售周转率等。

（4）公司改组或合并。公司改组或合并有多种情况，有的是为了扩大规模、增强竞争能力，有的是为了消灭竞争对手，有的是为了控股，也有的是为操纵市场而进行恶意兼并。公司改组或合并总会引起股价剧烈波动，但要分析此举对公司的长期发展是否有利，改组或合并后是否能够改善公司的经营状况，这是决定股价变动方向的重要因素。

（二）行业与部门因素

1. 行业或产业竞争结构

首先需要列出该行业所有的企业，重点考察其中的已上市公司。其次需要研究各家公司所占的市场份额及变化趋势、该行业中企业总家数的变化趋势等。从该项分析可以得到该行业垄断 / 竞争特性的初步结论。

2. 行业可持续性

技术及其他因素的变化有可能终结某些行业的发展，如手机的普遍采用终结了早期作为移动通信主要方式的传呼机，导致该行业的公司不能继续发展传统业务。

3. 抗外部冲击的能力

这是指某个行业在遭遇重大政治、经济或自然环境变化打击时业绩的稳定性。如高油价可能对整个交通运输业以及相关制造行业产生非常大的不利影响，但对替代能源生产行业则是有利的。

4. 监管及税收待遇——政府关系

某些行业可能会受到政府的特殊对待，如公用事业通常会受到较严厉的监管，某些重要领域可能会因政府保护而暂时避免外部冲击等。

5. 劳资关系

在某些产业或行业中，工会拥有传统势力，对公司业绩经常产生重大影响。

6. 财务与融资问题

某些行业（如航空业）可能具有非常高的长期负债率，而零售业则非常依赖短期流动性。

7. 行业估值水平

无论采用绝对估值还是相对估值手段，同一行业的股票通常具有相似的水平。

（三）宏观经济与政策因素

宏观经济发展水平和状况是影响股票价格的重要因素。宏观经济影响股票价格的特点是波及范围广、干扰程度深、作用机制复杂和股价波动幅度较大。

1. 经济增长

一个国家或地区的社会经济是否能持续稳定地保持一定的发展速度，是影响股票价格能否稳定上升的重要因素。当一国或地区的经济运行势态良好，通常大多数企业的经营状况也较好，它们的股票价格会上升。反之，股票价格会下降。

2. 经济周期循环

社会经济运行经常表现为扩张与收缩的周期性交替，每个周期一般都要经过高涨、衰退、萧条、复苏四个阶段，即所谓的景气循环。经济周期循环对股票市场的影响非常显著，可以说是景气循环从根本上决定了股票价格的长期变动趋势。

3. 货币政策

中央银行的货币政策对股票价格有直接的影响。货币政策是政府重要的宏观经济政策，中央银行通常采用存款准备金制度、再贴现政策、公开市场业务等货币政策手段调控货币供应量，从而实现发展经济、稳定货币等政策目标。无论是中央银行采取的政策手段，还是最终的货币供应量变化，都会影响股票价格。如果中央银行放松银根，增加货币供应，资金面较为宽松，大量游资需要新的投资机会，股票将成为理想的投资对象。一旦资金进入股市，引起对股票需求的增加，立即促使股价上升。反之，如果中央银行收紧银根，减少货币供应，资金普遍吃紧，流入股市资金减少，加上企业抛出持有的股票以获取现金，将使股票市场的需求减少，交易萎缩，股价下跌。

4. 财政政策

财政政策也是政府的重要宏观经济政策。财政政策对股票价格的影响有四个方面：第一，通过扩大财政赤字、发行国债筹集资金，增加财政支出，刺激经济发展。或是通过增加财政盈余或降低赤字，减少财政支出，抑制经济增长，调整社会经济发展速度，改变企业生产的外部环境，进而影响企业利润水平和股息派发。第二，通过调节税率影响企业利润和股息。提高税率，企业税负增加，税后利润下降，股息减少。反之，企业税后利润和股息增加。第三，干预资本市场各类交易适用的税率，如利息税、资本利得税、印花税等，直接影响市场交易和价格。第四，国债发行量会改变证券市场的证券供应和资金需求，从而间接影响股票价格。

5. 市场利率

市场利率变化通过以下途径影响股票价格：

（1）绝大部分公司都负有债务，利率提高，利息负担加重，公司净利润和股息相应减少，股票价格下降。利率下降，利息负担减轻，公司净盈利和股息增加，股票价格上升。

（2）在市场资金量一定的条件下，利率提高，其他投资工具收益相应增加，一部分资金会流向储蓄、债券等其他收益固定的金融工具，对股票需求减少，股价下降。若利率下降，对固定收益证券的需求减少，资金流向股票市场，对股票的需求增加，股票价格上升。

（3）利率提高，一部分投资者要负担较高的利息才能借到所需资金进行证券投资。如果允许进行信用交易，买空者的融资成本相应提高，投资者会减少融资和对股票的需求，股票价格下降。若利率下降，投资者能以较低利率借到所需资金，增加融资和对股票的需求，股票价格上涨。

6. 通货膨胀

通货膨胀对股票价格的影响较复杂，它既有刺激股票市场的作用，又有抑制股票市场的作用。通货膨胀是因货币供应过多造成货币贬值、物价上涨的经济现象。在通货膨胀之初，公司会因产品价格的提升和存货的增值而增加利润，从而增加可以分派的股息，并使股票价格上涨。在物价上涨时，股东实际股息收入下降，股份公司为股东利益着想，会增加股息派发，使股息名义收入有所增加，也会促使股价上涨。通货膨胀给其他收益固定的证券带来了不可回避的通货膨胀风险，投资者为了保值，增加购买收益不固定的股票，对股票的需求增加，股价也会上涨。但是，当通货膨胀严重、物价居高不下时，企业因原材料、工资、费用、利息等各项支出增加，使得利润减少，引起股价下降。严重的通货膨胀会使社会经济秩序紊乱，使企业无法正常地开展经营活动，同时政府也会采取治理通货膨胀的紧缩政策和相应的措施，此时对股票价格的负面影响更大。

7. 汇率变化

汇率的调整对整个社会经济影响很大，有利有弊。传统理论认为，汇率下降，即本币升值，不利于出口而有利于进口，同时会引起境外资本流入，国内资本市场流动性增加。汇率上升，即本币贬值，不利于进口而有利于出口，同时会导致境内资本流出，国内资本市场流动性下降。汇率变化对股价的影响要看对整个经济的影响而定。若汇率变化趋势对本国经济发展影响较为有利，股价会上升。反之，股价会下降。具体地说，汇率的变化对那些在商品进出口和资本项目两方面严重依赖国际市场的国家（或地区）和企业的股票价格影响较大。

8. 国际收支状况

通常若一国国际收支连续出现逆差，政府为平衡国际收支会采取提高国内利率和提高汇率的措施，以鼓励出口、减少进口，股价就会下跌。反之，股价会上涨。

五、影响股价变化的其他因素

（一）政治及其他不可抗力的影响

政治因素对股票价格的影响很大，往往很难预料，主要有：

1. 战争

战争是最有影响的政治因素。战争会破坏社会生产力，使经济停滞、生产凋敝、收入减少、利润下降。战争期间除了军火工业以外，大部分企业都会受到严重打击。战争又使投资者风险明显增大，在生命得不到保障的情况下，人们的投资愿望降到最低点。特别是全面的、长期的战争，会使股票市场受到致命打击，股票价格长期低迷。

2. 政权更迭、领袖更替等政治事件

这些事件的爆发都会影响社会安定，进而影响投资者的心理状态和投资行为，引起股票市场的涨跌变化。

3. 政府重大经济政策的出台、社会经济发展规划的制定、重要法规的颁布等，这些会影响投资者对社会经济发展前景的预期，从而也会引起股票价格变动。

4. 国际社会政治、经济的变化。随着世界经济一体化的进程加快，国家之间、地区之间的政治、经济关系更趋紧密，加之先进通信工具的运用，国际关系的细微变化都可能引致各国股市发生敏感的联动。

5. 因发生不可预料和不可抵抗的自然灾害或不幸事件，给公司带来重大财产损失而又得不到相应赔偿，股价会下跌。

（二）心理因素

投资者的心理变化对股价变动影响很大。在大多数投资者对股市抱乐观态度时，会有意无意地夸大市场有利因素的影响，并忽视一些潜在的不利因素，从而脱离上市公司的实际业绩而纷纷买进股票，促使股价上涨。反之，在大多数投资者对股市前景过于悲观时，会对潜在的有利因素视而不见，而对不利因素特别敏感，甚至不顾发行公司的优良业绩大量抛售股票，致使股价下跌。当大多数投资者对股市持观望态度时，市场交易量就会减少，股价往往呈现盘整格局。股票市场中的中小投资者由于信息不灵，缺乏必要的专业知识和投资技巧，往往有严重的盲从心理，而有的人就利用这一盲从心理故意制造假象、渲染气氛，诱使中小投资者在股价上涨时盲目追涨，或者在股价下跌时恐慌抛售，从而加大了股价涨跌的程度。

（三）稳定市场的政策与制度安排

为保证证券市场的稳定，各国的证券监管机构和证券交易所会制定相应的政策措施和作出一定的制度安排。我国《证券法》规定，证券交易所依照证券法律、行政法规制定上市规则、交易规则、会员管理规则，并经国务院证券监督管理机构批准。因突发事件而影响证券交易的正常进行时，证券交易所可以采取技术性停牌的措施。因不可抗力的突发性事件或者为维护证券交易的正常秩序，证券交易所可以决定临时停市。证券交易所根据需要，可以对出现重大异常交易情况的证券账户限制交易。有的证券交易所对每日股票价格的涨跌幅度有一定限制，即涨跌停板规定，使股价的涨跌会大大平缓。另外，当股票市场投机过度或出现严重违法行为时，证券监督管理机构也会采取一定的措施以平抑股价波动。

（四）人为操纵因素

人为操纵往往会引起股票价格短期的剧烈波动。因大多数投资者不明真相，操纵者乘机浑水摸鱼，非法牟利。人为操纵会影响股票市场的健康发展，违背公开、公平、公正的原则，一旦查明，操纵者会受到行政处罚或法律制裁。

第二节　债券

一、债券的定义

债券是一种有价证券，是社会各类经济主体为筹集资金而向债券投资者出具的、承诺按一定利率定期支付利息并到期偿还本金的债权债务凭证。债券所规定的资金借贷双方的权责关系主要有：第一，所借贷货币资金的数额；第二，借贷的时间；第三，在借贷时间内的资金成本或应有的补偿（即债券的利息）。债券所规定的借贷双方的权利义务关系包含四个方面的含义：第一，发行人是借入资金的经济主体；第二，债权人是出借资金的经济主体；第三，发行人必须在约定的时间付息还本；第四，债券反映了发行人和债权人之间的债权债务关系，而且是这一关系的法律凭证。债券有以下基本性质：

1. 债券属于有价证券

首先，债券反映和代表一定的价值。债券本身有一定的面值，通常它是债券投资者投入资金的量化表现。同时，持有债券可按期取得利息，利息也是债券投资者收益的价值表现。其次，债券与其代表的权利联系在一起，拥有债券就拥有了债券所代表的权利，转让债券也就将债券代表的权利一并转移。

2. 债券是一种虚拟资本

债券尽管有面值，代表了一定的财产价值，但它也只是一种虚拟资本，而非真实资本。因为债券的本质是证明债权债务关系的证书，在债权债务关系建立时所投入的资金已被债务人占用，债券是实际运用的真实资本的证书。债券的流动并不意味着它所代表的实际资本也同样流动，债券独立于实际资本之外。

3. 债券是债权的表现

债券代表债券持有者的权利，这种权利不是直接支配财产权，也不以资产所有权表现，而是一种债权。如拥有公司债券的人是公司的债权人，债权人不同于公司股东，是公司的外部利益相关者。

二、债券的票面要素

债券作为证明债权债务关系的凭证，一般以有一定格式的票面形式来表现。通常，债券票面上有四个基本要素。

1. 债券的票面价值

债券的票面价值是债券票面标明的货币价值，是债券发行人承诺在债券到期日偿还给债券持有人的金额。在债券的票面价值中，首先要规定票面价值的币种，即以何种货币作为债券价值的计量标准。确定币种主要考虑债券的发行对象。一般来说，在本国发行的债券通常以本国货币作为面值的计量单位。在国际金融市场筹资，则通常以债券发行地所在国家的货币或以国际通用货币为计量标准。此外，确定币种还应考虑债券发行者本身对币种的需要。币种确定后，则要规定债券的票面金额。票面金额大小不同，可以适应不同的投资对象，同时也会产生不同的发行成本。票面金额定得较小，有利于小额投资者购买，持有者分布面广，但债券本身的印刷及发行工作量大，费用可能较高。票面金额定得较大，有利于少数大额投资者认购，且印刷费用等也会相应减少，但使小额投资者无法参与。因此，债券票面金额的确定也要根据债券的发行对象、市场资金供给情况及债券发行费用等因素综合考虑。

2. 债券的到期期限

债券到期期限是指债券从发行之日起至偿清本息之日止的时间，也是债券发行人承诺履行合同义务的全部时间。各种债券有不同的偿还期限，短则几个月，长则几十年，习惯上有短期债券、中期债券和长期债券之分。

3. 债券的票面利率

债券票面利率也称名义利率，是债券年利息与债券票面价值的比率，通常年利率用百分数表示。利率是债券票面要素中不可缺少的内容。通常期限较长的债券流动性差，风险相对较大，票面利率应该定得高一些。而期限较短的债券流动性强，风险相对较小，票面利率就可以定得低一些。但是，债券票面利率与期限的关系较复杂，它们还受其他因素的影响，所以有时也会出现短期债券票面利率高而长期债券票面利率低的现象。

4. 债券发行者名称

这一要素指明了该债券的债务主体，既明确了债券发行人应履行对债权人偿还本息的义务，也为债权人到期追索本金和利息提供了依据。

需要说明的是，以上四个要素虽然是债券票面的基本要素，但它们并非一定在债券票面上印制出来。在许多情况下，债券发行者是以公布条例或公告形式向社会公开宣布某债券的期限与利率，只要发行人具备良好的信誉，投资者也会认可接受。

三、债券的特征

1. 偿还性

偿还性是指债券有规定的偿还期限，债务人必须按期向债权人支付利息和偿还本金。债券的偿还性使资金筹措者不能无限期地占用债券购买者的资金，换言之，他们之间的借贷经济关系将随偿还期结束、还本付息手续完毕而不复存在。这一特征与股票的永久性有很大的区别。在历史上，债券的偿还性也有例外，曾有国家发行过无期公债或永久性公债。这种公债无固定偿还期，持券者不能要求政府清偿，只能按期取息。当然，这只能视为特例，不能因此而否定债券具有偿还性的一般特性。

2. 流动性

流动性是指债券持有人可按需要和市场的实际状况，灵活地转让债券，以提前收回本金和实现投资收益。流动性首先取决于市场为转让所提供的便利程度。其次取决于债券在迅速转变为货币时，是否在以货币计算的价值上蒙受损失。

3. 安全性

安全性是指债券持有人的收益相对稳定，不随发行者经营收益的变动而变动，并且可按期收回本金。一般来说，具有高度流动性的债券同时也是较安全的，因为它不仅可以迅速地转换为货币，而且还可以按一个较稳定的价格转换。债券不能收回投资的风险有两种情况：

（1）债务人不履行债务，即债务人不能按时足额按约定的利息支付或者偿还本金。不同的债务人不履行债务的风险程度是不一样的，一般政府债券不履行债务的风险最低。

（2）流通市场风险，即债券在市场上转让时因价格下跌而承受损失。许多因素会影响债券的转让价格，其中较重要的是市场利率水平。

4. 收益性

收益性是指债券能为投资者带来一定的收入，即债券投资的报酬。在实际经济活动中，债券收益可以表现为三种形式：一是利息收入，即债权人在持有债券期间按约定的条件分期、分次取得利息或者到期一次取得利息。二是资本损益，即债权人到期收回的本金与买入债券或中途卖出债券与买入债券之间的价差收入。如果市场利率在持有债券期间一直不变，这一价差就是自买入债券或是自上次付息至卖出债券这段时间的利息收益表现形式。但是，由于市场利率会不断变化，债券在市场上的转让价格将随市场利率的升降而上下波动。债券持有者能否获得转让价差、转让价差的多少，要视市场情况而定。三是再投资收益，即投资债券所获现金流量再投资的利息收入，受市场收益率变化的影响。

四、公司债券的发行

1. 公司债券发行的条件

公司发行公司债券应当符合《证券法》规定的发行条件。《证券法》规定，公开发行公司债券，应当符合下列条件：

（1）股份有限公司的净资产不低于人民币 3 000 万元，有限责任公司的净资产不低于人民币 6 000 万元；

（2）累计债券余额不超过公司净资产的 40%；

（3）最近 3 年平均可分配利润足以支付公司债券 1 年的利息；

（4）筹集的资金投向符合国家产业政策；

（5）债券的利率不超过国务院限定的利率水平；

（6）国务院规定的其他条件。

公开发行公司债券筹集的资金，必须用于核准的用途，不得用于弥补亏损和非生产性支出。

上市公司发行可转换为股票的公司债券，除应当符合上述规定的条件外，还应当符合《证券法》关于公开发行股票的条件，并报国务院证券监督管理机构核准。

有下列情形之一的，不得再次公开发行公司债券：（1）前一次公开发行的公司债券尚未募足；（2）对已公开发行的公司债券或者其他债务有违约或者延迟支付本息的事实，仍处于继续状态；（3）违反规定，改变公开发行公司债券所募资金的用途。

2. 公司债券上市的条件

公司申请公司债券上市交易，应当符合下列条件：

（1）公司债券的期限为 1 年以上；

（2）公司债券实际发行额不少于人民币 5 000 万元；

（3）公司申请债券上市时应符合法定的公司债券发行条件。

3. 公司债券上市的暂停与终止

公司债券上市交易后，公司有下列情形之一的，由证券交易所决定暂停其公司债券上市交易：

（1）公司有重大违法行为；

（2）公司情况发生重大变化不符合公司债券上市条件；

（3）公司债券所募集资金不按照核准的用途使用；

（4）未按照公司债券募集办法履行义务；

（5）公司最近两年连续亏损。

公司有第（1）项、第（4）项所列情形之一经查实后果严重的，或者有第（2）项、第（3）项、第（5）项所列情形之一，在限期内未能消除的，由证券交易所决定终止其公司债券上市交易。

公司解散或者被宣告破产的，由证券交易所终止其上市交易。

第三节　证券投资基金

一、证券投资基金的产生与发展

　　证券投资基金是指通过公开发售基金份额募集资金，由基金托管人托管，由基金管理人管理和运用资金，为基金份额持有人的利益，以资产组合方式进行证券投资的一种利益共享、风险共担的集合投资方式。

　　作为一种大众化的信托投资工具，各国对证券投资基金的称谓不尽相同，如美国称共同基金，英国和我国香港地区称单位信托基金，日本和我国台湾地区则称证券投资信托基金等。一般认为，基金起源于英国，是在 18 世纪末至 19 世纪初第一次工业革命的推动下出现的。当时，工业革命的成功使英国生产力水平迅速提高，工商业都取得较大的发展，其殖民地和海外贸易遍及全球，大量的资金为追逐高额利润而涌向其他国家。可是大多数投资者缺乏国际投资知识，又不了解外国的情况，难以直接参加海外投资。于是，人们便萌发了众人集资、委托专人经营和管理的想法。这一想法得到了英国政府的支持。1868 年由英国政府出面组建了海外及殖民地政府信托组织（The Foreign And Colonial Goverment Trust），公开向社会发售受益凭证（Beneficiary Certification）。海外及殖民地政府信托组织是公认的最早的基金机构，以分散投资于国外殖民地的公司债为主，其投资地区遍及南北美洲、中东、东南亚地区和意大利、葡萄牙、西班牙等国，当时的投资总额共达 48 万英镑。该基金类似股票，不能退股，也不能兑现，认购者的权益仅限于分红和派息。

　　100 多年来，随着社会经济的发展，世界基金产业从无到有，从小到大，尤其是 20 世纪 70 年代以来，随着世界投资规模的剧增、现代金融业的创新，品种繁多、名目各异的基金风起云涌，形成了一个庞大的产业。以美国为例，至 2009 年年底，美国共同基金的净资产总额已达 10.3 万亿美元，超过了商业银行的资产规模。基金产业已经与银行业、证券业、保险业并驾齐驱，成为现代金融体系的四大支柱之一。

二、我国证券投资基金业发展概况

　　证券投资基金在我国发展的时间还比较短，但在证券监管机构的大力扶植下，在短短几年时间里获得了突飞猛进的发展。1997 年 11 月，国务院颁布《证券投资基金管理暂行办法》。1998 年 3 月，两只封闭式基金——基金金泰、基金开元设立，分别由国泰基金管理公司和南方基金管理公司管理。2004 年 6 月 1 日，我国《证券投资基金法》

正式实施，以法律形式确认了证券投资基金在资本市场及社会主义市场经济中的地位和作用，成为中国证券投资基金业发展史上的一个重要里程碑。证券投资基金业从此进入崭新的发展阶段，基金数量和规模迅速增长，市场地位日趋重要，呈现出下列特点：

1. 基金规模快速增长，开放式基金后来居上，逐渐成为基金设立的主流形式

1998 年至 2001 年 9 月是我国封闭式基金发展阶段，在此期间，我国证券市场只有封闭式基金。2000 年 10 月 8 日，中国证监会发布了《开放式证券投资基金试点办法》。2001 年 9 月，我国第一只开放式基金诞生。此后，我国基金市场进入开放式基金发展阶段，开放式基金成为基金设立的主要形式。而封闭式基金由于一直处于高折价交易状态，2002 年 8 月后的 5 年内没有再发行新的封闭式基金，封闭式基金的发展陷入停滞状态。自 2006 年开始，随着我国早期发售的封闭式基金到期日的逐步临近，陆续有到期封闭式基金转为开放式基金。到 2009 年年底，已有 30 多只封闭式基金转为开放式基金。

截至 2009 年年底，我国共有证券投资基金 541 只，净值总额合计约为 2.68 万亿元。在 541 只基金中，有 31 只封闭式基金，基金净值总额约 1 238.8 亿元；有 510 只开放式基金，净值总额合计约 2.56 万亿元，占全部基金净值总额的 95.4%。

2. 基金产品差异化日益明显，基金的投资风格也趋于多样化

我国的基金产品除股票型基金外，债券基金、货币市场基金、保本基金、指数基金等纷纷问世。近年来，基金品种不断丰富，如出现了结构化基金、ETF 联接基金等。在投资风格方面，除传统的成长型基金、混合型基金外，还有收益型基金、价值型基金等。

3. 中国基金业发展迅速，对外开放的步伐加快

近年来，我国基金业发展迅速，基金管理公司家数不断增加，管理基金规模不断扩大。截至 2009 年年末，我国已有基金管理公司 60 家，其中中外合资基金管理公司 33 家，且 2007 年出现了第一家管理基金规模超过千亿元的基金公司。在基金管理公司数量不断增加的同时，其业务范围也有所扩大。2007 年 11 月，中国证监会基金部发布《基金管理公司特定客户资产管理业务试点办法》，允许符合条件的基金管理公司开展为特定客户管理资产的业务。此外，2006 年中国基金业开始了国际化航程，获得合格境内机构投资者（QDII）资格的国内基金管理公司可以通过募集基金投资国际市场，即设立 QDII 基金。

三、证券投资基金的特点

证券投资基金之所以在许多国家受到投资者的广泛欢迎，发展迅速，与证券投资基金本身的特点有关。作为一种现代化投资工具，证券投资基金所具备的特点是十分明

显的。

1. 集合投资

基金的特点是将零散的资金汇集起来，交给专业机构投资于各种金融工具，以谋取资产的增值。基金对投资的最低限额要求不高，投资者可以根据自己的经济能力决定购买数量，有些基金甚至不限制投资额大小，因此，基金可以最广泛地吸收社会闲散资金，集腋成裘，汇成规模巨大的投资资金。在参与证券投资时，资本越雄厚，优势越明显，而且可能享有大额投资在降低成本上的相对优势，从而获得规模效益的好处。

2. 分散风险

以科学的投资组合降低风险、提高收益是基金的另一大特点。在投资活动中，风险和收益总是并存的，因此，"不能将鸡蛋放在一个篮子里"。但是，要实现投资资产的多样化，需要一定的资金实力。对小额投资者而言，由于资金有限，很难做到这一点，而基金则可以帮助中小投资者解决这个困难，即可以凭借其集中的巨额资金，在法律规定的投资范围内进行科学的组合，分散投资于多种证券，实现资产组合多样化。通过多元化的投资组合，一方面借助于资金庞大和投资者众多的优势使每个投资者面临的投资风险变小。另一方面，利用不同投资对象之间收益率变化的相关性，达到分散投资风险的目的。

3. 专业理财

将分散的资金集中起来以信托方式交给专业机构进行投资运作，既是证券投资基金的一个重要特点，也是它的一个重要功能。基金实行专业理财制度，由受过专门训练、具有比较丰富的证券投资经验的专业人员运用各种技术手段收集、分析各种信息资料，预测金融市场上各个品种的价格变动趋势，制订投资策略和投资组合方案，从而可避免投资决策失误，提高投资收益。对于那些没有时间，或者对市场不太熟悉的中小投资者来说，投资于基金可以分享基金管理人在市场信息、投资经验、金融知识和操作技术等方面所拥有的优势，从而尽可能地避免盲目投资带来的失误。

参考文献

[1] 财政部会计资格评价中心编写. 经济法. 北京: 中国财政经济出版社,2011.

[2] 财政部会计资格评价中心编写. 财务管理. 北京: 中国财政经济出版社, 2011.

[3] 证券业从业资格考试研究中心编写. 证券市场基础知识. 北京: 教育科学出版社,2010.

[4] 中国注册会计师协会编写. 财务成本管理. 北京: 中国财政经济出版社, 2012.

[5] 王畅,卓敏. 再论"现金为王"的财务管理理念. 郑州航空工业管理学院学报,2010(1).

[6] 成兵. 生命周期视角下中小企业现金流量管理思考. 财会通讯,2010(8).

[7] 苏金波. 你知道单利和复利的区别吗. 家庭科技,2004(1).

[8] 付晓亮. 论货币时间价值的根源. 现代经济信息,2011(8).

[9] 程明. 货币时间价值在理财投资中的作用. 天津市经理学院学报,2008(1).

[10] 荣先恒. 复利的魔力对经济发展的启示. 广西经济,2011(10).

第十六章　找寻价值

第十七章　创造价值

第十八章　传递价值

第十九章　传播价值

第十五章
市场营销学的作用

第一节　市场营销学的历史脉络

　　一门学科应该有一个核心概念，若干个常识性概念和若干个学科特有的概念。例如，经济学的核心概念是短缺，政治学的核心概念是权力，人类学的核心概念是文化，社会学的核心概念是群体。那么营销学的核心概念是什么呢？就是交换。人类的经济活动自从有了除满足自己需要之外的剩余产品开始，就出现了交换，从而也就产生了对于自己所难以控制的交换对象及影响因素进行研究的必要。研究的核心在于如何能按自己的理想实现潜在交换，使自己的劳动价值得到社会的承认，从而使自己的需求也能因此而得以满足。市场营销的理论和实践，说到底，就是这种研究工作的延续。所不同的是，现代社会的交换活动变得更为复杂，交换的实现变得更为困难。这首先是由于现代化的大生产和专业化分工，使交换的双方，即生产者与消费者之间的背离状况十分严重。企业很难立刻找到合适的交换对象。其次是由于现代生产力的高度发展，已使所供应的产品总量超出了消费者的需求总量，激烈的竞争，已使得相当一部分产品很难实现交换。再次是由于现代的消费需求及影响因素已变得越来越复杂，不认真加以研究和把握，也会影响交换的顺利实现。市场营销学就是站在企业的角度，以实现潜在的交换（或实现企业产品的社会价值）为目的，研究同实现交换有关的需求、市场、环境、战略与策略等方面问题的一门学科。

一、萌芽阶段（1900—1920）

这一时期，各主要资本主义国家经过工业革命，生产力迅速提高，城市经济迅猛发展，商品需求量亦迅速增多，出现了需过于供的卖方市场，企业产品价值实现不成问题。与此相适应，市场营销学开始创立。

早在 1902 年，美国密执安大学、加州大学和伊利诺大学的经济系开设了市场学课程。以后宾夕法尼亚大学、匹茨堡大学、威斯康星大学相继开设此课。在这一时期，出现了一些市场营销研究的先驱者，其中最著名的有阿切 · W. 肖（Arch W.Shaw）、巴特勒（Ralph Star Bulter）、约翰 · B. 斯威尼（John B.Swirniy）及赫杰特齐（J.E.Hagerty）。哈佛大学教授赫杰特齐走访了大企业主，了解他们如何进行市场营销活动，于 1912 年出版了第一本销售学教科书，它是市场营销学作为一门独立学科出现的里程碑。

阿切 · W. 肖于 1915 年出版了《关于分销的若干问题》（*Some Problems in Marketing Distribution*）一书，率先把商业活动从生产活动中分离出来，并从整体上考察分销的职能。但当时他尚未使用"市场营销"一词，而是把分销与市场营销视为一回事。

韦尔达、巴特勒和威尼斯在美国最早使用"市场营销"术语。韦尔达提出："经济学家通常把经济活动划分为 3 大类：生产、分配、消费……生产被认为是效用的创造"。"市场营销应当定义为生产的一个组成部分"。"生产是创造形态效用，营销则是创造时间、场所和占有效用"，并认为"市场营销开始于制造过程结束之时"。

管理界的一代宗师彼得 · 德鲁克（Peter F.Drucker）在其 1954 年出版的《管理实践》（*The Practice of Management*）一书中认为，"关于企业的目的只有一个有效定义：创造消费者。"他指出，"市场是由商人创造的，而消费者的需求只是理论上的。"德鲁克的管理思想进一步促使了市场营销理论与实践者，从以企业为核心向以消费者为核心的转变。

这一阶段的市场营销理论同企业经营哲学相适应，即同生产观念相适应。其依据是传统的以供给为中心的经济学。

二、功能研究阶段（1921—1945）

这一阶段以营销功能研究为其特点。此阶段最著名的代表人物有：克拉克（F.E.Clerk）、韦尔达（L.D.H.Weld）、亚历山大（Alexander）、瑟菲斯（Sarfare）、埃尔德（Ilder）及奥尔德逊（Alderson）。1932 年，克拉克和韦尔达出版了《美国农产品营销》（*The Marketing of Farm Products*）一书，对美国农产品营销进行了全面的论述，指出市场营销目的是"使产品从种植者那儿顺利地转到使用者手中。这一过程包括 3 个重要又相互有关的内容：集中（购买剩余农产品）、平衡（调节供需）、分散（把农产品化整为零）……这一过程包括 7 种市场营销功能：集中、储藏、财务、承担风险、标准化、推销和运输。"1942 年，克拉克的《市场营销学原理》一书出版，在功能研究上有所创新，把功能归结为交换功能，实体分配功能，辅助功能等，并提出了"推销是创造需求"的观点，这实际上是市场营销的雏形。

三、形成和巩固时期（1946—1955）

这一时期的代表人物有范利（Vaile）、格雷特（Grether）、考克斯（Cox）、梅纳德（Maynard）及贝克曼（Beckman）。1952 年，范利、格雷斯和考克斯合作出版了《美国经济中的市场营销》一书，全面地阐述了市场营销如何分配资源，指导资源，尤其是稀缺资源的使用。市场营销如何影响个人分配，而个人收入又如何制约营销。市场营销还包括为市场提供适销对路的产品。同年，梅纳德和贝克曼在合作出版的《市场营销学原理》一书中，提出了市场营销的定义，认为它是"影响商品交换或商品所有权转移，以及为商品实体分配服务的一切必要的企业活动"。梅纳德归纳了研究市场营销学的 5 种方法，即商品研究法，机构研究法，历史研究法，成本研究法及功能研究法。

这一时期已形成市场营销的原理及研究方法，传统市场营销学已形成。

四、市场营销管理导向时期（1956—1965 年）

这一时期的代表人物主要有：罗·奥尔德逊（Wraoe Alderson），约翰·霍华德（John A.Howard）及麦卡锡（E.J.Mclarthy）。

奥尔德逊在 1957 年出版的《市场营销活动和经济行动》一书中，提出了"功能主义"。霍华德在出版的《市场营销管理：分析和决策》一书中，率先提出从营销管理角度论述市场营销理论和应用，从企业环境与营销策略二者关系来研究营销管理问题，强调企业必须适应外部环境。麦卡锡在 1960 年出版的《基础市场营销学》一书中，对市场营销管理提出了新的见解。他把消费者视为一个特定的群体，即目标市场，企业制定市场营销组合策略，适应外部环境，满足目标顾客的需求，实现企业经营目标。

五、协同和发展时期（1966—1980 年）

这一时期，市场营销学逐渐从经济学中独立出来，同管理科学、行为科学、心理学、社会心理学等理论相结合，使市场营销学理论更加成熟。

在此时期，乔治·道宁（George S.Downing）于 1971 年出版的《基础市场营销：系统研究法》一书，提出了系统研究法，认为公司就是一个市场营销系统，"企业活动的总体系统，通过定价、促销、分配活动，并通过各种渠道把产品和服务供给现实的和潜在的顾客"。他还指出，公司作为一个系统，同时又存在于一个由市场、资源和各种社会组织等组成的大系统之中，它将受到大系统的影响，同时又反作用于大系统。

1967 年，美国著名市场营销学教授菲利浦·科特勒（Philip Kotler）出版了《市场营销管理：分析、计划与控制》一书，该著作更全面、系统地发展了现代市场营销理论。他精辟地对营销管理下了定义：营销管理就是通过创造、建立和保持与目标市场之间的有益交换和联系，以达到组织的各种目标而进行的分析、计划、执行和控制过程。他并提出，市场营销管理过程包括分析市场营销机会，进行营销调研，选择目标市场，制定营销战略和战术，制定、执行及调控市场营销计划。

科特勒突破了传统市场营销学，他认为营销管理的任务只是刺激消费者需求的观点，进一步提出了营销管理任务还影响需求的水平、时机和构成，因而提出营销管理的实质是需求管理。他还提出了市场营销是与市场有关的人类活动，既适用于营利组织，也适用于非营利组织，扩大了市场营销学的范围。

1986 年，科特勒根据国际市场及国内市场贸易保护主义抬头，出现封闭市场的状况，提出了大市场营销（Megamarketing）理论，即 6P 战略：原来的产品（Product）、价格（Price）、分销（Place）及促销（Promotion）加上政治权力（Political Power）及公共关系（Public Delationship）。他提出了企业不应只被动地适应外部环境，而且也应该影响企业的外部环境的战略思想。

六、分化和扩展时期（1981— ）

在此期间，市场营销领域又出现了大量丰富的新概念，使得市场营销这门学科出现了变形和分化的趋势，其应用范围也在不断地扩展。

1981 年，莱维·辛格（Ravi Siugh）和科特勒对"市场营销战"（MarketingWar）这一概念以及军事理论在市场营销战中的应用进行了研究，几年后，阿尔·列斯（Al Ries）和杰克·特罗（Jack Trout）出版了《市场营销战》一书。1981 年，瑞典经济学院的克里斯琴·格罗路斯（Ghristian Gronroos）发表了论述"内部市场营销"（Internal Marketing）的论文，科特勒也提出要在企业内部创造一种市场营销文化，即使企业市场营销化的观点。1983 年，西奥多·莱维特（Theodorel Cerift）对"全球市场营销"（Global Marketing）问题进行了研究，提出过于强调对各个当地市场的适应性，将导致生产、分销和广告方面规模经济的损失，从而使成本增加。因此，他呼吁多国公司向全世界提供一种统一的产品，并采用统一的沟通手段。1985 年，巴巴拉·本德·杰克逊（Barbara B.Jackson）提出了"关系营销"、"协商推销"等新观点。1986 年，科特勒提出了"大市场营销"这一概念，提出了企业如何打进被保护市场的问题。在此期间，"直接市场营销"（Direct Marketing，又称直复营销）也是一个引人注目的新问题，其实质是以数据资料为基础的市场营销，由于事先获得大量信息和电视通讯技术的发展才使直接市场营销成为可能。

　　进入 20 世纪 90 年代以来，关于市场营销、市场营销网络、政治市场营销、市场营销决策支持系统、市场营销专家系统等新的理论与实践问题开始引起学术界和企业界的关注。21 世纪，互联网的发展和应用推动着网上虚拟发展，以及基于互联网的网络营销得到迅猛发展。同时，伴随着环境问题更加白热化，绿色营销的概念也被提出，并迅速蔓延于国际市场之中。而且，随着产品的多样性，服务营销的理念也越来越明显化。市场营销不仅仅在概念上有着更快速的发展，在形式上也日益丰富起来。

第二节　市场营销学的内涵

一、市场营销学的研究对象和内容

　　市场营销学是一门建立在经济科学、行为科学和现代管理理论基础之上的应用科学。市场营销学的研究对象是以满足消费者需求为中心的企业市场营销活动过程及其规律性，即在特定的市场营销环境中，企业以市场营销研究为基础，为满足消费者现实和潜在的需求所实施的以产品、定价、地点、促销为主要内容的市场营销活动过程及其客观规律性。其内容具有综合性、实践性、应用性的特点。通俗而言，就是通过研究，发现顾客的需求，顾客需求什么就生产什么。当然，生产多少以及生产之后怎么去卖，这也都是需求研究的对象，就是说要科学地做生意。所以市场营销学是经济管理类专业中比较实用的专业之一，在市场经济逐步完善的今天，对于作为独立经济实体的企业、公司，如果没有专业的市场营销人才，以科学、现代化的营销手段来"做生意"，肯定无法在竞争激烈的市场中生存。

二、市场营销学的作用

市场营销学对社会发挥巨大作用。首先，解决生产与消费的矛盾，满足生活消费和生产消费的需求。在商品经济条件下，社会的生产和消费之间存在着空间和时间上的分离，以及产品、价格、双方信息不对称等多方面的矛盾。市场营销的任务就是使生产和消费的不同的需求和欲望相适应，实现生产与消费的统一。其次，实现商品的价值和增值。市场营销通过产品创新、分销、促销、定价、服务方便和加速相互满意的交换关系，使商品中的价值和附加值得到社会的承认。再次，避免社会资源和企业资源的浪费。市场营销从顾客需求的角度出发，根据需求条件安排生产，最大限度地减少产品无法销售的情况的出现，避免了社会资源和企业资源的浪费。最后，满足顾客需求，提高人民的生活水平和生存质量。市场营销活动的目标是通过各种手段最大限度地满足顾客需求，最终提高社会总体生活水平和人民的生存质量。

市场营销也对经济发展有着重要的作用，随着我国社会主义市场经济体制的构建和完善，这种作用还将进一步加强。市场营销在促进经济总量增长方面发挥着重要作用。在社会主义市场经济条件下，经济总量的增长取决于能满足人民日益增长的物质文化需要的社会有效供给，亦即能为市场接受的价值生产的总增长。市场营销为第三产业的发展开辟道路。专业性市场营销调研、咨询机构的发展，企业营销机构的充实，市场营销支持系统的发展，提供了大量的就业机会，促进第三产业的成长和发展，维护社会稳定。市场营销强调经营与环境的系统协调，倡导保护环境，实施绿色营销，对经济的可持续发展起重要作用。

市场营销的重要性也体现在国际的发展与沟通上。市场营销理论与实践的不断发展有利于进一步开拓国际市场，推进企业进行国际化经营。市场经济是开放性的经济，坚持对外开放，扩大国际贸易与国际经济技术合作，是社会经济发展的基本要求。当前国际市场情况复杂，需求多变，竞争激烈，只有研究市场营销学，掌握营销理论和技巧，认真开展市场调研，了解目标市场，才能制定相应的国际营销策略，更有效地开拓国际市场。

在现代市场经济条件下，企业必须十分重视市场营销。市场如战场，谁能把营销做得更好谁就掌握了战争的主动权，就能旗开得胜。当今，我们正经历着营销的时代，可以说我们时刻都在进行着营销，有人营销的是商品，有人营销的是服务，有人营销的是思想，有人营销的是战略。如果我们不是营销的施动方，那我们就一定是营销的从动方。无论是从动还是施动，我们必须对其有所了解，掌握营销的手段，才能把握主动性，提高胜利的几率。

第十六章
找寻价值

第一节　市场环境

　　环境是指事物外界的情况和条件，任何事物的存在和发展都离不开特定环境的影响，市场营销活动也是这样。可以说，市场营销活动就是营销者努力使企业可控制的因素同外界不可控制的因素相适应的过程。因此，认识与分析营销环境成为营销管理的基础内容。而对营销环境的认识和分析过程，也就是不断地发现机会和识别威胁以选择达到企业营销目标最佳途径的过程。

　　企业的市场营销环境指的是与企业市场营销活动相关的所有外部因素和条件。这些因素和条件影响着企业发展和维持为目标顾客提供令其满意的产品或服务的能力。作为一个开放的系统，企业的所有活动都发生在一定环境中，并不断地与外界环境发生着这样或那样的交流。企业从外界吸纳各种物质和信息资源的同时，也通过自身的活动，输出产品、劳务和信息，对外界施加影响。企业的营销活动也是这样一种促使企业内外资源发生交流的活动。

　　根据营销环境对企业市场营销活动发生影响的方式和程度，可将市场营销环境大致上分成两大类：直接营销环境和间接营销环境。所谓直接环境，因其与企业具有一定的经济联系，直接作用于企业为目标市场服务的能力，从而又被称为作业环境、微观环境。间接环境的诸要素与企业不存在直接的经济联系，是通过直接环境的相关因素作用于企业的较大的社会力量，又称为宏观环境。这两种环境之间不是并列关系，而是包容和从属的关系，直接（微观）环境受间接（宏观）环境的大背景所制约，间接（宏观）

环境则借助于直接（微观）环境发挥作用。

　　企业对营销环境的适应，既是营销环境客观性的要求，也是企业营销观念的要求。现代营销观念以消费者需求为出发点和中心，它要求企业必须清楚地认识环境及其变化，发现需求并比竞争对手更好地满足需求。否则，就会被无情的市场竞争所淘汰。而且，因为环境的复杂性和动态性，企业对环境的适应必须是永不松懈的。消费者的需求在不断变化，所以市场上不存在永远正确的营销决策式永远受欢迎的产品，对企业来说，唯有通过满足消费需求实现赢利目标的任务是永恒的，而成功地完成这一任务，适应环境是关键。几十年前，美日企业对石油危机不同的反应造成它们的市场地位戏剧性变化就是一个典型的例子。美国被称为"车轮上的国家"，其发达的汽车工业是美国人引以为傲的资本。但因为美国几大汽车巨头们对能源危机反应迟钝，在能源趋紧的环境条件下，依然生产着大型、耗能高的传统汽车，而日本企业却适时地研制出小型节能汽车，成功地占领了大片美国市场。美国人曾以为高枕无忧的国内市场，在日本人的进攻下痛失"半壁江山"。

　　这个例子说明了，在客观环境面前，强与弱的划分标准是对环境的适应能力，善于适应环境就能创造竞争优势。市场营销学的观点认为，企业营销活动的成败，营销目标的能否实现，就在于企业能否适应环境的变化，并以创新的对策去驾驭变化的营销环境，做到"以变应变"。在风云变幻的市场竞争中，"适者生存"同样是颠扑不破的真理。

一、直接营销环境

　　直接营销环境指对企业服务其目标市场的营销能力构成直接影响的各种力量，包括企业内部环境及其营销渠道企业、目标顾客、竞争者和各种公众等与企业具体业务密切相关的个人和组织。

（一）企业内部环境

　　除市场营销管理部门外，企业本身还包括最高管理层和其他职能部门如：制造部门、采购部门、研究开发部门及财务部门等，这些部门与市场营销管理部门一同在最高管理层的领导下，为实现企业目标共同努力着。正是企业内部的这些力量构成了企业内部营销环境。而市场营销部门在制订营销计划和决策时，不仅要考虑到企业外部的环境力量，而且要考虑到与企业内部其他力量的协调。

（二）供应商

　　供应商是向企业及其竞争者供应原材料、部件、能源、劳动力等资源的企业和个人，是能对企业的经营活动产生巨大影响的力量之一。其提供资源的价格往往直接影响企业的成本，其供货的质量和时间的稳定性直接影响了企业服务于目标市场的能力。所以，企业应选择那些能保证质量、交货期准确和低成本的供应商，并且避免对某一家供应商过分依赖，不至于受该供应商突然提价或限制供应的控制。

（三）营销中介

营销中介是协助企业推广、销售和分配产品给最终买主的那些组织或个人，如中间商、实体分配单位、营销服务机构和金融机构等。

（1）中间商，是协助企业寻找顾客或直接与顾客进行交易的商业组织和个人。中间商分为两类：代理中间商和商人中间商。代理中间商指专门协助达成交易，推销产品，但不拥有商品所有权的中间商，如经纪人、代理人和制造商代表等。商人中间商指从事商品购销活动，并对所经营的商品拥有所有权的中间商，包括批发商、零售商等。除非企业完全依靠自己建立的销售渠道，否则中间商对企业产品从生产领域成功地流向消费领域有至关重要的影响。

（2）物流机构，是帮助企业储存、运输产品的专业组织，包括仓储公司和运输公司。

（3）营销服务机构，包括市场调研公司、财务公司、广告公司、各种广告媒体和营销咨询公司等，他们提供的专业服务是企业营销活动不可缺少的。

（4）金融机构，包括银行、信贷公司、保险公司等对企业营销活动提供融资或保险服务的各种机构。在现代社会里，几乎每一个企业都与金融机构有一定的联系和业务往来。企业的信贷来源、银行的贷款利率和保险公司的保费变动无一不对企业市场营销活动产生直接的影响。

在市场经济得以发展的今天，企业通过各种市场营销中介来进行市场营销过程中的各种活动，正是社会分工的要求，是营销也是社会发展的标志之一。

（四）目标顾客

目标顾客是企业的服务对象，是企业产品的直接购买者或使用者。企业与市场营销渠道中的各种力量保持密切关系的目的就是为了有效地向其目标顾客提供产品和服务。顾客的需求正是企业营销努力的起点和核心。因此，认真分析目标顾客需求的特点和变化趋势是企业极其重要的工作。

市场营销学根据购买者和购买目的来对企业的目标顾客进行分类，包括：

（1）消费者市场，由为了个人消费而购买的个人和家庭构成。

（2）生产者市场，由为了加工生产来获取利润而购买的个人和企业构成。

（3）中间商市场，由为了转卖来获取利润而购买的批发商和零售商构成。

（4）政府市场，由为了履行政府职责而进行购买的各级政府机构构成。

（5）国际市场，由国外的购买者构成，包括国外的消费者、生产者、中间商和政府机构。

每种市场类型在消费需求和消费方式上都具有鲜明的特色。企业的目标顾客可以是以上五种市场中的一种或几种。也就是说，一个企业的营销对象可以不仅包括广大的消费者，也包括各类组织机构。企业必须分别了解不同类型目标市场的需求特点和购买行为。

（五）竞争者

任何企业都不大可能单独服务于某一顾客市场，完全垄断的情况在现实中不容易见到。而且，即使是高度垄断的市场，只要存在着出现替代品的可能性，就可能出现潜在的竞争对手。所以，企业在某一顾客市场上的营销努力总会遇到其他企业类似努力的包围或影响，这些和企业争夺同一目标顾客的力量就是企业的竞争者。企业要在激烈的市场竞争中获得营销的成功，就必须比其竞争对手更有效地满足目标顾客的需求。因此，除了发现并迎合消费者的需求外，识别自己竞争对手、时刻关注他们，并随时对其行为做出及时的反应亦是成败的关键。

（六）公众

公众指对企业实现其市场营销目标的能力有着实际或潜在影响的群体。公众可能有助于增强一个企业实现目标的能力，也有可能妨碍这种能力。企业的主要公众包括金融界、新闻界、政府、社区公众和企业内部公众。有时候公众的态度会直接影响企业营销的成功，因此，成功地处理好与公众的关系格外重要。目前，许多企业建立了公共关系部门，专门筹划与各类公众的良好关系，为企业建设宽舒的营销环境。

二、间接营销环境

间接营销环境指作用于直接营销环境，并因而造成市场机会或环境威胁的主要社会力量，包括人口、自然、经济、科学技术、政治法律和社会文化等企业不可控制的宏观因素。企业及其直接环境都受到这些社会力量的制约和影响。

（一）人口环境

市场营销学认为市场是由有购买愿望并且具备购买能力的人构成的，人的需求正是企业营销活动的基础。所以，对人口环境的考察是企业把握需求动态的关键。

1. 世界人口数量迅速增长

随着世界科学技术进步、生产力发展和人民生活条件改善，世界人口平均寿命延长，死亡率下降，全球人口尤其是发展中国家的人口持续增长。据估计，目前世界总人口已经超过 70 亿，并将在 2025 年达到 81 亿以上。世界人口的迅速增长意味着人类需求的增长和世界市场的扩大。东亚地区被人们誉为"最有潜力的市场"，除了因为该地区近年来经济发展迅速外，也因为它的人口数量庞大且增长较快，使得该地区的市场需求日益扩大。

另外，世界人口的增长呈现出极端不平衡。如欧洲儿童数量的减少，给以儿童市场为目标顾客的企业造成威胁，却因为年轻夫妇有更多的闲暇和收入用于旅游和娱乐，为另一些行业带来佳音。

2. 人口结构

人口结构可从其自然结构（性别、年龄）和社会结构（文化素质、职业、民族、和家庭）两方面进行分析。

人口的性别构成与市场需求的关系密切。男性和女性在生理、心理和社会角色上的差异决定了他们不同的消费内容和特点。一般来说，男性以阳刚粗犷为美，崇尚冒险精神，以事业为重，决策果断，因而男性消费者的需求特征常常表现为粗放型、冒险型、冲动型和事业型；女性比较温柔细腻，善于谨慎从事，以生活和家庭为重，因而女性消费者的需求特点多为谨慎型、生活型和唯美型。

人口年龄结构一直是企业分析市场环境的主要内容之一，不同年龄层次的消费者因为生理和心理特征、人生经历、收入水平和负担状况的不同，有着不同的消费需要、兴趣爱好和消费模式。如 2011 年中国 60 岁以上的老年人口达 1.85 亿，据测算，仅其潜在消费每年也在 3 000 亿元人民币以上，老年人的消费需求以人寿保险、医疗保健和生活服务为热点。有关人士预测说，在未来的相关产业中，第一产业将出现为老年人饮食特需的农副产品，第二产业将出现老年人专用商品，第三产业中将出现照料老年人生活的特殊行业，信息产业中还会出现为老年人提供精神慰藉的服务。

人口的社会结构也是企业分析市场环境时的一个重要参考因素。一般来说，随着受教育人数和受教育水平的提高，市场将增加对优质高档产品、旅游、书籍杂志等文化消费品的需求。职业是消费者的社会角色，不同的职业往往和相应的收入水平联系在一起，直接制约消费者的购买能力。而特定的职业常常和一定的生活方式联系，进而影响消费方式、消费习惯。不同民族的消费者在各自传统民族文化的影响下，其消费行为、消费内容有鲜明的民族性。

3. 人口分布

人口的地理分布指人口在不同的地理区域的密集程度。由于各区域的自然条件、经济发展水平、市场开放程度以及社会文化传统和社会经济与人口政策等因素的不同，不同区域的人口具有不同的需求特点和消费习惯。例如，在我国，不同区域的食品消费结构和口味上就有很大差异，俗话说"南甜北咸，东辣西酸"，也因此形成了如粤菜、川菜、鲁菜、徽菜等著名菜系。

人口密度是反映人口分布状况的重要指标。区域人口密度越大，意味着该地区人口越稠密、市场需求越集中。人口的地理分布并不是一成不变的，它是一个动态的概念，这就是人口流动问题。近几十年来，世界上人口"城市化"是普遍存在的现象，有些国家的城市人口高达百分之七八十。但近来，在一些发达国家，与城市化倾向相反，出现了城市人口向郊区及卫星小城镇转移的"城市空心化"趋势。这些人口流动现象无一不造成了市场需求的相应变化，营销者必须充分考虑人口的地理分布及其动态特征对商品需求及流向的决定性影响。

（二）经济环境

市场营销学认为，人的需求只有在具备经济能力时才是现实的市场需求。在人口因素既定的情况下，市场需求规模与社会购买力水平成正比关系。经济环境包括许多因素，如产业结构、经济增长率、货币供应量、利率等。而社会购买力正是以上一些经济因素的函数。所以，企业必须密切注意其所处经济环境的动向，尤其要着重分析社会购买力及其支出结构的变化。

1. 消费者的收入水平

消费者的收入是消费者购买能力的源泉，包括消费者个人工资、奖金、津贴、股息、租金和红利等一切货币收入。

对消费者收入的分析绝非简单问题，必须准确理解一系列相关概念。首先，个人可支配收入和个人可任意支配的收入是一对重要概念。个人可支配收入是指在个人总收入中扣除税金后，消费者真正可用于消费的部分，它是影响消费者购买力水平和消费支出结构的决定性因素。个人可任意支配收入是指在个人可支配收入中减去消费者用于购买食品、支付房租及其他必需品的固定支出后所剩下的那部分收入，一般还要扣除稳定的储蓄。非必需品的消费主要受它的限制。

个人可任意支配收入 = 个人全部收入 − 税费 − 固定开支 − 储蓄 + 手存现金

在这两种收入中，由于国家税收政策的稳定性，个人可支配收入变化趋势缓慢，而个人可随意支配收入变化较大，而且在商品消费中的投向不固定，成为市场供应者竞争的主要目标。

另一对重要概念是货币收入和实际收入。它们的区别在于后者通过了物价因素的修正，而前者没有。货币收入只是一种名义收入，并不代表消费者可购买到的实际商品的价值。所以，货币收入的上涨并不意味着社会实际的购买力提高，而货币收入的不变也不一定就表示社会购买力的不波动。

另外，消费者的储蓄额占总收入的比重和可获得的消费信贷也影响实际购买力。一般说来，储蓄意味着推迟了的购买力，储蓄额越大，当期购买力越低，而对以后的市场供给造成压力，有人以"笼子里的老虎"形象地比喻它对未来市场的冲击。与储蓄相反，消费信贷是一种预支的消费能力，它使消费者能够凭信用取得商品使用权在先，按期归还贷款在后。消费信贷有短期赊销、分期付款和信用卡信贷等多种形式。发达的商业信贷使消费者将以后的消费提前了，所谓"寅吃卯粮"，对当前社会购买是一种刺激和扩大。

2. 消费者的支出模式

消费者支出模式指消费者各种消费支出的比例关系，也就是常说的消费结构。社会经济的发展、产业结构的转变和收入水平的变化等因素直接影响了社会消费支出模式，而消费者个人收入则是单个消费者或家庭消费结构的决定性因素。消费者支出模式除了主要受消费者收入的影响外，家庭生命周期阶段和家庭所在地点的不同也会造成影响。如一个家庭的新婚阶段是家用电器、家具等耐用品的需求旺盛期。当家庭中有了孩子，消费支出的重心便转移到孩子的需求上，家庭收入的很大比重都用于孩子的食品、服装、教育和文娱等方面。待到孩子长大成人、独立生活后，父母的收入则多用于医疗、保健、旅游或储蓄。家庭由于所在地点不同开支也不一样，比较居住在城市中心和郊区的家庭，会发现在交通、住房和食品等方面有不同的支出比例。

（三）自然环境

自然环境是人类最基本的活动空间和物质来源，可以说，人类发展的历史就是人与自然关系发展的历史。自然环境的变化与人类活动休戚相关。目前，自然环境却面临危机，主要表现在：

1. 自然资源逐渐枯竭

传统上，人们将地球上的自然资源分成三大类：（1）取之不尽、用之不竭的资源，如空气、水等；（2）有限但可更新的资源，如森林、粮食等；（3）有限又不能更新的资源，如石油、煤和各种矿物。由于现代工业文明无限度地索取和利用，导致矿产、森林、能源、耕地等资源日益枯竭。甚至连以前认为永不枯竭的水、空气等资源也在世界某些大城市出现短缺。目前，自然资源的短缺已成为制约各国经济进一步发展的障碍。

2. 自然环境受到严重污染

过去，世界经济是物质经济，是肆意挥霍原料、资源、能源特别是矿物燃料作为发展动力的经济，这种粗放型的经济增长方式使人类付出了惨重的代价。随着工业化和城市化的发展，环境污染程度日益增加。人类面临海洋污染、土壤沙化、温室效应、物种灭绝和臭氧层破坏等一系列资源生态环境危机。人们对这个问题越来越关心，纷纷指责环境污染的制造者，力求达到一种与自然环境和谐发展。

1992 年 6 月，联合国环境与发展大会在巴西里约热内卢通过了包括《21 世纪议程》在内的一系列重要文件，指出人类社会应走可持续发展（Sustainable Development）的道路。可持续发展指经济发展应建立在资源可持续利用的基础上，符合生态环境所允许的程度，既能满足当代的发展需求，又不对后代生存和发展构成危害。通过产业结构调整与合理布局，实行清洁生产和文明消费，使社会的发展在代内和代际都达到与环境的和谐。可持续发展理论逐渐被世界各国所接受，并促进了绿色产业、绿色消费、绿色市场营销的蓬勃发展。例如，麦当劳规定所有餐厅都采用再生纸制成的纸巾，宝洁公司重新设计塑料包装以减少塑料用量。从世界范围看，环境保护意识和市场营销观念相结合所形成的绿色市场营销观念（Green Marketing Concept）正成为市场营销的主流。

（四）科学技术环境

科学以系统的理论反映系统的现象，是人类对于自然、社会和思维等现象认识的结晶。技术是人类为实现社会需要改革客观世界所采用手段的总和。科学、技术与生产的结合、统一是新技术革命的特征之一。作为推动社会生产力发展的主导力量，科学直接转化为社会生产力的周期日益缩短，科学技术在社会化大生产中的作用呈几何级数递增。第二次世界大战以后，高新技术继续不断地深化发展，微电子技术、电子计算机技术、原子能技术和生物技术在整个经济结构中的含量急剧上升，新技术革命进入了加速发展的新阶段。

（五）政治法律环境

企业的市场营销决策在很大程度上受政治法律环境的影响。法律是充分体现政治统治的强有力形式，政府部门利用立法及各种法规表现自己的意志，对企业的行为予以控制。政治法律环境由法律、政府机构和在社会上对各种组织及个人有影响和制约的集团构成。

（六）社会文化环境

社会文化影响着人们的生活方式和行为模式。消费者的任何欲望和购买行为都深深地印有文化的烙印，例如，华人的春节和西方人的圣诞节是有着两种不同文化背景的消费高峰期，不同的节日风俗使他们的节日消费各具特色。另外，营销者本身也深受文化的影响，表现出不同的经商习惯和风格。

社会文化是一个涵盖面非常广泛的概念，是"一种复杂的总体，包括知识、信仰、艺术、道德、法律、风俗和任何人作为一名社会成员获得的所有能力和习惯"。根据人的社会实践和不同的文化现象的特殊性，社会文化基本上可以分成三大要素：物质文化、关系文化和观念文化。物质文化是指人们在从事以物质资料为目的的实践活动过程中所创造出来的文化成果；关系文化是人们在创造、占有和享受物质文化的过程中形成的社会关系，包括以生产关系为基础的经济关系、民族关系、国际关系等，还包括为维护这些关系而建立的各种社会组织形式和与之相应的政治法律制度、社会道德规范等；观念文化是在前两种文化基础上形成的意识形态文化，包括人们在长期的文化历史发展中积淀而成的社会文化心理、历史文化传统、民族文化性格等，以及社会有意识地宣传和倡导的思想理论、理想精神和文学、艺术、宗教、道德等。任何一个社会文化就是这三方面的统一，其中，以价值观为内核的观念文化是最深沉的核心文化，有高度的连续性，不会轻易改变。一家美国公司在日本市场推销某产品时用的口号是曾风靡美国市场的"做你想做的！"，但没有达到效果，颇感意外。调查后得知，日本文化与美国文化在价值观上有很大差异，并不喜欢标新立异、突出个性，而是非常强调克己、规矩。后来，这家公司更改口号为"做你应做的！"市场反应转好。口号中虽一字之差，引发的思考却耐人寻味。

营销者在进行社会文化环境分析时，还要着重研究亚文化群的动向。每一种文化内部都包含若干亚文化群，即那些有着共同生活经验或生活环境的人类群体，如青少年、知识分子等。这些亚文化群的信念、价值观和风俗习惯既与整体社会文化相符合，又因为他们各有不同的生活经历和环境，而表现出不同的特点。这些不同的人群也是消费者群，根据各亚文化群所表现出不同的需求和消费行为，营销人员可以选择这些亚文化群作为他们的目标市场。

社会文化的影响深远而广泛，在国际营销活动中尤其如此。国际营销是跨国界、跨文化的活动，不同国家文化差异对其影响很大。在本国市场上成功的营销策略在他国文化中可能行不通，甚至招来厌恶、抵制。在本国文化中属于表层文化的因素，在他国文化中可能是必须严肃对待的"禁区"……这所有的一切，都需要营销者仔细分析，并在充分尊重他国文化的基础上，有创新的实现跨文化营销目标。

第二节　SWOT 分析法

SWOT 分析方法是一种根据企业自身的既定内在条件进行分析，找出企业的优势、劣势及核心竞争力之所在的企业战略分析方法。其中战略内部因素（可能做的）包括：S 代表优势（strengths），W 代表弱势（weaknesses）；外部因素（能够做的）：O 代表机会（opportunities），T 代表威胁（threats）。

一、SWOT 分析法的起源

SWOT 分析法又称态势分析法。早在 20 世纪 80 年代初由旧金山大学的管理学教授提出，它是一种能够较客观而准确地分析和研究一个单位现实情况的方法。SWOT 分析是把组织内外环境所形成的机会，风险，优势，劣势四个方面的情况，结合起来进行分析，以寻找制定适合本组织实际情况的经营战略和策略的方法。

SWOT 分析方法从某种意义上来说属于企业内部分析方法，即根据企业自身的既定内在条件进行分析。SWOT 分析有其形成的基础。按照企业竞争战略的完整概念，战略应是一个企业"能够做的"（即组织的强项和弱项）和"可能做的"（即环境的机会和威胁）之间的有机组合。竞争战略专家迈克尔·波特提出的竞争理论从产业结构入手，对一个企业"可能做的"方面进行了透彻的分析和说明，而能力学派管理学家则运用价值链解构企业的价值创造过程，注重对公司的资源和能力的分析。SWOT 分析，就是在综合了前面两者的基础上，以资源学派学者为代表，将公司的内部分析与产业竞争环境的外部分析结合起来，形成了自己结构化的平衡系统分析体系。[1]

在现代，SWOT 分析法被广泛运用于企业市场调查研究中，用来为将要打入市场的产品或想要进入的市场提供确实可信的理论依据、战略方针和方法。

二、SWOT 分析法的步骤

（一）分析因素

运用各种调查研究方法，分析出企业所处的各种环境因素，即外部环境因素和内部能力因素，如图 16-1 所示。外部环境因素包括机会因素和威胁因素，它们是外部环境中直接影响企业发展的有利和不利因素，属于客观因素。内部环境因素包括优势因素和弱点因素，它们是企业在其发展中自身存在的积极和消极因素，属于主观因素。在调查分析这些因素时，不仅要考虑企业的历史与现状，而且更要考虑企业未来的发展。

（二）构造矩阵

将调查得出的各种因素根据轻重缓急或影响程度等排序，构造 SWOT 矩阵，如图 16-2 所示。在这个过程中，要将那些对企业发展有直接的、重要的、大量的、迫切的、久远的影响因素优先排列出来，而将那些间接的、次要的、少许的、不急的、短暂的影响因素排在后面。

[1]　整理自 http://ce.sysu.edu.cn/hope2008/Education/show Article.asp?Articale ID=8336.

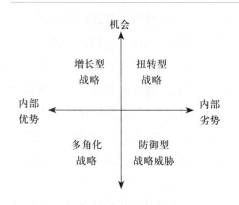

图 16-1

内部能力因素 外部环境因素	优势（S） S1 S2 S3	劣势（W） W1 W2 W3
机会（O） O1 O2 O3	SO 策略 增长型战略	WO 策略 扭转型战略
威胁（T） T1 T2 T3	ST 策略 多角化战略	WT 策略 防御型战略

图 16-2

（三）目标设定

在完成环境因素分析和 SWOT 矩阵的构造之后，就可以开始设定目标并着手制订计划。在业务战略计划中也必须要有明确的战略目标。它同企业的总体目标相一致，但处于不同的层次。企业总体目标的实现是建立在各业务单位目标实现的基础上的，而业务目标比企业的总体目标更明确，更具体，从而也更具有直接指导意义。如企业的总体目标可能表现为：目标市场的定位，销售额的增长，利润的增长等。而业务单位的目标则必须反映为目标市场提供什么样的产品和服务，在计划期内提供多少，提供哪几种类型，销售的单位数量（而不仅是销售额）以及成本水平，单位毛利率及利润总额等，这些都是同具体的业务项目相对应的，可度量、可操作的目标体系。

（四）战略选择

当目标确定下来以后，便可以选择相应的战略。制定战略的基本思路是：发挥优势因素，克服弱点因素，利用机会因素，化解威胁因素；考虑过去，立足当前，着眼未来。运用系统分析的方法，将排列与考虑的各种因素相互联系并加以组合，得出一系列企业未来发展的可选择对策。

优势—机会（SO）战略是一种发展企业内部优势与利用外部机会的战略，是一种理想的战略模式。当企业具有特定方面的优势，而外部环境又为发挥这种优势提供有利机会时，可以采取该战略。例如良好的产品市场前景、供应商规模扩大和竞争对手有财务危机等外部条件，配以企业市场份额提高等内在优势可成为企业收购竞争对手、扩大生产规模的有利条件。

弱点—机会（WO）战略是利用外部机会来弥补内部弱点，使企业改劣势而获取优势的战略。存在外部机会，但由于企业存在一些内部弱点而妨碍其利用机会，可采取措施先克服这些弱点。

优势—威胁（ST）战略是指企业利用自身优势，回避或减轻外部威胁所造成的影响。如竞争对手利用新技术大幅度降低成本，给企业很大成本压力；同时材料供应紧张，其价格可能上涨；消费者要求大幅度提高产品质量；企业还要支付高额环保成本等，但若企业拥有充足的现金、熟练的技术工人和较强的产品开发能力，便可利用这些优势开发新工艺，简化生产工艺过程，提高原材料利用率，从而降低材料消耗和生产成本。另外，开发新技术产品也是企业可选择的战略。新技术、新材料和新工艺的开发与应用是最具潜力的成本降低措施，同时它可提高产品质量，从而回避外部威胁影响。

弱点—威胁（WT）战略是一种旨在减少内部弱点，回避外部环境威胁的防御性技术。当企业存在内忧外患时，往往面临生存危机，降低成本也许成为改变劣势的主要措施。①

（五）计划制订

业务单位在确定其战略之后，就应当制订出具体的业务计划来实现其战略。计划的制订必须是具体、明确和可靠的。一般应包含：计划阶段、阶段目标、重点工作、成本核算和评价标准等。

（六）计划执行

战略计划的执行也是业务战略计划过程的一个重要组成部分。因为战略计划的制订并不能保证战略计划的成功，在计划执行的过程中，还需要依靠有效的组织体系，高素质的人员队伍，共同的价值认知，以及良好的工作作风，这样才能使业务战略计划得到顺利地实施。若计划的执行人员的利益目标或价值认知同计划的制订者不一致，就有可能导致行为与计划的偏离，使计划的效果下降，甚至导致整个业务战略计划的流产。如当战略计划的制订者期望通过一次附带问卷的产品促销活动来搜集市场信息，为进一步的市场营销活动作准备时，具体执行人员因怕麻烦，而不能督促顾客将问卷答全，或在统计数据时出现重大差错，就可能使整个业务战略计划的实施效果受到很大影响。

因此在战略计划的执行过程中，必须抓好动员、培训和激励三个环节。通过动员让执行者了解具体行动方案的意义和实现战略目标的价值；通过培训使执行者掌握落实计划的主要措施和行为原则；通过激励来调动执行者执行计划的主动性和积极性，从而保证计划能够得到完满的落实。

---

① 整理自 http://www.cngaosu.com/a/2011/0715/182652.html.

（七）反馈与控制

战略计划在执行过程中应当受到及时的控制，这主要依靠对各阶段执行情况的检查和反馈，以了解与所设定的目标之间是否出现偏离。若发现出现偏离，就应当及时地检查原因，并予以纠正。这是保证业务战略计划能够顺利执行的重要一环。同时还必须对计划执行期间所发生的各种环境因素的变化进行了解，并及时反馈。要分析环境因素变化对计划目标实现是否产生影响及其影响程度。并在产生影响的情况下能够采取有效的应对措施，以保证计划目标的实现。有时还应当根据新的环境状况对业务战略计划进行必要的修订，以增强其对环境的适应性。因为对于企业而言，效益目标是首要的，如果计划同环境不适应，就有可能使企业的效益下降。正如彼得·德鲁克曾指出的："做恰当的事（效益优先）比恰当地做事（效率优先）更为重要。"

三、SWOT 分析法的作用

（一）复杂的信息清晰化

"决策，管理者的工作实质"这是现代管理的一句名言。企业面对着越来越复杂的市场环境，如何根据外部情况的变化要求和企业特有的状况合理地做出规划，是企业必须面对的问题。信息资源规划是一个复杂的认知过程，决策者不仅需要涉及有关自我和环境的信息，还要仔细衡量各种可供选择的信息。而通过 SWOT 分析法处理过的信息资源，列出企业的优势、劣势、机会、威胁，使复杂的信息明朗化，使企业决策者能够清楚地认识企业所处的情况并加以分析，提高了决策准确性。

（二）企业运营更具战略性

企业业务战略需要变化和发展，企业通过运用 SWOT 分析法进行内部营销使业务单位战略与企业总体战略保持一致。企业不同的业务目标，影响着业务战略的规划。而不同的市场环境需要具有不同的战略进行规划，在环境变化的时候，企业往往希望找到适合新环境的策略，这实际上就是确定新的战略规划要求。

企业根据内外部市场环境资源进行 SWOT 分析，特别是分析、比较竞争对手在核心竞争力中的优势，选择具有竞争优势的战略，保持自己最优秀的战略，防止市场份额被竞争对手占有。从社会上吸引竞争对手没有或比对手的顾客更为优质的顾客；或者直接从竞争对手那里吸引顾客。通过 SWOT 分析法来构建 SWOT 矩阵，有利于人们对企业所处情景进行全面、系统、准确的研究，采取相应的 WT 战略、WO 战略、ST 战略和 SO 战略。

（三）建立四维立体企业战略规划

在传统的企业战略中，往往采取单线的市场分析和战略选择，而此种方法，并不能有效地结合企业自身和外部环境情况，同时又容易陷入战术规划的陷阱中，即存在晕轮效应，决策者容易针对企业某方面的突出情况，而影响到整个计划的制订。

采用在市场调查中导入 SWOT 分析法，企业并不需要花费时间和精力去追逐那些目前看起来更有利的机会。相反，如果能够将企业的优势和即将来临的机会很好地进行匹配，那么这个企业也会在未来的竞争中处于最佳有利的地位。同时，也不需要刻意担心企业的劣势所在，而可以用机会来把劣势趋于最小。把 SWOT 分析中的四个维度综合起来考虑，建立四维立体企业战略规划。

（四）决策科学化

从现代企业管理的要求和市场竞争的加剧来看，"领导说了算"的决策方式风险越来越大。而把 SWOT 分析法运用于企业战略规划中，通过利用变量因数法给 SWOT 矩阵中每个维度的每一项因素配以权重，并根据权重进行定量分析，根据当时当地的市场情况和企业具体情况，用数量化的方式把企业优势、机会结合起来与劣势、威胁相比较，才能够清晰地分出自己选择战略是否比他人具有优势。把市场战略的制定权交给一套战略决策模型，而不是交给某一个或几个人。

SWOT 分析也可以看做是在市场战略规划中的一种可利用技术。通过这种方法，企业能够更准确地进行自我评估，更清晰地认识自己所处的机会威胁和自身的优势劣势，从而能够就外部市场环境状况和企业自身的情况作出最佳的决策，制定出更科学、准确、富有战略性的市场战略规划。

第十七章
创造价值

第一节　创造产品

一、产品概念层次

你肯定听说过"心意比礼物重要"。这意味着礼物只是送的人惦记你的标志或者象征。当我们拿礼物来衡量价值的时候，会考虑很多因素，比如，包装是否精致，礼物本身是不是便于使用或者符合心意，这个礼物所花费的金钱和这个礼物的出处等。这些都跟着包裹在盒子里面的实物一起，共同组成了你所接受的这个礼物。

产品也如此，是消费者交换而来的一个组合体，我们可以从三个方面来分析：

（一）核心产品

核心产品包括产品为消费者提供的所有利益，在美国的一些经销商那里流传着这样一句俗语："销售员可以卖半英寸的钻头，但那样的客户购买的是一个半英寸的孔。"这个说法向我们阐述，顾客买的是核心产品，如果有一个新的激光钻孔枪可以更好地、更低成本地提供同样的功能，那么卖钻头的生产商就面临了危机。所以，营销的关键是提供人们想要的利益，而不是产品本身。事实上，许多的产品都是提供多种利益。例如，使用手机是为了接打电话，保持联系，但是产品也提供了个性化的设置，有的顾客想要绚丽的外表，有的顾客想要功能强大的附加功能，有些顾客想要的仅仅是一个有名的品牌名称或商标。

（二）形式产品

形式产品指的就是那些能够给顾客提供利益的有形产品或服务。例如，买洗衣机是为了要它的清洁能力，所以清洁能力是核心产品，而提供这种功能的金属机器就是形式产品；去美容院，是为了它所能提供的容光焕发的服务，所以漂亮是核心产品，而美容师具体的工作行为就是形式产品。

（三）延伸产品

延伸产品是附加在形式产品之上的一些辅助功能，比如担保、信用、送货、安装、维修等。营销人员添加这些以便让自己的企业能够脱颖而出。例如，淘宝网的店家经常会挂出消费满××元，送××东西或免××邮费；再如海尔电器，保修期内免费上门服务，加××元可以延保××年等。

二、产品分类

一个产品可以是实实在在的有形产品，也可以是无形的服务或者理念。现在我们换一个分类方式，从同一概念的产品上来划分。

（一）按产品的使用期限分类

营销人员会根据产品可以持续的时间，将产品分为耐用品和易耗品。一台冰箱可以用好多年，但是一个蛋糕只能放几天。耐用品是可以为顾客提供长期有效期的产品，如电器、通信工具、交通工具等。易耗品一般是生活用品、食物等。

消费者通常会花更长的时间决定购买耐用品，需要考虑很多细节来做出决策，这时候销售人员就需要去深入理解消费者对不同产品的需要和他自身所期待的利益的程度。

针对易耗品，消费者很少去收集信息或过多地去权衡。有的时候只是需要一个合理的价格，或者一点点的新意。顾客就会依靠自己的经验，对某个品牌展现出忠诚度。在这种情况下，营销人员很少会考虑为其增加新的功能，而是着重于外表、价格和营销策略上。

（二）按消费者的购买方式分类

有些营销人员通过观察消费者如何购买产品，而对产品进行分类。深入了解消费者如何购买产品，营销人员就能够更加清楚地理解购买的过程，将产品归于不同的类别，帮助营销人员有效地实施营销策略。根据购物行为，我们可以把产品分为以下四类：

一是便利品，通常是消费者经常购买的、付出较少的，这类产品不管什么品牌都容易购买到。一般来说，这类产品是方便的，是低价的，是容易获取的。消费者对他们选择的物品多有习惯性，不需要深思熟虑，参与决策的水平比较低，对品牌的忠诚度也不高，如果有新品或者更方便的产品出现，他们就很容易更改。所以，这类产品都会摆放在消费者容易找到，或者容易看到的地方。如下班需要买菜回家，路过零食区，为什么不买包薯片呢？晚上看电视的时候可以吃。晚上发现管道堵了，你冲出去买疏通的工具，这也是一种便利品。营销人员通常会再次把它们划分成生活必需品、冲动产品和紧急产品。

二是选购品，是指那些消费者需要花费时间和精力去收集资料然后才会做出购买决策的产品。在购买的时候，消费者会参考品牌。但是顾客忠诚度也不是很高，因为他们每次购买都会收集新的信息，当有新产品、新功能或新的附属品出现的时候，顾客就会转向有利的产品。所以，价格、质量、功能等有差异的产品都归类于此。这时候派生出一种新的购物工具，被称为"购物蠕虫"，顾客可以使用它来迅速找出他们所需产品的网站，然后逐个比对，做出最有利的决策。要指出的是，许多商家并不愿意如此这般进行价格战，所以他们不在网上提供相关的程序信息，所以顾客只能另辟他径。

三是特殊产品，消费者可以在"目标"商店购买特定的产品。顾客在使用过特殊产品之后会对一些品牌产生一定的忠诚度。他们不再需要花费大量的时间和精力去选购。这也就给企业提出了更高的要求，意味着企业要给这个产品制定一个"特殊"的营销战略，从而让它在众多同类产品中脱颖而出。如，劳力士的手表、依云矿泉水、德芙巧克力等。

四是非渴求产品，是消费者只有在出现不时之需的时候才会知晓这种产品并对其产生购买欲望。对于一个刚刚买了劳斯莱斯汽车的车主来说，一份全额保险是他的非渴求产品。营销人员需要做大量的工作去唤起人们的购买欲望，所以找到一个合适的劝说方式和沟通技巧是对营销人员的一个巨大考验。

（三）按企业组织购买方式分类

消费者购买产品是为了消费，但是也有一部分消费者购买产品是为了生产或者为了支持组织的运营。根据企业组织购买方式产品可以分为以下五类：

一是设备，是指一个组织日常运行中所需要的产品。例如，重型装备、生产流水线、打印机、复印机、计算机等。这类产品重视人员推销，同时强调产品的个性化定制以满足企业购买者的特殊需求。

二是维持、维修和运营的产品，是指产业购买者在一个相对较短的时间内使用的产品，例如，保洁工具、小型五金等。有一些企业会在这方面上下工夫，但是，最终导致他们做出决策的还是低廉的价格，所以，目录销售、网络营销和电话销售以其低成本优势而被营销人员广泛运用。

三是原材料以及加工材料，是指在渔业、木材业、农业、矿业、食品加工业等行业用来制造最终产品时所使用的材料。比如炼铁厂要买铁矿石来炼铁打制出铁皮，再供给汽车、家电等生产企业制作产品使用。

四是特殊服务，相对于一些有形产品来说，一些企业还从外部供应商那里寻求一些服务，如流水线的安装以及清理维修等，或者跟最终产品无关，但是有特殊需要的法律和调研服务等。这些服务对企业的运营至关重要，但是未必是企业生产活动中的一个环节。

五是组成部件，是指组织者在生产过程中必须完成的一些部件或者组件。比如，汽车生产商需要的电池、轮胎等，和加工产品一样，组成部分的营销策略着重于与顾客企业的关系。

第二节　新产品开发

产品生命周期理论告诉我们，企业得以生存和成长的关键在于不断地创造新产品和改进旧产品。创新是使企业永葆青春的唯一途径。从短期看，新产品的开发和研制纯粹是一项耗费资金的活动。但从长期看，新产品的推出和企业的总销售量及利润的增加成正相关关系。因此，有远见的企业会把新产品的开发看做是一项必不可少的投资。

一、新产品的含义

市场营销学中的"新产品"与科技开发意义上的"新产品"在含义上并不完全相同，前者内容要广泛得多。市场营销学中新产品概念的含义可以分为以下几种。

(一) 完全新产品

这一类型同科技开发意义上的新产品完全一致，是指全部采用新原理、新材料及新技术制成的具有全新功能的产品，与现有的产品基本上无雷同之处。完全新产品往往表示了科学技术发展史上的新突破。如电话、飞机、尼龙、复印机、电视机、计算机等就是19世纪60年代到20世纪60年代之间世界公认最重要的新产品。这些新产品的诞生都是某种科学技术的新创造和新发明，因而极为难得，也不是一般的企业能够胜任的。因为一个完全新产品的出现，从理论到应用，从实验室试制到大批量生产，不仅要很长的时间，而且要耗费大量的人力、物力及财力。

（二）换代新产品

这是指对产品的性能有重大突破性改进的产品。如计算机问世以来，从最初的电子管（第一代）计算机发展到现在的第四代计算机，即大规模集成电路计算机，其中经历了晶体管（第二代）、集成电路（第三代）这两个阶段。现在，世界各国都在积极开发第五代的计算机，即人工智能电脑。尽管从基本原理和基本功能上讲，这些都是计算机，满足的是同一类型的需要，但是其所采用的技术和所形成的功能却有很大的不同。由于各个时期的换代新产品在原理、技术和材料上有一定的延续性，所以企业开发换代新产品比开发完全新产品要容易，开发成本也相对较低。

（三）改良新产品

这是指在产品的材料、结构、性能、造型、甚至颜色、包装等方面作出局部改进的产品，改良新产品一般对产品的基本功能并无本质上的改进。如手表从圆形到方型，又发展到各种艺术造型，就是属于改良新产品的过程。由于改良新产品对于科技开发的要求并不很高，所以企业依靠自身力量比起换代新产品更容易开发，在新产品的开发中，属于此类型的新产品要占绝大多数。

（四）模仿新产品

模仿新产品又称为企业新产品或地域性新产品，是指市场上已经存在而企业没有生产过的产品，或其他地区已经存在而在本地是第一次生产的产品。由于这些产品的开发与生产都是对已有产品的一种模仿，所以叫模仿新产品。模仿新产品在产品开发上仍然有着积极的意义，它能在一定的范围内满足消费者尚未满足的消费需求。它有利于企业技术水平的提高，对于企业竞争意识的增强，扩大销售收入也有很大的影响。特别是对先进国家已经推出市场而我国还没有生产的产品进行模仿研制，对于提高我国工业化、现代化发展的整体水平更具有重大意义。

二、新产品的开发组织

新产品的开发是关系企业生死存亡的一项重要任务，所以企业必须认真地组织好新产品的开发工作。企业在新产品开发的组织方面，通常有以下一些主要形式。

（一）产品经理

不少企业把新产品开发的任务主要交给他们的产品经理负责。这看来似乎很合理，但是产品经理们往往习惯于把主要精力放在现有产品的生产上，而忽略新产品的开发。

所以仅依靠产品经理来组织新产品的开发往往是不够的。

（二）新产品经理

为了加强新产品的开发，一些企业特地设立了新产品经理一职，将其归于产品经理领导下，专门负责新产品开发的工作。这将有利于新产品开发计划的制订和实施。但是由于其隶属于某一产品经理，所以新产品的开发思路往往也只局限于某一产品领域，很难在更大的范围内得以拓展。对于一些大公司来说，采用这样的做法更有可能使新产品的开发缺乏整体观念，甚至出现相互排斥和互争资源的现象。

（三）新产品开发部

一些大公司为了避免上述矛盾，也为了加强对新产品开发工作的指导，专门在公司层次成立新产品开发部，全权负责新产品的开发工作。新产品开发部除集中有关专家进行新产品的开发研究之外，还担任组织和筛选新产品构思，协调新产品的开发与试制，开展新产品试销和组织营销策略组合等职能。这对于从总体上推进企业新产品开发可起到很好的作用。

（四）新产品开发项目组

一些企业在开发新产品时，临时成立专门的新产品开发项目组，集中各方面的力量进行攻关，开发某一新产品。这种任务型的项目组的优点在于目标明确，并能调动各方面的力量集中攻关，不存在常设机构那种效率低下的情况，是进行新产品开发的良好组织形式。一般在新产品开发部领导之下，根据任务的需要，设立若干新产品开发项目组。

（五）新产品开发委员会

一些企业在其管理层的最高层次设立新产品开发委员会，统一协调企业的新产品开发工作。这不仅有利于对企业的新产品开发工作进行统筹规划，而且能将新产品开发工作放在企业总体发展规划的角度来进行研究，使新产品的开发更具有全局意义。

三、新产品的开发程序

（一）产品构思

构思是对潜在新产品的基本轮廓结构进行设想。新产品的构思从何而来？从营销观念的角度出发，主要应来源于对市场上尚未满足的消费需求的研究。这是发展新产品的基础与起点，没有构思不可能生产出新产品实体，从一定的意义上讲，好的构思是产品开发成功的一半。但是，并不是任何一个构思都能符合市场的真正要求，从构思变成现实的产品，要经历一个艰难的过程。

（二）构思筛选

好的构思对于发展新产品十分重要，但有了构思并不一定能付诸实施，这要根据企业的目标和能力来进行选择。筛选的主要目的是在尽可能早的时间内发现和排除不合理的构思。所谓"不合理"的构思一方面是指缺乏科学依据和可操作性的。另一方面是指同企业的基本目标不相吻合或企业一时无能力进行开发的构思。构思的筛选，一般可分为两个阶段。先是由企业自己进行初选，淘汰那些明显不合理的构思，然后再对剩余构思进行认真的评价和筛选。这一阶段的筛选通常是由一批专家利用构思评分表法来进行的。

（三）提炼产品概念

产品概念是对于产品的功能、形态、结构以及基本特征的详细描述，是可立即照其进行生产的具体设计方案。产品概念是对于产品构思的具体化，它距离现实的产品又近了一步。消费者不会考虑购买产品的构思，却会对具体的产品概念产生兴趣。一个构思有可能转化成多个产品概念，企业要尽可能把各种产品概念的设计方案列出来，然后对产品概念进行定位，以确定最终的产品发展方向。如一个企业掌握了提取胶原蛋白的技术，产生了胶原蛋白营养补剂的构思，根据产品的销售对象、产品的核心内容（产品功效）及产品的服用时间可以将产品构思进一步发展成几种产品概念。如康复补剂，适合老年人夜间就寝前服用；美容养颜补剂，适合年轻女性早晨服用，等等。

产品概念形成以后，还必须对其进行评价和测试，以确定产品概念的发展前途和开发价值。

（四）商业分析

商业分析是指对产品开发进行效益分析，通过科学系统的研究分析来确定新产品的开发价值。开发新产品的最终目的是为了给企业带来好的经济效益，如果一件新产品的投资开发最终会造成亏损或无利可图，那么这件新产品是不值得去开发的。所以企业在产品概念形成后必须要对新产品的投资效益和开发价值进行认真的分析。

商业分析包括两个角度：一是产品的绝对价值，即产品上市后的预期收益与产品开发成本之间的比较，只要预期收益大于开发成本，就应具有开发的价值；二是相对价值，即除了新产品开发的绝对成本之外，企业还应考虑因开发这一产品而放弃其他投资所形成的机会成本，这样才能比较客观地分析出企业在新产品开发方面的效益与风险。

（五）产品试制

经过商业分析和相关市场调查的新产品，就可以进入到具体的开发试制工作。产品试制就是要把新产品的构思设想转变成一件顾客真正能够消费的实际产品。

产品试制阶段必须要注意的问题是所生产出来的试制产品即新产品样品应当具有很强的普及意义。即它必须能在一切可能设想到的环境条件下正常使用，而不是只能在良好的环境条件下使用；它必须在正常的生产条件与成本水平（即批量生产的条件和水平）下生产，因为只有这样新产品才有实际推广的价值。所以新产品的样品通常需要经过实地使用测试或实验室理化性能测试的阶段，即将其放置于某种恶劣的环境条件下进行使用，测试其对环境的适应能力。或者用某些设备和仪器对产品进行破坏性的试验，以检测新产品抗破坏的最大限度。

新产品的开发试制主要应由企业的科研部门和生产部门去进行，但是，企业的最高管理部门与营销部门要共同参与，把握开发试制的进程，提供各种有用的信息，使新产品的开发试制顺利完成。

（六）市场试销

一件新产品试制完成后，不宜急于推出市场，实践表明，很多产品试制出来后仍然会遇到被淘汰的命运，即市场不能接受此种新产品。尽管企业在前面几个阶段做了大量的工作，也对顾客进行了直接调查，但是因为消费者对设想的产品和实体的产品的评价会产生某种偏差，所以仍然会有产品被消费者否定的可能。为了把这种可能性降低到最低，避免批量生产后造成过大损失，企业就要对试制出来的新产品进行试销。

（七）批量上市

这是新产品开发的最后一个阶段，即将产品成批地投放市场。新产品进入这一阶段意味着产品生命周期的开始。

产品的批量上市并不意味着新产品开发已经取得成功，因为此时正是产品能否真正被市场接受的关键时刻。如果策略不当，产品仍然存在销售不出去的危险。企业必须在批量上市的时间、地点、渠道、方式上正确决策，进行合理的营销组合。如新型的保暖用品选择在突然降温的时候推出，其吸引顾客注意的可能性就会大得多。一般产品若在商家云集的大都市推出也会比其在中小城市推出影响面大得多。而良好的营销策划往往能使一些新产品的市场导入期大大缩短。科特勒说过："市场营销就是考虑如何在适当的时间、适当的地点将适当的产品，以适当的价格和适当的方式卖给适当的顾客。"企业在组织新产品上市时一定要对市场的环境条件进行认真的分析，准确把握时机，精心设计方案，以确保新产品顺利进入市场。

四、新产品市场进入方式

新产品市场进入方式的选择，其前提在于企业选择进入方式的直接目的到底是什么。因为企业对于不同的产品和不同的市场，在产品进入市场的直接要求方面是不一样的，如有时候要求以提高新产品的知名度为主要目的；有时候则可能以缩短新产品的导入期，尽快扩大产品的销量为主要目的；而有时候在企业竞争能力不是很强的情况下，可能又会把减少竞争压力作为市场进入策划的主要目的；也有企业希望能在市场进入阶段就尽快地建立起新产品的销售网络。根据不同的进入目的，企业在市场进入方式的选择上也就会有所不同。一般来说，在新产品的市场进入方式上会有以下几种选择。

首先，根据产品在市场中的形象目标不同，可分为高位型进入方式和低位型进入方式。高位型进入指产品以高质、高价、高品位的姿态进入市场，以期建立起高档产品的形象。在满足消费者对产品基本需求的同时，进一步满足其声望及炫耀的需求。于是在市场进入策略上，一是要注重产品的外观与包装，给人一种品位高雅的感觉。如用精致的小瓶装的啤酒就会比用普通的大瓶装的啤酒显得雍容华贵。二是产品的价位不能低于同类同质产品，可略高一些，以体现高档产品之身价。三是在最初阶段销售渠道的选择上，应适当采用"惜售"的策略，不要把面铺得太开。应首先选择一些品位和档次较高的商店进行销售，给人造成一种物以稀为贵的印象。四是广告的设计在视觉和情调上也应当高雅脱俗，给人留下不同凡响的感觉。如"人头马"等高档酒的广告就能给人赏心悦目、高雅脱俗的情调。高位进入的策略主要是为了吸引消费层次较高的目标市场群体，同时也是为了提高单位产品的销售利润以获得较好的经济效益。采取高位型策略应有两个基本前提：第一，产品的质量必须优质可靠，且在同类产品中居于领先地位；第二，确实存在着一定规模的消费层次较高的消费群体。

低位型进入指产品以大众化、实惠、价廉物美的姿态进入市场，以适应大多数普通消费者的需求，以期迅速打开市场，扩大销售。低位型策略的实施，应当特别注意的是不能使消费者将"低位"与"低质"两个概念混为一谈，应主要强调其在效用上的适当性、实惠性；在产品设计上应突出其基本效用的稳定可靠，而尽量减少不必要修饰与包装；在价格上不可过高，突出与其同类产品相比的相对低廉性；在销售渠道方面应通过分布广泛的销售网络使销售量得以迅速扩展。低位策略适用于使用面较广的日用消费品，在面临市场竞争相当激烈的情况下尤为有效。

其次，根据产品进入市场时的宣传推广方式不同，可分为造势型进入方式和渐进型进入方式。造势型即以大张旗鼓的宣传和推广活动，很快地提高产品在目标市场的知名度，以使消费者能够慕名购买，从而打开市场。有不少企业在市场开发的过程中，喜欢采用造势型的做法。因为在商品供应极其丰富的现代市场上，企业的产品能否引起消费者的注意，是其能否迅速打开市场的重要前提。如艾柯卡策划的"野马车"上市宣传，同一天就动用了美国 2 600 多种宣传媒体，可谓声势浩大，从而为"野马车"迅速进入市场铺平了道路，这就是一种典型的造势型策略。除了利用大规模的广告和新闻宣传进行造势之外，策划具有较大影响的公共关系活动也是进行造势的有效手段。如法国白兰地打入美国市场时，就巧妙地利用当时的美国总统艾森豪威尔 76 岁生日的时机，专程派人将两大桶酿制了 76 年的陈年白兰地送往美国，作为送给美国总统的生日礼物。当送白兰地的专机抵达华盛顿时，身着法国宫廷制服的侍者护送着两大桶白兰地穿越市区，前往白宫。一路上，当地美国人涌往街头夹道欢迎。美国人就此认识了法国白兰地，白兰地也就顺势打进了美国市场。这也是一种有效的造势型策略。

当企业预计会在即将进入的目标市场中遇到激烈竞争时，企业可能会采用渐进型的市场进入方式。渐进型指在产品进入市场时，不大张旗鼓地进行宣传，而是以优质的产品为基础，采取多渠道广泛渗透的方法，进行推销宣传和销售现场宣传。让消费者在直接接触产品和推销人员的情况下，逐步增加对产品的了解，并帮助进行进一步的扩散。在广告宣传方面，不求声势强大，但求持久深入。由于渐进型方式针对性强，有效率高，所以对于某些类型的产品来说，效果甚至比造势型还好，不失为企业开发市场的有效方式。

第三，根据产品在品牌延续关系上的不同，可分为创牌型、传牌型和改牌型三种进入方式。换言之，企业是准备让新产品冠以老品牌的名称进入市场还是换用新的品牌。

创牌型指企业为新产品树立新的品牌，进入目标市场。品牌是产品的识别标志，再好的产品若无为人熟知的品牌，也会淹没于商品的汪洋大海之中，难以为消费者所接受，消费者也无法在其需要的时候进行指名购买。所以选择一个好的品牌，并使它能被消费者熟记和接受，对于产品进入市场是十分必要的。品牌的创立首先在于选择一个好的品牌。而好的品牌的基本标准一般应当是简洁、鲜明、易于记忆、传播，在可能的情况下，使其尽可能反映产品的特点、优势，或赋予较强的寓意。如上海"稳得福"烤鸭的品牌就巧妙地利用谐音将中文"稳得福"和英文"Wonderful"合二为一，富有新意。同时又以其吉祥的含义迎合消费者"讨口彩"的心理，还埋下了"北有全聚德，南有稳得福"的妙笔，很快在市场上树起了牌子。创立品牌还依赖于对品牌有意识的推广与宣传，借助某种有效的传播渠道，使品牌能很快地渗入目标市场消费者的心中。上海眼镜行业名牌"吴良材"的创始人曾经只是一个提着小包沿着长江"跑码头"的眼镜匠。但吴良材除精湛的制作工艺之外，还比别人多了一份用心，即每次为人配好眼镜，都不忘在镜架上刻上"吴良材制"四个小字，还挂上一个带有标志性的牌子。久而久之，吴良材眼镜的名气就传遍了大江南北，成功的奥秘之中，不能忽视了四个小字和那块小牌子。以创牌为目的的市场进入策略，就必须以提高品牌的知名度为主要手段，以确立品牌在目标市场消费者心目中的地位为主要目的。

传牌型指企业在推出新产品时沿用已有的知名品牌。其原因在于，如果原有的品牌在市场中知名度很高，品牌名誉很好，那么沿用该品牌进入市场就会减少很多阻力，降低市场进入成本。一般情况下，本企业的产品都可以沿用已有的著名品牌进入市场。如日本"SONY"是从生产微型收音机建立品牌的，而现在的"SONY"产品已遍及家电的全部领域，同样深受欢迎。企业在向其他领域拓展时，好的品牌也可起到鸣锣开道的作用。如韩国的"现代"原是汽车的品牌，如今随着现代集团在高科技和重工领域的广泛拓展，"现代"已将其计算机及其他重工设备都引进了市场。采用传牌型的市场进入策略时，应当在宣传中突出新产品和老品牌的相互关系，如"××（品牌）技术的新贡献"，"××家庭的新成员"等，以使消费者因对该品牌的偏好而产生对新产品的偏好。采取这一策略的关键还在于保持新产品的良好品质，否则，若在新产品中出现品质低劣的现象，其伤害的也将不仅是一个商品的声誉，而是整个品牌的声誉。

改牌型指在新产品进入市场时，不使用原有的品牌，而采用新的品牌。采用这种策略的理由有两个，一是为了体现企业产品的多样性，对于一些新的产品，可采用不同的品牌，如丰田汽车公司的汽车就有"丰田"、"皇冠"、"花冠"等各种品牌；二是因为原有的品牌牌誉不佳，或在品质上同新产品有较大差距，沿用原有品牌，不利于新产品的销售。如上海的"××牌胶卷"原来质量较差，后来他们引入了日本先进的富士技术，使产品的质量有了很大的提高。但是他们在将新产品导入市场时，却仍然沿用了原有的品牌。结果在原有品牌牌誉不佳的情况下，使新产品在销售中遇到了很大的阻力。在这种情况下，应当启用一些新的品牌，并尽可能在宣传上将其同原有品牌拉开差距，这样才能使消费者不会将对原有品牌的不良印象带到新的产品上来。当然，采用改牌型的市场进入策略并不都是在原有品牌声誉不佳的情况下，有时为了体现产品不同的档次，也会对新的非同一档次的品牌采用改品牌的策略。如原生产中档女皮鞋的企业在推出高档女皮鞋时就应当改用新的品牌，以显不同的档次；原生产高档女皮鞋的企业在推出低档鞋时也应改用新的品牌，以防影响原高档品牌的品牌名誉。

第四，依据产品进入市场时的直接促销对象的不同，可分为拉动型进入方式和推进型进入方式。产品进入市场可能会经过多个中间环节，如产地批发商、销地批发商、基层批发商和零售商，最后才到达消费者手里。那么就存在企业在将自己的产品导入市场时，到底以哪一个环节和层次作为自己的主要促销对象这样一个问题。从市场进入的有效性来看，这种选择是很重要的。选择不同形式的结果也会很大不同，如某种禽场在推销种鸡蛋时，开始主要针对直接需要原种鸡蛋的下一层次的种禽场，但由于这些种禽场一般习惯于接受他们所熟悉的品种，对新品种接受的速度较慢。种禽场注意到，下一层次的种禽场的种鸡蛋实际上是为再下一层次的鸡场直至养蛋鸡的农户们提供的，所以养蛋鸡的农户的需求实际上决定了各层次种鸡场对蛋种的选择。于是该种禽场就将促销的重点转向最终需要种鸡蛋的养蛋鸡的农户们，向他们宣传新品种鸡的出蛋率和养殖方法，通过比较突出新品种的优势。结果，农户们纷纷向种鸡场要该品种的蛋，各鸡场得到这一信息，就又向上一层次的鸡场要该品种的蛋，由此而使得该种禽场的新品种蛋很快进入市场。这实际上就是一种拉动型的市场进入方式。它将最终的产品消费者们作为直接的促销对象，让最终消费者所激发出来的需求层层向上传递，最后使新产品顺利地进入市场。

同拉动型策略相对应的则是推进型策略。它是通过直接向最近环节的中间商进行促销，然后再通过他们层层促销的方式，将产品推入市场，对于大多数市场覆盖面广、技术含量不高的产品都可采用推动型的市场进入策略。

五、市场占位

企业在新产品进入市场时还必须注意及时占位，建立强烈的占位意识。因为对于广大消费者来说，企业和产品的形象都是"先入为主"的。就像某一戏剧中主角最早是由A先生扮演的，以后观众就会对其他扮演者根据其演的像不像A先生来作为评价他们演技的标准，因为A先生已在观众的心目中"占"了该主角的"位"。在市场上产品的占位同样如此，如可口可乐公司的"雪碧"饮料比百事可乐公司的"七喜"饮料早进入上海市场一年左右的时间。由于"雪碧"进入时间早，并进行了大张旗鼓的促销宣传，很快占了上海非可乐型饮料的市场位势。人们在饭店请客时问起来也是"喝啤酒还是喝雪碧？""雪碧"成了非可乐型饮料的代名词。所以，一年之后和"雪碧"同类型的"七喜"进入上海时，无论如何宣传，也无法取代和超出"雪碧"的地位。明确了市场占位的重要性，企业在开发市场和将产品导入市场时，就应当首先找准市场上尚未被占据的市场"空位"，对企业的产品进行准确定位。然后不失时机地迅速"占位"，即让企业的新产品在此位置上亮相，使之得到目标市场消费者的认可、接受，从而稳定地占据一定的市场份额。如果在某一位势上已被其他产品占据，而企业又有足够的实力与之竞争，也可实行抢位战略，即使自身在消费者心目中的形象超过对手。有时候，随着企业的经营发展，也有可能从原有的市场位势中退出，去占领新的市场位势，这就叫做让位策略，如一些发达国家将一些传统工业向发展中国家转移，就是一种让位策略。让位的目的是为了集中力量去占领更为有利的市场位势。

从新产品的开发到市场的进入和占位，反映了企业市场营销的整体战略思想，它是以企业营销的总体目标为宗旨的。只有在企业总体战略目标的指导之下，企业的新产品开发才比较容易取得成功。

第十八章
传递价值

第一节　产品战略

　　产品战略（Product strategy）是企业对其所生产与经营的产品进行的全局性谋划。它与市场战略密切相关，也是企业经营战略的重要基础。企业要依靠物美价廉、适销对路、具有竞争实力的产品，去赢得顾客，占领与开拓市场，获取经济效益。产品战略是否正确，直接关系企业的胜败兴衰和生死存亡。

一、产品包装

　　进入市场的许多产品必须包装。包装有时作用较小（如对不昂贵的五金商品），有时极为重要（如对化妆品）。有一些产品的包装是闻名于世的，如可口可乐的瓶子，安娜苏香水的玫瑰外盒。目前，包装已成为强有力的营销手段，设计良好的包装能为消费者创造方便价值，为生产者创造促销价值。由于越来越多的产品在超级市场上和折扣商店里以自助的形式出售。产品是否具有可引起消费者购买意愿的包装设计愈加重要。包装具有多方面的意义。

（一）包装的意义

　　（1）保护商品，便于储运。这是产品包装最基本的功能。有效的产品包装可以起到防潮、防热、防冷、防挥发、防污染、保鲜、防易碎、防变形、易运输、易存储等一系列作用。因此，在产品包装时，要注意对产品包装材料的选择以及包装的技术控制。

（2）包装能吸引消费者注意力，展现产品的特色，使消费者形成较好的印象。随着经济的不断发展，消费者愿意为良好包装带来的方便、外观、可靠性和声望付出额外的支出。众多公司和品牌形象公司已意识到设计良好的包装的巨大作用，它有助于消费者迅速明确地辨认出公司或品牌。

（3）包装能提供创新的机会。包装创新能够给消费者带来巨大的好处，也给生产者带来新的利润。1899年，尤尼达饼干公司创新成一种具有保鲜装置的包装（纸板，内部纸包扎，外部纸包扎），使饼干的货架寿命长于以往的饼干盒、饼干箱和饼干桶。1959年，美国俄亥俄州帝顿市的艾马尔·克林安·弗雷兹发明了易拉罐，这一天才的发明使金属容器经历了150年漫长发展之后有了历史性的突破。直至今日，易拉罐仍是饮料中最负盛名的容器。

（二）包装的策略

（1）类似包装，即企业所有产品的包装，在图案、色彩等方面，均采用同一的形式。这种方法，可以降低包装的成本，扩大企业的影响，特别是在推出新产品时，可以利用企业的声誉，使顾客首先从包装上辨认出产品，迅速打开市场。

（2）组合包装，即把若干有关联的产品，包装在同一容器中。如化妆品的组合包装、节日礼品盒包装等，都属于这种包装方法。组合包装不仅能促进消费者的购买，也有利于企业推销产品，特别是推销新产品时，可将其与老产品组合出售，创造条件使消费者接受、试用。

（3）附赠品包装。这种包装的主要方法是在包装物中附赠一些物品，从而引起消费者的购买兴趣，有时，还能造成顾客重复购买的意愿。

（4）再使用包装。这种包装物在产品使用完后，还可做别的用处。这样，购买者可以得到一种额外的满足，从而激发其购买产品的欲望，如设计精巧的果酱瓶，在果酱吃完后可以作茶杯之用。包装物在继续使用过程中，实际还起了经常性的广告作用，增加了顾客重复购买的可能。

（5）分组包装。即对同一种产品，可以根据顾客的不同需要，采用不同级别的包装。如用作礼品，则可以精致地包装，若自己使用，则只需简单包扎。此外，对不同等级的产品，也可采用不同包装。高档产品，包装精致些，表示产品的身份。中低档产品，包装简略些，以减少产品成本。

（6）改变包装。当由于某种原因使产品销量下降，市场声誉跌落时，企业可以在改进产品质量的同时，改变包装的形式，从而以新的产品形象出现在市场，改变产品在消费者心目中的不良地位。这种做法，有利于迅速恢复企业声誉，重新扩大市场份额。

二、产品生命周期

产品从进入市场到退出市场有一个周期性变化过程，我们称之为产品的生命周期。产品生命周期不是指产品本身的使用寿命，而是指产品作为商品的市场寿命。产品生命周期可以分为四个阶段。

导入期。导入期是指新产品刚进入市场的时期。往往表现为销售量增长缓慢，由于销售量小，产品的开发成本又高，所以新产品在导入期只是一个成本回收的过程，利润一般是负的。

成长期。成长期是指产品已开始为大批购买者所接受的时期，往往表现为销售量的急速上升。由于销售量的上升和扩大，规模效应开始显现，产品的单位成本下降，于是新产品的销售利润也就开始不断增加。

成熟期。这一时期由于该产品的市场已趋于饱和，或已出现强有力的替代产品的竞争，销售量增速开始趋缓，并逐步趋于下降。由于此时产品为维持市场而投放的销售费用开始上升，产品的利润也开始随之下降。

衰退期。这一时期由于消费者的兴趣转移，或替代产品已逐步开始占领市场，产品的销售量开始迅速下降，直至最终退出市场。

产品生命周期的规律是否适用于所有产品是有争议的。有人认为，有一些产品是不存在生命周期的，如水、电、粮食等基本生活资料，从出现在市场上开始就一直为人们所消费，直至现在销售量不仅没有下降，甚至仍在上升；但也有人认为从一个相当长的时期来看，产品生命周期的原理对任何产品都是适用的。如原来人们饮用自来水，现在人们则普遍开始饮用处理过的净水或矿泉水；未来如果太阳能能得到有效的开发，也许人们对电的消费量就会下降。所以产品生命周期基本上对所有产品都适用，只是在不同产品上表现的形式不同。如有可在很长时期中延续的"平台型"生命周期，有刚进入市场就马上终结的"夭折型"生命周期，也有在市场发展中销售量时起时伏的"波浪型"生命周期。接下来分别对每个阶段可使用的策略进行说明。

（一）导入期的营销策略

新产品在刚刚推出市场时，销售量增长缓慢，往往是无利甚至亏损，其原因是：生产能力未全部形成，工人生产操作尚不熟练，次品、废品率高，增加了成本。加上消费者对新产品有一个认识过程，不会立刻都接受它。该阶段企业的基本策略应当是促使产品尽快进入成长期。具体可选择以下几种策略：

（1）快速撇取策略。企业以高价格高促销的方式推广新产品。高价格是为了迅速使企业收回成本并获取高的利润。高促销就是要通过各种促销手段，增强刺激强度，尽快打开销路，使更多的人知晓新产品的存在。促销手段上除了大规模的广告宣传外，也可以采取赠送样品，将新产品附在老产品中免费赠送等方式。

快速撇取策略适用的市场环境：①绝大部分的消费者还没有意识到该新产品；②知道产品的人有强烈的购买欲望而不大在乎价格；③产品存在着潜在的竞争对手；④企业想提高产品的声誉。

（2）缓慢撇取策略。企业以高价格低促销的方式推广新产品。主要目的是为了撇取最大的利润。高价可迅速收回成本加大利润，低促销又可减少营销成本。

缓慢撇取策略适用的市场环境：①市场规模有限；②消费者的大多数已对该产品有所了解；③购买者对价格不是很敏感；④潜在的竞争对手少。

（3）快速渗透策略。企业以低价格高促销的方式推广新产品。这一策略的目的是为了获得最高的市场份额。所以，将新产品的定价确定在一个低水平上，以求获得尽可能多的消费者的认可。同时，通过大规模的促销活动把信息传给可能多的人，刺激起他们的购买欲望。

快速渗透策略适用的市场环境：①市场规模大；②消费者对该产品知晓甚少；③购买者对价格敏感；④潜在竞争对手多且竞争激烈。

（4）缓慢渗透策略。企业用低价格低促销的方式推广新产品。使用该策略的目的一方面是为了以低价避免竞争，促使消费者尽快接受新产品。另一方面以较低的促销费用来降低经营成本，确保企业的利润。

缓慢渗透策略适用的市场环境：①产品的市场相当庞大；②消费者对价格比较敏感；③产品的知名度已经较高；④潜在的竞争压力较大。

以上导入阶段可以使用的四种策略并非企业只能选择其中的一种。企业应该从整个生命周期过程中的总体战略去考虑，灵活地交替使用。同时，在实施上述策略时，还要配合一些其他策略，如渠道策略等一并使用，才能取得好的效果。．

（二）成长期的营销策略

新产品经受住了市场的严峻考验，就进入了成长期，这一阶段的特点是：销售量直线上升，利润也迅速增加。由于产品已基本定型，废品、次品率大大降低，销售渠道也已疏通，所以产品经营成本也大幅下降。而在这一阶段的后期，由于产品表现了高额的利润，也将促使竞争对手逐步加入，竞争趋于激烈化。这一阶段，企业应尽可能维持销售的增长速度，同时把保持产品的品质优良作为主要目标，具体策略有：

（1）改进产品品质。从质量、性能、式样、包装等方面努力加以改进，以对抗竞争产品，还可以从拓展产品的新用途着手以巩固自己的竞争地位。

（2）扩展新市场。使产品进一步向尚未涉足的市场进军。在分析销售实绩的基础上，仔细寻找出产品尚未到达的领域，作重点努力，同时，扩大销售网点，方便消费者的购买。

（3）加强企业与产品的地位。广告宣传由建立产品知名度逐渐转向建立产品信赖度，增加宣传产品的特色，使其在消费者心目中产生与众不同的感觉。

（4）调整产品的售价。产品在适当的时候降价或推出折扣价格，这样既可以吸引更多的购买者参加进来，又可以阻止竞争对手的进入。

在这一阶段，企业往往会面临高市场占有率或高利润的抉择。因为两者似乎是矛盾的，要获取高的市场占有率势必要改良产品、降低价格、增加营销费用，这会使企业的利润减少。但是如果企业能够维持住高的市场占有率，在竞争中处于有利的地位，将会有利于今后的发展，放弃了眼前的利润，将可望在成熟期阶段得到补偿。

（三）成熟期的营销策略

产品的销售增长速度在达到了顶点后，将会放慢下来，并进入一个相对的稳定时期，这一阶段的特点是产品的销量大、利润大、阶段持续时间长。在成熟期的后半段，产品销量达到顶峰后开始下跌，利润也逐渐下滑。

这一阶段的基本策略是避免消极的防御，采取积极的进取策略，突出建立和宣传产品的特定优势，以增加或稳定产品的销售。具体策略有：

（1）扩大市场。扩大购买和使用产品的人群。企业可以通过下列两种方法来达成目的：争取尚未使用者，争取竞争对手的顾客；提高使用率。企业同样可以用两种方法来增加它的值：促使使用者增加使用次数，增加产品每次的使用量。

（2）改进产品。改进产品是为了吸引新的购买者。企业通过对产品质量、性能、特色、式样等方面的改良，带动产品的销售。改进产品也是对付竞争对手的一个有效措施。产品的改进主要仍然在质量、性能、特色、式样上下工夫。

（3）改进营销组合。企业的营销组合不是一成不变的东西，它应该随着企业的内外部环境的变化而作出相应的调整。产品的生命周期到了成熟阶段，各种内外部条件发生了重大的变化，因而营销组合也就要有相应的调整。这是为了延长产品的成熟期，避免衰退期的早日到来。

（四）衰退期的营销策略

这一阶段的特征是产品的销售额和利润额开始快速下降，企业在这一产品上往往会处于一个微利甚至无利的境地。

产品的衰退是不可避免的，在衰退期，企业应积极地开发新产品，有计划地使新旧产品圆满衔接；另一方面，企业应针对市场形势保持适当的生产量以维护一部分市场占有率，同时做好产品撤出市场的准备。这时，企业应逐渐减少营销费用，如将广告宣传、销售促进等都降到最低的水平，以使利润不致损失过多。

第二节　价格战略

企业产品的价格战略是指以企业总体战略和效益目标为依据，为实现占领目标市场的要求而对产品价格目标、价格水平、价格手段等作出的谋划与方略。确定产品价格时可使用的方法主要有三种。

一、成本导向定价法

以产品单位成本为基本依据，再加上预期利润来确定价格的成本导向定价法，是众多企业最常用、最基本的定价方法。成本导向定价法又衍生出了总成本加成定价法、目标收益定价法、边际成本定价法、盈亏平衡定价法等几种定价方法。

（1）总成本加成定价法。在这种定价方法下，把所有为生产某种产品而发生的耗费均计入成本的范围，计算单位产品的变动成本，合理分摊相应的固定成本，再按一定的目标利润率来决定价格。

（2）目标收益定价法。目标收益定价法又称投资收益率定价法，是根据企业的投资总额、预期销量和投资回收期等因素来确定价格。

（3）边际成本定价法。边际成本是指每增加或减少单位产品所引起的总成本变化量。由于边际成本与变动成本比较接近，而变动成本的计算更容易一些，所以在实际定价中多用变动成本替代边际成本，而将边际成本定价法称为变动成本定价法。

（4）盈亏平衡定价法。在销量既定的条件下，企业产品的价格必须达到一定的水平才能做到盈亏平衡、收支相抵。既定的销量就称为盈亏平衡点，这种制定价格的方法就称为盈亏平衡定价法。科学地预测销量和已知固定成本、变动成本是盈亏平衡定价的前提。

二、竞争导向定价法

在竞争激烈的市场上，企业通过研究竞争对手的生产条件、服务状况、价格水平等因素，依据自身的竞争实力，参考成本和供求状况来确定商品价格。这种定价方法就是通常所说的竞争导向定价法。竞争导向定价法具体包括以下几种。

（1）随行就市定价法。在垄断竞争和完全竞争的市场结构条件下，任何一家企业都无法凭借自己的实力而在市场上取得绝对的优势，为了避免竞争特别是价格竞争带来的损失，大多数企业都采用随行就市定价法，即将本企业某产品价格保持在市场平均价格水平上，来获得平均水平的报酬。此外，采用随行就市定价法，企业可以不必去全面了解消费者对不同价差的反应。

（2）产品差别定价法。是指企业通过不同营销努力，使同种同质的产品在消费者心目中树立起不同的产品形象，进而根据自身特点，选取低于或高于竞争者的价格作为本企业产品价格。因此，产品差别定价法是一种进攻性的定价方法。

（3）密封投标定价法。在国内外，许多大宗商品、原材料、成套设备和建筑工程项目的买卖和承包以及出售小型企业等，往往采用发包人招标、承包人投标的方式来选择承包者，确定最终承包价格。一般来说，招标方只有一个，处于相对垄断地位，而投标方有多个，处于相互竞争地位。标的物的价格由参与投标的各个企业在相互独立的条件下来确定。在买方招标的所有投标者中，报价最低的投标者通常中标，它的报价就是承包价格。这样一种竞争性的定价方法就称密封投标定价法。

三、顾客导向定价法

现代市场营销观念要求企业的一切生产经营必须以消费者需求为中心，并在产品、价格、分销和促销等方面予以充分体现。根据市场需求状况和消费者对产品的感觉差异来确定价格的方法叫做顾客导向定价法，又称"市场导向定价法"、"需求导向定价法"。需求导向定价法主要包括以下几种。

（1）理解价值定价法。理解价值是指消费者对某种商品价值的主观评判。理解价值定价法是指企业以消费者对商品价值的理解度为定价依据，运用各种营销策略和手段，影响消费者对商品价值的认知，形成对企业有利的价值观念，再根据商品在消费者心目中的价值来制定价格。

（2）需求差异定价法。需求差异定价法是指产品价格的确定以需求为依据，首先强调适应消费者需求的不同特性，而将成本补偿放在次要的地位。这种定价方法，对同一商品在同一市场上制定两个或两个以上的价格，或使不同商品价格之间的差额大于其成本之间的差额。其好处是可以使企业定价最大限度地符合市场需求，促进商品销售，有利于企业获取最佳的经济效益。

（3）逆向定价法。逆向定价法的重点不是考虑产品成本，而在于市场需求状况。依据消费者能够接受的最终销售价格，逆向推算出中间商的批发价和生产企业的出厂价格。逆向定价法能反映市场需求情况，有利于加强与中间商的良好关系，保证中间商的正常利润，使产品迅速向市场渗透，并可根据市场供求情况及时调整，定价比较灵活。

四、各种定价方法的运用

企业定价方法很多，企业应根据不同经营战略和价格策略、不同市场环境和经济发展状况等，选择不同的定价方法。

（1）成本导向定价法从本质上说是一种卖方定价导向。它忽视了市场需求、竞争和价格水平的变化，有时候与定价目标相脱节。此外，运用这一方法制定的价格均是建立在对销量主观预测的基础上，从而降低了价格制定的科学性。因此，在采用成本导向定价法时，还需要充分考虑需求和竞争状况，来确定最终的市场价格水平。

（2）竞争导向定价法是以竞争者的价格为导向的。它的特点是价格与商品成本和需求不发生直接关系；商品成本或市场需求变化了，但竞争者的价格未变，就应维持原价；反之，虽然成本或需求都没有变动，但竞争者的价格变动了，则相应地调整其商品价格。当然，为实现企业的定价目标和总体经营战略目标，谋求企业的生存或发展，企业可以在其他营销手段的配合下，将价格定得高于或低于竞争者的价格，并不一定要求和竞争对手的产品价格完全保持一致。

（3）顾客导向定价法是以市场需求为导向的定价方法，价格随市场需求的变化而变化，不与成本因素发生直接关系，符合现代市场营销观念要求，企业的一切生产经营以消费者需求为中心。

第三节　渠道战略

营销渠道从两个方面来理解，一个是物流，也就是表明产品从一个地方移动到另外一个地方的途径，另一个是商流，指的是产品的所有权转换的方向，下面我们就从这两个方面分别阐述渠道战略。

一、物流战略

营销的成功很大程度上就是在恰当的时间按照承诺送货的艺术，这就是执行，也就是为什么营销人很看重高效的物流。物流是通过供应链设计，管理和提高产品运输的过程，包括采购、生产、储存和运输。最早的物流源于军事，被用来描述一切用来把军队和装备在合理的时间和正确的情况下运送到正确的地点所需要的活动。

二、商流战略

20 世纪 60 年代，麦卡锡提出了影响深远的 4P 组合策略，即产品策略、价格策略、渠道策略和促销策略，这一组合策略使人们从较为繁杂的营销变数中找到了最为重要的因素，其中第一次提出渠道策略的概念。即为使目标顾客能接近和得到其产品而进行各种活动的策略。企业必须有效地利用各种中间商和营销服务设施，以便更有效地将产品和服务提供给目标市场，必须了解各种类型的零售商、批发商和从事实体分销（物流）的公司的运行特点。

如果按照在渠道中承担的不同角色来划分，可以将渠道成员分成批发商、零售商、批发零售商和辅助机构。如果从国际贸易的角度考虑，还有进口商、内外贸兼营等分类方式。在此，我们主要向大家特别介绍批发零售商、进口商和内外贸兼营这三种类型。

一是批发零售商。批发零售商是指批零兼营的中间商。在外国许多城市里，大零售商经常也将商品批发给本地小商店出售，如英国有经营服装、纺织品、食品、水果及工业原料零售业务的独立批发商，同时，有的零售商兼营建筑材料、谷物等批发业务。批零兼营的营业额占英国批发总额的 26%。

二是进口商。进口商是指那些直接向海外制造厂商采购商品，然后出售给批发商、零售商的中间商。通常制造厂商可以将其产品同时卖给多个进口商。

三是内外贸兼营。这种类型的中间商是批发商和进口商的综合体，只不过对外以统一的名义进行业务活动。

渠道对于企业来说十分重要，但由于它同时具有非常强大的惯性，不能轻易地被改变，因此企业非常有必要在建立渠道之初就尽量地做到尽善尽美。企业在建立渠道时，一般需要考虑渠道的长度、宽度和各种渠道的联合策略等。

三、渠道的长度策略

渠道级数指产品所经过渠道的环节数目。每个中间商，只要在推动产品及其所有权向最终买主转移的过程中承担了若干工作，就是一个渠道级。由于生产者和最终消费者都担负了工作，他们也是渠道的组成部分。渠道级的数量决定了渠道的长度。根据渠道中的中间商数量可以将渠道分为以下几类，如图 18-1 所示。

（1）零级渠道是指产品由生产者直接销售给消费者，有时又称为直销，其主要方式是上门推销、邮购、制造商自设商店、电视直销和电子通讯营销等。

（2）一级渠道指只包含一级中间商的渠道。在消费者市场，这个中间商通常是一个零售商。在工业市场，它通常是一个销售代理商或经销商。

（3）二级渠道指包含两级中间商的渠道。在消费者市场，它们通常是一个批发商和若干零售商。在工业市场，它们通常是由工业分销商和若干经销商组成。

（4）三级渠道指包含三级中间商的渠道。通常由一个批发商，一个中转商（专业批发商）和一个零售商组成。

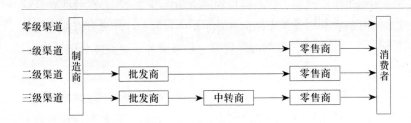

图 18-1　渠道级数类型图

以此类推，四级或更高的营销渠道也存在，但是很少。从生产者的观点看，渠道级数越高，控制难度越大，制造商通常只和与自己距离最近的一级中间商打交道。

一般来说，技术性强的产品，需要较多的售前、售后服务水平。保鲜要求高的产品都需要较短的渠道，而单价低、标准化的日用品需要长渠道。从市场状况来看，顾客数量少，而且在地理上比较集中时，宜用短渠道。反之，则宜采用长渠道。如果企业自身的规模较大，拥有一定的营销力量，则可以使用较短的渠道。反之，如果企业的规模较小，就有必要使用较多的中间商，则渠道就会较长。

此外，企业渠道级数的多寡还取决于企业的经营意图、业务人员素质、国家政策法规的限制等因素。如美国施乐公司在全世界销售复印机都是采用直接销售形式，但是在中国，只能通过经销商分销。

四、渠道的宽度策略

渠道宽度是指企业在某一市场上并列地使用多少个同一级的中间商；主要分为以下几种。

（1）独家分销。指在一定地区、一定时间内只选择一家中间商经销或代理，授予对方独家经营权。这是最"窄"的一种分销渠道形式。生产和经营名牌，高档消费品和技术性强、价格较高的工业用品的企业多采用这一形式。这种做法的优点是中间商经营积极性高，责任心强。缺点是市场覆盖面相对较窄，而且有一定风险，如该中间商经营能力差或出现意外情况，将会影响到企业开拓该市场的整个计划。

（2）广泛分销。又称密集性分销，即使用尽可能多的中间商从事产品的分销，使渠道尽可能加宽。价格低、购买频率高的日用消费品，工业用品中的标准件、通用小工具等，多采用此种分销方式。其优点是市场覆盖面广泛，潜在顾客有较多机会接触到产品。缺点是中间商的经营积极性较低，责任心差。

（3）选择性分销即在市场上选择部分中间商经营本企业产品。这是介于独家分销商和广泛分销商之间的一种中间形式。主要适用于消费品中的选购品，工业用品中的零部件和一些机器、设备等。如果中间商选择得当，采用此种分销方式可以兼得前两种方式的优点。

五、渠道的联合策略

分销渠道并不是一成不变的，新型的批发机构和零售机构不断涌现，全新的渠道系统正在逐渐形成。在发达国家，一些渠道正在逐渐走向现代化和系统化。这里，我们将介绍垂直、水平和多渠道营销系统的产生和发展变化。

（一）垂直营销系统

垂直营销系统是近年来渠道发展中最重大的发展之一，它是作为传统营销渠道的对立面而出现的。传统营销渠道由独立的生产者、批发商和零售商组成。每个成员都是作为一个独立企业实体追求自己的利润最大化，即使它是以损害系统整体利益为代价也在所不惜。没有一个渠道成员对于其他成员拥有全部的或者足够的控制权。传统渠道可以说是一个高度松散的网络，各成员间各自为政，各行其是。垂直营销系统则正相反，它是由生产者、批发商和零售商所组成的一种统一的联合体。现在主要有三种类型：公司式、管理式和契约式垂直营销系统。

1. 公司式垂直营销系统

公司式垂直营销系统是由同一个所有者名下的相关生产部门和分配部门组合成的。垂直一体化能向后或向前一体化，能对渠道实现高水平的控制。如假日旅馆正在形成一个自我供应的网络。

2. 管理式垂直营销系统

管理式垂直营销系统是由一家规模大，实力强的企业出面组织的。名牌制造商有能力从销售者那儿得到强有力的贸易合作和支持。例如，吉利和宝洁等公司能够在有关商品展销、货柜位置、促销活动和定价政策等方面获得其销售者强有力的支持。

3. 契约式垂直营销系统

契约式垂直营销系统是由各自独立的公司在不同的生产和分配水平上组成的，它们以契约为基础来统一行动，以求获得比其独立行动时所能得到的更好的经济和销售效果。契约式垂直营销系统近年来获得了很大的发展，成为经济生活中最引人瞩目的发展之一。

（二）水平营销系统

水平营销系统是由两个或两个以上的公司联合开发一个营销机会。这些公司缺乏资本、技能、生产或营销资源来独自进行商业冒险，同时发现与其他公司联合开发可以产生巨大的协同作用。公司间的联合行动可以是暂时性的，也可以是永久性的，也可以创立一个专门公司。这又被称为共生营销。

（三）多渠道营销系统

多渠道营销系统是指一个公司在同一细分市场建立两条或更多的营销渠道。蒂尔曼将多渠道零售组织定义为"所有权集中的多种经营商业帝国，通常由几种不同的零售组织组成，并在幕后实行分配功能和管理功能的一体化"。如 J.C.彭尼公司既经营百货商店，也开设大众化的商场和专业商店。

通过增加更多的渠道，公司可以得到 3 个重要的利益：增加市场覆盖面，降低渠道成本和更趋向顾客化销售。公司不断增加渠道是为了获得它当前的渠道所没有的细分市场（如增加乡村代理商以达到人口稀少的地区农业顾客市场）；或者，公司可以增加能降低向现有顾客销售成本的新渠道（如电话销售而不是人员访问小客户）；或者，公司可以增加其销售特征更适合顾客要求的渠道（如利用技术型推销员销售较复杂的设备）。

关于多渠道营销系统是否会造成渠道成员之间的"不平等竞争"现在正在成为一个讨论的热点。但无论如何，渠道联合正在使企业从分散无序的"游击战"走向集约规模的"阵地战"。

第十九章
传播价值

促销策略是市场营销的基本策略之一。促销策略是指企业通过人员推销、广告、公共关系和营业推广等各种促销方式，向消费者或用户传递产品信息，引起他们的注意和兴趣，激发他们的购买欲望和购买行为，以达到扩大销售的目的。

第一节　人员推销

人员推销是指企业派出推销员直接与顾客接触、洽谈、宣传介绍产品以实现销售目的的活动过程。它是一种古老的、普遍的、最基本的销售方式。企业与顾客之间的联系主要通过推销员这个桥梁。推销员、产品、顾客三者结合起来，才能成为统一的人员推销这一营销过程。

（一）人员推销方式

1. 上门推销

上门推销是最常见的人员推销形式。它是由推销人员携带产品样品、说明书和订单等走访顾客，推销产品。这种推销形式可以针对顾客的需要提供有效的服务，方便顾客，故为顾客广泛认可和接受。

2. 柜台推销

柜台推销又称门市，是指企业在适当地点设置固定门店，由营业员接待进入的顾客，推销产品。门市的营业员是广义的推销员。柜台推销与上门推销正好相反，它是等客上门式的推销方式。

3. 会议推销

会议推销是指利用会议向与会人员宣传和介绍产品，开展推销活动。譬如，在订货会、交易会、展览会、物资交流会等会议上推销产品。这种推销形式接触面广、推销集中，可以同时向多个对象推销产品，成交额较大，推销效果较好。

（二）人员推销策略

1. 试探性策略

试探性策略也称刺激——反应策略。是在不了解客户需要的情况下，事先准备好要说的话，对客户进行试探。同时密切注意对方的反应，然后根据反应进行说明或宣传。

2. 针对性策略

针对性策略也称配合——成交策略。这种策略的特点，是事先基本了解客户的需要，然后有针对性地进行"说服"，当讲到"点子"上引起客户共鸣时，就有可能促成交易。

3. 诱导性策略

诱导性策略也称诱发——满足策略。这是一种创造性推销，即首先设法引起客户需要，再说明我所推销的这种产品能较好地满足这种需要。这种策略要求推销人员有较高的推销技术，在"不知不觉"中成交。

（三）人员推销技巧

1. 上门推销技巧

（1）找好上门对象，可以通过商业性资料手册或公共广告媒体寻找重要线索，也可以到商场、门市部等商业网点寻找客户。

（2）做好上门推销前的准备工作，尤其要对产品、服务的内容材料十分熟悉，以便推销时有问必答；同时对客户的基本情况和要求应有一定的了解。

（3）掌握"开门"的方法，即要选好上门时间，以免吃"闭门羹"，可以采用电话、传真、电子邮件等手段事先交谈或传送文字资料给对方并预约面谈的时间、地点。也可以采用请熟人引荐、名片开道、与对方有关人员交朋友等策略，赢得客户的欢迎。

（4）把握适当的成交时机。应善于体察顾客的情绪，在给客户留下好感和信任时，抓住时机发起"进攻"，争取成交。

（5）学会推销的谈话艺术。

2. 洽谈艺术

首先注意自己的仪表和服饰打扮，给客户一个良好的印象；言行举止要文明、懂礼貌、有修养，做到稳重而不呆板、活泼而不轻浮、谦逊而不自卑、直率而不鲁莽、敏捷而不冒失。在开始洽谈时，推销人员应巧妙地把谈话转入正题，做到自然、轻松、适时。可采取以关心、赞誉、请教、炫耀、探讨等方式入题，顺利地提出洽谈的内容，以引起客户的注意和兴趣。在洽谈过程中，推销人员应谦虚谨言，注意让客户多说话，认真倾听，表示关注与兴趣，并做出积极的反应。遇到障碍时，要细心分析，耐心说服，排除疑虑，争取推销成功。在交谈中，语言要客观、全面，既要说明优点所在，也要如实反映缺点，切忌高谈阔论、"王婆卖瓜"，让客户反感或不信任。洽谈成功后，推销人员切忌匆忙离去，这样做，会让对方误以为上当受骗了，从而使客户反悔违约。应该用友好的态度和巧妙的方法祝贺客户做了笔好生意，并指导对方做好合约中的重要细节和其他一些注意事项。

3. 排除推销障碍的技巧

（1）排除客户异议障碍。若发现客户欲言又止，应主动少说话，直截了当地请对方充分发表意见，以自由问答的方式真诚地与客户交换意见。对于一时难以纠正的偏见，可将话题转移。对恶意的反对意见，可以"装聋作哑"。

（2）排除价格障碍。当客户认为价格偏高时，应充分介绍和展示产品、服务的特色和价值，使客户感到"一分钱一分货"；对低价的看法，应介绍定价低的原因，让客户感到物美价廉。

（3）排除习惯障碍。实事求是地介绍客户不熟悉的产品或服务，并将其与他们已熟悉的产品或服务相比较，让客户乐于接受新的消费观念。

第二节 广告策略

广告是企业营销组合中十分重要的组成部分，是运用最为广泛和最为有效的手段。在商店内、在道路旁、在报刊上、在电视里……形形色色的广告时刻都冲击着人们的视觉和听觉。它曾塑造过"一个广告救活一个企业"的神话，然而也可能导致负面效应，给消费者造成误导，或使商品陷入无人问津的困境。

一、广告类型

现代广告媒体主要分为八种类型：

1. 印刷媒体

印刷媒体即在广告的制作、宣传中利用印刷技术的媒体，包括报纸、杂志、书籍、宣传册及其他各种印刷品。

2. 电子媒体

电子媒体是指利用电子技术进行广告宣传的媒体，如电视、广播、电影、幻灯等，这一类媒体在近年来的发展变化尤其突出。

3. 户外媒体

户外媒体是指在户外公共场所，使用广告牌、霓虹灯、灯箱及邮筒、电话亭等公共设施进行广告宣传的媒体。一般来讲这些媒体总是要和城市的整体布局及周围的环境、气氛融为一体，甚至具有装饰市容、美化环境的作用，但与此同时又要求它能够"跳出"环境，以吸引人们的注意。

4. 直复媒体

直复媒体是指直接邮递广告或电话、电视直销广告等。此类媒体担负着直接推销的双重功能，即宣传者、销售者原则上是合二为一的，由于可根据其购买行为掌握和分析消费者对广告的反应，所以这种形式的广告媒体体现了广告发布者与接受者之间的双向沟通。

5. 售点媒体

售点媒体指在销售现场及其周围用以广告宣传的设施和布置，包括商店的门面、橱窗、商品陈列及店内外的海报、横幅、灯箱等。这类媒体在消费者最后的购买决策中体现了较为明显和直接的沟通、引导作用。

6. 包装媒体

包装媒体指同时兼有广告传播效应的包装纸、包装盒、包装袋等。这在我国是较为悠久的一种广告媒体，在古代就有通过在包装纸上的简单印刷来介绍产品或扩大店铺影响的广告方式，而现代包装较之有了巨大的飞跃，不仅制作材料多样，形状花样繁多，而且功能更是不断得以扩展，除了便于运输，维护使用价值等包装的初始功能外，许多包装在完成"第一使命"后还可以继续发挥价值，如用作装饰品、器皿、手袋等，由此也使其广告宣传的作用得到较长时间的延续和更广空间的传播；另一方面，自选服务式商业的兴起也推动了对包装这个广告媒体的加强和重视，它甚至兼具人员推销的效用，抢眼的色彩易吸引消费者的注意，美观的设计易赢得消费者的喜爱，而很多老产品也常常是通过改头换面——新颖的包装来再度唤起新、老顾客的购买兴趣的。

7. 交通媒体

交通媒体指在广告中利用车、船、地铁等交通设施进行宣传，表现为汽车或火车、船等交通工具内部的产品、品牌广告，以及一些汽车的车体广告，即通过汽车外部的装饰或图画进行传播。尤其是后者，虽然在我国只是刚刚兴起，且主要在几个大城市中，但已获得了公众的普遍欢迎，被誉为城市中"流动的美术"，因其目标较大，容易引起受众的注意，但是却由于视线停留时间不长，无疑不宜对产品内容作详细的介绍。除了流动人口较多的旅游或商业中心城市外，公交车或出租车的传播地域一般只能局限在本市范围之内，长途交通工具的广告媒体效应却恰恰相反，往往可以超越地理界限，信息覆盖面较广。

8. 其他媒体

广告的触角深入到了世界的各个角落，似乎任何存在的事物都具有被广告媒体选中的可能性。例如，烟雾广告，即用飞机在空中喷出的字体或色彩进行宣传，这种媒体鲜艳夺目，在20公里范围内都看得清清楚楚；写云广告，即通过激光将广告语打在云层之上；空中飞艇广告，日本"三得利"、"诺基亚"手机等都曾在我国使用过这类媒体；服装媒体广告，将商标或广告语绘制在衣服上突出宣传也成为一度的流行。不仅这些，甚至动物及人体或大自然本身，如岩石、海滩等，也曾有被用作广告媒体的经历。

在以上各类媒体中，报纸、杂志、广播、电视是公认的四大广告媒体，也是以"大众传播"为基础原理的传播媒体，他们的共同特点是传播面广，表现力强，持续性好，影响力大，所以往往成为企业最常用的广告媒体。

二、广告媒体选择的因素

媒体策划是广告策划的重要组成部分，在媒体选择时需要考虑以下因素：

1. 商品的性质与生命周期

商品本身的性质、特点是选择广告媒体的重要根据。商品按其用途可以分为生产资料和生活资料，这些产品又有高、中、低档之分。一般而言，生产资料技术性强、结构用途复杂，所以宜用文字图形印刷广告，如报纸、杂志、产品说明书等，这些广告媒体能够详细地说明产品的结构、性能、保养、维修方法。而日用消费品最好用形、声、色兼备的电视媒体，或广播媒体，因为这种媒体具有形象感，能诱发消费者的购买欲望。如在电视里做服装、鞋帽广告，感兴趣的人就会多，广告效果就比较好。

从产品生命周期看，导入期要利用覆盖面广的广告媒体，成长期则要界定目标受众，增加广告频次，成熟期时需针对使用者实施媒体的重点覆盖，衰退期的广告媒体应集中在销售好的地区，主要针对品牌忠诚者。

2. 目标受众的接受习惯与接受能力

广告宣传一定要考虑到不同广告对象对不同类型媒体的偏好。如女性更可能对电影、电视、流行杂志等感兴趣，在这些媒体上宣传化妆品、流行服装，就容易引起女性的注意和兴趣。而如农药、农机等农业生产工具的购买对象是农民，他们有听广播或看电视的习惯，所以利用广播电视来介绍这些商品就比用报纸杂志更容易被农民接受。

此外，还必须根据消费者的接受能力来选择广告媒体，才能保证广告信息被准确传达。如在文盲率较高的地区，报纸、电视机普及率不高，在电视或报刊上做广告也是不适宜的。交通条件不便的地区，可能只有广播是比较好的传播媒体，而在偏僻荒凉的农村，广告牌的作用也不可能充分发挥。因人因地，有的放矢地选择媒体，才能使广告产生最大效应。

3. 广告信息的时效性

广告信息有不同的时效要求。有些广告信息要求及时、迅速地传递，以便捷足先登，取得"先入为主"的市场竞争优势。从商品类型看，凡鲜活易腐、容易变质的商品，或一些时令、时髦商品以及演出、比赛等文体活动，必须尽快发布广告信息，这一类的广告可以借助报纸、广播或海报等媒体。反之，广告信息传播的时间要求不是太迫切，就可以考虑制作时间或发行间隔较长的电视、杂志等广告媒体。

4. 媒体的覆盖范围与特点

从地域上来说，媒体有全国媒体和地区性媒体之分，由于广告的最终目的是为了销售，所以广告的传播范围应该与商品的销售范围基本一致。如果是地产地销的产品，就不必到全国性的广告媒体上做广告。反之，如果是面向全国市场的产品，本企业又有巨大的资本能力及扩产潜力，就可以选择有全国影响的电视、广播、报刊等媒体做广告。

5. 广告费用

广告费用是选择广告媒体的制约因素之一。不同的广告媒体的广告费用不一样。一般而言，电视、电影媒体的广告费用最高，广播、报刊次之，路牌、橱窗、招贴的广告费用则更低。

对于企业来说，广告费用对其的制约主要体现在两方面，一是经济承受力，若一次性支付的广告费用很高，而企业经济实力又不是很厚，企业就难以选择这样的广告媒体。二是广告的经济效果。即广告费用的投入和产出之比。如虽然利用某种媒体的一次性广告费用较高，但其所引发的经济效益却远远超出广告费用的投入，企业也愿意利用这样的广告媒体。反之若效益低于广告费用的支出，那么即使该媒体的广告费用很低，企业也不会愿意对其进行投入。

第三节　公共关系策略

公共关系是企业促销的又一重要策略。公共关系是企业利用各种传播手段，同包括顾客、中间商、社区民众、政府机构以及新闻媒介在内的各方面公众沟通思想情感，建立良好的社会形象和营销环境的活动。

公共关系作为企业促销活动的一大策略提出，是有其背景条件的。首先是随着商品经济的发展，消费者的需求层次有了很大的提高，面对日益繁荣的商品市场，消费者开始倾向于商品的品牌选择，偏好差异性增强，习惯于指名购买。而消费者品牌忠诚度的建立则很大程度上取决于企业在消费者心目中的形象。形象对于产品促销影响力的增大，就使得现代企业由单纯的产品宣传为越来越重视企业形象的宣传。

其次是随着消费者需求层次的提高，购买行为已由单纯的物质追求转为同时对精神方面也有相应的追求。不少消费者把购买商品的活动看作是一种消遣和享乐，并注重在购买过程中获得的精神满足。现代企业应把同消费者的情感沟通看做是促销活动的重要方面。

第三是随着现代社会系统的发展，社会活动各方面的关联性增强，相互间的影响作用越来越大，企业营销活动所面临的环境制约条件增多，如环境保护法、消费者利益保护、反垄断、贸易限制等。现代企业的经营活动必须同其环境条件相适应，处理好同社会各方面的关系，寻求社会各方面的认同，才有可能改善企业的营销环境。

正因为如此，现代企业的营销活动必须把公共关系作为重要的促销手段。而公共关系的建立最主要的就是企业形象的建立，企业形象是企业在社会公众心目中从内在到外表的整体特征和综合印象。主要表现为企业在社会公众心目中的知名度和美誉度。企业形象的建立和扩展是企业公共关系活动的核心，因为只有当广大社会公众，包括目标市场的消费者对企业有比较深刻的印象和比较强烈的好感，他们才会对企业的营销活动给予积极的支持，才可能成为企业品牌的忠实者，从而使企业获得良好的经营环境。

企业形象通常由两方面的要素所构成。一为形象素质，即企业的产品、服务、历史、规模、管理、效率以及道德精神等基本情况，这是形成企业总体形象的内在要素。二为形象标志，如企业的名称、商标、徽记、建筑、门面装潢、广告风格以及代表色等，这是形成企业总体形象的外在要素。企业形象必须由这两方面共同构成。形象素质决定了企业形象的本质特征，形象标志则为社会公众对企业形象进行识别、记忆和传播的必要条件。

具体来讲，企业营销活动中的公共关系通常采用以下一些方法。

一、新闻宣传

企业可通过新闻报道、人物专访、记事特写等形式，利用各种新闻媒介对企业进行宣传。新闻宣传不用支付费用，而且具有客观性，能取得比广告更为有效的宣传效果。但是新闻宣传的重要条件是：所宣传的事实必须具有新闻价值，即应具有时效性、接近性、奇特性、重要性和情感性等特点。所以企业必须十分注意提高各种信息的新闻性，使其具有被报道的价值。企业可通过新闻发布会、记者招待会等形式，将企业的新产品、新措施、新动态介绍给新闻界；也可有意制造一些新闻事件，以吸引新闻媒介的注意。制造新闻事件并不是捏造事实，而是对事实进行适当的加工。如利用一些新闻人物的参与，创造一些引人注目的活动形式，在公众所关心的问题上表态亮相等，都可能使事实的新闻色彩增强，从而引起新闻媒介的注意并予以报道。公共关系的新闻宣传活动还包括对不良舆论的处理。如果在新闻媒介上出现了对企业不利报道，或在社会上出现了对企业不利的流言，企业应当积极采取措施，及时通过新闻媒介予以纠正或澄清。当然若确因企业经营失误而导致不良舆论，则应通过新闻媒介表示诚恳的歉意，并主动提出改进措施，这样才能缓和矛盾，重新获得公众的好感。

二、广告宣传

企业的公共关系活动中也包括利用广告进行宣传，即公共关系广告。公共关系广告同企业一般广告之间的主要区别在于，（1）以宣传企业的整体形象为内容，而不仅仅是宣传企业的产品和服务；（2）以提高企业的知名度和美誉度为目的，而不仅仅为了扩大销售。公共关系广告一般又可分为以直接宣传企业形象为主的声誉广告和以响应某些重大的社会活动或政府的某些号召为主的响应广告，以及通过广告向社会倡导某项活动或提倡某种观念为主的倡议广告三种。

三、企业自我宣传

企业还可以利用各种能自我控制的方式进行企业的形象宣传，如在公开的场合进行演讲，派出公共关系人员对目标市场及各有关方面的公众进行游说，或印刷和散发各种宣传资料如企业介绍、商品目录、纪念册等。有条件的企业还可创办和发行一些企业刊物，持续不断地对企业形象进行宣传，以逐步扩大企业的影响。

四、社会交往

企业应通过同社会各方面的广泛交往来扩大企业的影响，改善企业的经营环境。企业的社会交往活动不应当是纯业务性的，可以适当突出情感性，以联络感情，增进友谊为目的，如对各有关方面的礼节性、策略性访问，逢年过节发礼仪电函、送节日贺卡，进行经常性的情况通报和资料交换，举办联谊性的舞会、酒会、聚餐会、招待会等。甚至可以参与或组建一些社团组织如联谊会、俱乐部、研究团体等，同社会各有关方面发展长期和稳定的关系。

公共关系对于促进销售的效应不像其他促销手段那样容易立见成效，但是一旦产生效应，其作用将是持久的和深远的，对于企业营销环境的根本改善，能发挥特殊的效应，是企业促销策略组合中不可忽视的重要策略。

第四节　营业推广

营业推广又称销售促进，是企业在某一段时期内采用特殊的手段对消费者实行强烈的刺激，以促进企业销售迅速增长的一种策略。营业推广常用的手段包括：赠送样品，发放优惠券，有奖销售，以旧换新，组织竞赛和现场示范等。营业推广有时也用于对中间商的促销如转让回扣，支付宣传津贴，组织销售竞赛等，各种展销会和博览会也是营业推广经常采用的手段。

营业推广同其他促销策略的显著区别在于，它以强烈的呈现和特殊的优惠为特征，给消费者以不同寻常的刺激，从而激发起他们的购买欲望。营业推广不能作为一种经常的促销手段来加以使用，但在某一个特定时期内，对于促进销售的迅速增长则是十分有效的。

一、营业推广的主要作用

（1）企业可利用各种营业推广手段来吸引新顾客和新用户。因为营业推广对消费者的刺激比较强烈，很有可能吸引一部分新顾客的注意，使他们因追求某些利益方面的优惠而转向购买和使用本企业的产品。

（2）企业可利用各种营业推广手段来报答那些忠诚于本企业品牌产品的顾客。因为如"赠券"、"奖售"等手段所体现的利益让渡，受惠者大多是企业的品牌忠诚者，这就有可能增加这部分顾客的"回头率"，稳定企业的市场份额。

（3）企业可利用各种营业推广手段来补充和配合广告等其他促销策略，实现企业的营销目标。因为广告等手段的促销效应是长期的，从消费者接受广告信息到采取购买行为往往有一段时间。在这期间，广告的促销效果可能减弱也可能增强。而营业推广的促销效果则是即时的，反应较快。营业推广和广告同时使用，就有可能强化广告的促销效果，促使消费者尽早采取购买行为。如果说广告主要是为了建立消费者的品牌忠诚性，促使消费者指名购买企业产品的话，营业推广则在很大程度上是为了打破消费者对于其他企业产品的品牌忠诚性，以特殊的手段来扩大企业产品的消费市场。在大多数情况下，品牌声誉不高的产品，采用营业推广的手段比较多。而名牌产品若过多地采用营业推广的手段，则有可能降低其品牌声誉，所以企业在运用营业推广策略时必须慎重。

由于营业推广一般都表现为企业对购买者在利益上的让渡，所以对于价格弹性较大的产品来讲比较适用。而价格弹性小，品质要求高的产品则不宜过多采用这一方法。

企业利用营业推广手段时，首先应根据企业的营销目标来确定营业推广的目标，如以争取新顾客，扩大市场份额为目标，或以鼓励消费者购买，扩大产品销量为目标，又或者是以推销不理想的产品，延长产品生命周期。营业推广目标一旦确定，企业就应选择适当的营业推广手段来实现既定目标。营业推广手段选定后，企业应进一步制定具体的实施方案，如刺激的规模、刺激的对象、实施的途径，实施的时间、实施的时机和实施的总体预算等。若有需要，在实施营业推广方案之前还应对营业推广的做法在小范围内进行预试，在实施过程中也应随时掌握情况，不断调整对营业推广的全过程的控制；在一项营业推广活动结束后，还应及时总结，对实施的效果进行评估，并注意同其他促销策略之间的配合情况。营业推广可以根据针对对象的不同分为以下两种。

二、对消费者的营业推广

（1）赠送样品。企业将一部分产品免费赠予目标市场的消费者，使其试尝、试用、试穿。可直接赠送，也可随销售其他商品时附送或凭企业广告上的附条领取。这种方式对地新产品介绍和推广是最为有效的。

（2）发放优惠券。企业向目标市场的部分消费者发放一种优惠券，凭券可按实际销售价格折价购买某种商品。优惠券可分别采取直接赠送或广告附赠的方法发放。这种方式可刺激消费者购买品牌成熟的商品，也可用以推广新产品。

（3）有奖销售。企业对购买某些商品的消费者设立特殊的奖励。如凭该商品中的某种标志（如瓶盖）可免费或以很低的价格获取此类商品或得到其他好处；也可按购买商品的一定数量（如十个以上），赠送一件消费者所需要的礼品。奖励的对象可以是全部购买者，也可用抽签或摇奖的方式奖励一部分购买者。这种方式的刺激性很强，常用来推销一些品牌成熟的日用消费品。

（4）组织展销。企业将一些能显示企业优势和特征的产品集中陈列，边展边销，由于展销可使消费者在同时同地看到大量的优质商品，有充分挑选的余地。所以对消费者吸引力很强，展销可以一个企业为单位举行，也可由众多生产同类产品的企业联合举行，若能对某些展销活动赋予一定的主题，并同广告宣传活动配合起来，促销效果会更佳。

（5）现场示范。企业派人将自己的产品在销售现场当场进行使用示范表演。现场示范一方面可以把一些技术性较强的产品的使用方法介绍给消费者；另一方面也可使消费者直观地看到产品的使用效果，从而能有效地打消顾客的某些疑虑，使他们接受企业的产品。因此，现场示范对于使用技术比较复杂或是效果直观性比较强的产品最为适用，特别适宜于用来推广一些新产品。

三、对中间商的营业推广

（1）批发回扣。企业为争取批发商或零售商多购进自己的产品，在某一时期内可按批发商购买企业产品的数量给予一定的回扣。回扣的形式可以是折价，也可以是附赠商品。批发回扣可吸引中间商增加对本企业产品的进货量，促使他们购进原先不愿经营的新产品。

（2）推广津贴。企业为促使中间商购进本企业产品，并帮助企业推销产品，还可支付给中间商以一定的推广津贴，以鼓励和酬谢中间商在推销本企业产品方面所作的努力，推广津贴对于激励中间商的推销热情是很有效的。

（3）销售竞赛。企业如果在同一个市场上通过多家中间商来销售本企业的产品，就可以发起由这些中间商所参加的销售竞赛活动。根据各个中间商销售本企业产品的实绩，分别给优胜者以不同的奖励。如现金奖、实物奖、或是给以较大的批发回扣。这种竞赛活动可鼓励中间商超额完成其推销任务，从而使企业产品的销量大增。

（4）交易会或博览会。同对消费者的营业推广一样，企业也可以举办或参加各种商品交易会或博览会的方式来向中间商推销自己的产品。由于这类交易会或博览会能集中大量优质产品，并能形成对促销有利的现场环境效应，对中间商有很大的吸引力，所以也是一种对中间商进行营业推广的好形式。

企业对于各种营业推广策略的选择应当根据其营销目标，根据其产品的特性，根据目标市场的顾客类型以及当时当地的有利时机灵活地加以选用。但任何营业推广的前提是产品必须能够达到规定的质量标准或具有明显的优势，而绝不能利用营业推广来推销损害消费者利益的假冒伪劣产品。

参考文献

[1] 迈克尔·所罗门. 所罗门营销学. 北京：人民大学出版社，2009.

[2] 拉杰夫·拉尔，等. 营销管理哈佛观点. 北京：人民大学出版社，2009.

[3] 芭芭拉·刘易斯，等. 布莱克韦尔营销学百科辞典. 北京：对外经济贸易大学出版社，2002.

[4] 菲利普·科特勒. 科特勒谈营销. 浙江：浙江人民出版社，2002.

[5] 菲利普·科特勒. 科特勒精选营销辞典. 北京：机械工业出版社，2004.

[6] 菲利普·科特勒. 市场营销原理（第9版）. 北京：清华大学出版社，2003.

[7] 卡尔·W. 兰姆，等. 市场营销学（第6版）. 北京：北京大学出版社，2003.

[8] 吴健安. 市场营销学（第4版）. 北京：清华大学出版社，2010.

[9] 穆恩. 哈佛最受欢迎的营销课. 北京：中信出版社，2012.

[10] 亚历克斯·博古斯基. 自营销：如何传递品牌好声音. 浙江：浙江人民出版社，2012.

[11] 李治. 让营销更性感. 北京：中信出版社，2013.

[12] 菲利普·科特勒. 营销革命3.0：从产品到顾客，再到人文精神. 北京：机械工业出版社，2011.

[13] 柏唯良. 细节营销. 北京：机械工业出版社，2009.

[14] 郭汉尧. 渠道客户开发与管理手册. 北京：中国铁道出版社，2011.

[15] 李光斗. 事件营销——引爆流行的行销艺术. 北京：清华大学出版社，2012.

第二十一章　了解会计

第二十二章　会计核心核算

第二十三章　会计操作

第二十四章　会计成果

第二十五章　会计职业道德

第二十章

初识会计——学习会计其实很快乐

第一节 会计的产生和发展

一、会计产生和发展过程

会计是社会生产发展到一定阶段的产物，是人们为组织和管理生产的需要而产生的并得到不断发展的科学。

最初的会计只是作为生产职能的附带部分，即由生产者在生产时间之外将收入、支付等事项记载下来。如原始社会早期的结绳记事、绘图记事、刻木记日等。当社会生产力发展到一定水平，即原始社会的中期和后期，出现剩余产品以及有了商品生产和以某种商品作为"一般等价物"进行的交换，会计才逐渐从生产职能的附带工作中分离出来，成为专门委托当事人的独立职能或工作。在远古的印度公社中，产生了农业记账员。中国西周时期，也曾出现了专门从事会计工作的官员，名曰"司会"，进行"月计岁会"。

古代会计主要指服务于王室赋税征收、财政支出、财产保管等。因此，早在公元前的古巴比伦、古埃及、中国和希腊就因私有财富的积累而有了受托责任会计的产生。随着社会生产的发展，尤其是社会生产商品化程度的不断提高，会计经历了一个从简单到复杂、从低级到高级不断发展的过程。在中国的宋朝，通过编制"四柱清册"来办理钱粮报销及移交手续，具体算清并明确经管财务的责任，后由官厅拓展到民间，逐步形成我国传统的中式簿记。在中世纪欧洲，资本主义商品货币经济的迅速发展，促进了会计的发展。

近代会计的基本特征是：利用货币计量进行价值核算；从单式记账法过渡到复式记账法。意大利数学家卢卡·巴其阿勒有关复式记账论著的问世，是会计发展史上的一个里程碑，为现代会计的发展奠定了基础。

现代意义上的会计是在 20 世纪 50 年代以后，在市场经济发达的国家发展起来的。在经济活动更加复杂、生产日益社会化、人们的社会关系更加广泛的情况下，会计的地位和作用、会计的目标以及会计所应用的原则、方法和技术都在不断发展、变化并日趋完善，逐步形成自身的理论和方法体系。

人类社会进入 21 世纪后，一个全球化、信息化、网络化和以知识驱动为基本特征的崭新经济时代的出现，特别是电子计算机在会计数据处理中的应用，使会计信息的范围不断扩大，会计工作的效能显著提高。面对整个经济环境的变化，为了更好地发挥会计职能的作用，无论是会计实践还是会计理论都将进入一个新的、更快的发展阶段。

二、会计核算方法的演进

随着经济的发展，会计核算经历了一个由简到繁、由低级到高级的演进过程，方法日趋完备，内容日益丰富。

原始社会末期，建立"盘点结算法"，采用盘存财产物资的方法进行记录和计算。

西汉时期，在"盘点结算法"的基础上发展为"三柱结算法"，结算本期财产物资增减变化及其结果。其计算公式为：

$$入 - 去 = 余$$
$$本期收入 - 本期支出 = 本期结存$$

唐宋时期，在"三柱结算法"基础上又进一步发展为"四柱结算法"，系统地反映经济活动全过程。其计算公式为：

$$旧管 + 新收 - 开除 = 实在$$
$$或\quad 旧管 + 新收 = 开除 + 实在$$
$$期初结存 + 本期收入 = 本期支出 + 期末结存$$

明末清初，在以前"三柱结算法"和"四柱结算法"的单式记账方法基础上，创建了复式记账方法"龙门账"，即将日常发生的账项划分为"进"、"缴"、"存"、"该"四大类，"进"和"缴"为一线，"存"和"该"为另一线，实行双轨计算盈亏。其计算公式为：

清朝中叶复式记账又进一步发展，建立了"四脚账"，又称天地合账，即将账簿每页用中线划分为天地两方，上为天（收）下为地（付），上收下付，收为来账，付为去账，天地两方相等。对每笔账都要用相等的金额同时在账簿中分别进行登记来账和去账，以反映每笔账的来龙去脉。

辛亥革命后，又从西方传入"借贷复式记账法"。

中华人民共和国成立后，广泛使用复式记账法；20世纪60年代，发展为收付、增减、借贷三种复式记账方法；70年代又引进了管理会计。至此，会计对大量数据资料进行加工整理，为经济管理提供有用的管理信息，成为经济管理的一个重要组成部分。

综上所述，会计的产生和发展可以归纳为：

（1）生产职能附带部分——独立职能——独立学科；

（2）简单的实物计量单位——以货币计量综合反映；

（3）记录财物收支——单式记账——复式记账——目标管理；

（4）手工操作——机械操作——电算化。

新中国成立后，根据不同时期经济发展的要求，我国先后制定了一系列按所有制性质和企业经营方式划分的会计制度。如行政、事业单位会计制度，工业会计制度，商业会计制度，饮食服务业会计制度等。

1985年国家为加强规范会计工作公布了《中华人民共和国会计法》，并于1993年、1999年先后两次修改补充，完善了会计核算和会计记账的基本规则。

1993年为适应社会主义市场经济对外开放需要，在原有会计制度的基础上进行改革，财政部公布了《企业财务通则》和《企业会计准则》以及13个行业会计制度。

1998年财政部公布了《股份有限公司会计制度》。

2001年为贯彻新《会计法》统一会计制度的规定，财政部公布了《企业会计制度》，先在股份有限公司试行，继而逐步扩大到其他企业。

2006年财政部公布了新修订的《企业会计准则——基本准则》和38项具体准则以及《企业会计准则——应用指南》，自2007年1月1日起在上市公司范围内施行，并鼓励其他企业执行。

会计作为一种商业语言其重要性为世人瞩目，这充分说明经济越发展，会计越重要。

会计学是经济管理科学的一个分支，属于应用管理学。当前会计形成了财务会计和管理会计两大分支。财务会计也称事后会计或对外会计，管理会计也称事前会计或对内会计。财务会计侧重于核算，是对已经花出去的钱进行核算，是为外部人员掌握企业财务数据用的；管理会计是对将要花的钱进行筹划和控制，是为内部管理者服务的。本文所讲会计主要是指财务会计。

第二节　会计职业及会计的含义

一、会计职业

会计是一项古老的职业，随着经济的发展、会计技术的变革和社会需求的增加，会计职业显示出新的发展趋势。会计人员是企业管理中的核心人物，是所有企业的必备人才，普通的会计人员可以是企业的管家，优秀的会计人员甚至是企业的顶梁柱，可遇而不可求。因此，会计行业是当今社会理想的职业，也是充分实现自我价值的一个行业。

目前，会计职业主要分为四大类：单位会计、公共会计、宏观会计、会计教育。

（一）单位会计

单位会计是指企业、事业、政府部门等单位会计人员所从事的会计工作，一般可分为以下两类：

1. 企业会计

簿记员，负责处理会计核算的日常工作，如填制与审核凭证、登记账簿、编制会计报表等工作。目前，在一般企业中，簿记员的工作由电子计算机来完成。

会计员，负责进行会计分析和企业财务工作，如分析会计报表、编制企业预算、编制企业筹资和投资方案、规划企业内部财务和会计制度。

成本员，负责进行成本管理工作，包括编制成本计划和标准成本，进行成本日常核算，实施成本监督和控制，进行成本考核等工作。

税务员，负责处理企业税务工作，包括税务规划、纳税事务等工作。

内部审计员。在一般大中型企业，都设有专职的内部审计人员，其工作时全面地调查、审核和评价本企业会计制度及其执行情况，并对制定进一步的管理方针提出建议。

2. 政府会计和非营利组织会计

政府会计和非营利组织会计也称基金会计。政府会计是指各级政府机关的会计工作，非营利组织包括学校、医院、科研机关、社会团体、各民主党派等。政府会计和非营利组织会计主要是对各种基金进行核算和监督，一般不涉及成本和税务问题。

（二）公共会计

公共会计是指注册会计师所从事的审计、资产评估和咨询等工作。注册会计师是取得资格证书的专业会计人员，在西方被认为是三大自由职业之一（医生、律师、会计师），具有很高的社会地位和经济地位。公共会计是股份公司发展的产物，是现代会计的重要特征之一。公共会计的从业人数是一个国家会计社会化程度的表现。

注册会计师往往组成地区性或全国性的职业团体，负责制定审计工作规范、职业道德规范、组织专业技术培训和专业资格考试等。全球性的注册会计师团体是国际会计师联合会。我国全国性的注册会计师团体是中国会计师协会，该协会成立于 1988 年，经过二十多年的努力，我国注册会计师队伍有了很快的发展。

（三）宏观会计

宏观会计是指各级财政部门的有关工作人员所从事的会计事务管理工作及其他政府行政管理部门有关人员从事的财会管理工作。《中华人民共和国会计法》规定，财政部门是全国会计的管理部门，包括修订、修正和解释各种会计准则、规章制度，培训财会干部等。各级其他政府行政管理部门有关人员从事的财会管理工作包括：负责组织、指导和监督所属单位的会计工作，根据国家的统一规定和要求制定本系统适用的会计制度或补充说明，审核、分析和批复所属单位上报的会计报表，核算本单位与财政部门、上下级之间有关缴款、拨款等会计事项，经常了解所属单位的会计工作情况，帮助他们解决工作中的问题，定期或不定期地对所属单位进行会计检查，总结、交流所属单位在会计工作方面的先进经验等。

（四）会计教育

会计教育工作者是指从事会计教育的教师，包括全日制高等院校、高职、中专、职业学校的会计教师和从事会计继续教育的教师。

二、会计的含义

会计是什么呢？会计是不断向"怎样才能更准确地把握事物"这一问题挑战的学问。会计就是把眼睛看不到的事物变成具体的数字，让它能看见（比如利润、机会损失等），以及把事物联系起来或换个角度来看，使其变得简单易懂的思维方法。所有的数字背后都相应存在着某种意义，无须数字能力有多强，只要能培养起数字感觉来，就可以不被生活中各种各样的事物所迷惑。比如说，判断和日常生活息息相关的现金进出与得失，计划未来的人生等都可以用上会计。会计就在我们身边，了解会计会使我们的生活变得更加便利。

会计的定义可以概括为：会计是以货币为主要计量单位，连续、系统、全面、综合地核算和监督企业单位经济活动的一种经济管理活动。

通俗地讲，会计就是一门商业语言，把企业发生的经济业务用独特的语言表述出来。

这一概念包括了以下四个基本要点：（1）以货币为主要计量单位。会计核算是价值核算，借助于统一的货币量度，将各种经济活动和财务收支用货币指标进行汇总，提供信息资料。（2）完全、连续、系统、综合地核算。（3）会计核算与会计监督相结合。会计核算是会计监督的基础，会计监督是会计核算的继续和补充，两者相辅相成，才能发挥会计作用。（4）提高经济效益。提高经济效益是现代会计的特点，也是会计任务的核心。

第二十一章
了解会计

信息在当代社会已成为最重要的战略资源之一，反映企业经营环境的客观真实情况，企业要在社会的竞争中立于不败之地，必须随时掌握反映客观现实的信息。企业决策所需信息大部分来自会计系统，从而使得在信息分析基础上所做的决策在很大程度上依赖于会计信息。会计的主要工作是提供会计信息。

那么向哪些人提供信息呢？会计信息的使用者有两种基本类型：内部会计信息使用者和外部会计信息使用者，内部会计信息使用者主要是企业的管理当局。他们需要会计信息了解企业的经营管理情况，以便进行恰当的预测、决策、计划与控制，最终达到改善企业经营管理的目的。外部会计信息使用者包括：（1）国家宏观管理部门。如统计、财政、税务等，他们需要会计信息进行宏观调控。（2）处于企业外部、不直接参与企业经营管理的投资者和债权人。他们需要会计信息评估管理当局的受托责任履行情况，以进行有关决策。（3）与企业有相关利益的各个集团，如职工、客户、供应商以及有关的社会福利部门等。他们需要会计信息来了解企业的日后发展前景。

各种会计信息使用者需要会计信息的侧重点不同。比如，国家宏观管理部门需要的是有利于对企业进行宏观管理的会计信息，而在各个宏观管理部门中所需要的信息侧重点也不同：税务部门关注企业对各种税金的核算与缴纳情况的信息；财政部门则十分关注企业对国有资产保值、增值的会计信息。企业外部的债权人关注的是一个企业偿债能力的会计信息；投资者则关注企业的盈利能力和企业未来有利的现金流量；有些股东也关注企业的长远发展趋势，有些股东则只关注企业对利润的支付情况等。管理当局关注企业的整体情况，以便从经营者的角度对企业进行把握，更好地进行经营管理。此外，社会有关部门则关注企业是否履行了其应该承担的社会责任，在治理环境污染、保持可持续发展方面做了什么样的工作，对职工生活的关心程度等。

尽管会计信息使用者对会计信息的侧重点要求不同，企业以下方面的会计信息则是他们所共同关注的：（1）关于一个企业特定时点的财务状况的信息；（2）关于一个企业特定期间的经营成果的信息；（3）关于一个企业特定期间现金流入和流出的信息。

第一节   会计基本前提

会计的基本前提就是为保证会计信息质量和会计工作的正常进行而对会计核算的范围、内容以及基本程序和方法所做的限定，比如会计核算和监督的范围究竟有多大、会计为谁记账等。它是根据客观的正常情况或者发展趋势所作的合乎事理的推断和假定，故又称为会计假设。具体包括四个基本前提。

一、会计主体

A、B 两家单位进行买卖商品交易，交易金额 5 000 元，问会计该如何记账？要回答这个问题，首先得明确会计是哪个单位的会计，这就是会计主体。所谓的会计主体，是指会计所服务的特定单位。明确会计主体是组织会计核算工作的首要前提。会计主体一般是企业、事业单位、机关部门、团体等单位或组织，但一定不是个人。

练习题：小王是 A 公司的会计。一天，A 公司老总带小王采购办公设备。A 公司购买了 20 000 元的办公桌和沙发，A 公司老总给自己儿子买了价值 3 000 元的打印机。小王需要核算的业务有哪些？

二、持续经营

持续经营是指正常情况下，会计所服务的单位在可预见的未来，不会停产倒闭，会按既定的目标无限期地经营下去。这一假设将会计核算工作建立在正常状态下，由此，会计核算与报告系统才能处于稳定状态。

三、会计分期

企业在经营期间财务状况不断变化，直到破产停业才能稳定。而此时破产停业成为定局，提供的财务信息失去了有效价值。因此有必要在经营期间，在合适的时间点，反映企业的财务信息。这个时间点就是会计分期。企业的会计分期一般分为年度、半年度、季度、月度。比如，这些信息需要每个月反映一次，这个会计分期就是月度。

四、货币计量

各种财产物资有不同的物质表现形态，其计量单位各有不同。例如，钢材以吨计量，房屋以幢计量，汽车以辆计量等。如果没有统一的计量方式，会计工作就无法进行，至少无法按照现在模式进行。货币是唯一可通用的计量手段。

第二节　会计核算基础

某公司 2012 年 4 月 5 日销售一批产品，该产品价值 3 000 元，但是买方当时并未付款。直到 2012 年 5 月 9 日公司才收到 3 000 元货款。那么这 3 000 元应记为 4 月份的收入还是 5 月份的收入呢？这就取决于会计核算的基础。

会计核算基础，也称会计记账基础，是确定收入和费用的标准，包括权责发生制和收付实现制两种。

一、权责发生制

权责发生制是按照权利和义务发生的时间（或业务发生的时间）为标准来确定收入和费用的归属期间。上述案例，销售产品这个业务是在 4 月份发生的，所以应该把 3 000 元作为 4 月份的收入，与实际收到货款的时间无关。

二、收付实现制

收付实现制是按照实际收到或付出款项的日期来确定收入和费用的归属期间。上述案例，销售业务是在 4 月份发生，但是实际收到款项是在 5 月份，所以应该将 3 000 元确认为 5 月份的收入，与销售时间无关。

财政部颁布的《企业会计准则》规定，企业应当以权责发生制为基础进行会计确认、计量和报告。目前，我国的行政单位会计主要采用收付实现制，事业单位也大部分采用收付实现制。

练习题：某企业 3 月份买了 250 元的办公用品，当时即现金付款；3 月份购买 300 元的材料，该笔款项 4 月份支付；3 月份销售甲产品，取得 400 元收入，当时即收到现金；3 月份销售乙产品，价格 150 元，对方 5 月份付款。试分别用收付实现制和权责发生制计算 3 月份的收入与支出情况。

第三节　会计的职能和会计对象

一、会计职能

会计的职能是会计固有的功能，是会计本质的体现。会计的职能是指会计在经济管理工作中所具有的功能。随着会计的发展，会计的职能也在不断变化，但其基本职能只有两项，即核算和监督（也称为反映和监督）。

会计的核算职能是指会计以货币为计量单位综合反映企业单位的经济活动，为经济管理提供会计信息。通常所说的记账、算账、报账等会计工作，就是会计核算职能的具体体现。会计反映社会再生产过程不仅应记录已经发生或完成的经济业务，还应面向未来，为经济管理提供有关预测未来经济活动和效果的数据资料。

会计的监督标准有：党和国家的路线、方针、政策和法律；会计法规、准则、制度；企业单位内部控制制度、计划和定额等。会计对经济活动的合法性、真实性、合理与有效性进行监督。对于不合理、不合法的业务，会计有权事前提出意见，不予办理。随着经济的发展，会计的监督工作越来越重要。

会计的反映职能和监督职能是相辅相成、不可分割的。如实反映是监督的必备条件和基础，而严格监督又是反映的前提和继续。没有会计监督，会计反映就失去存在的意义，没有会计反映，会计监督就失去存在的基础。随着会计领域派生出许多新的会计职能，如利用各种预测数据，参与制定经济决策的"决策职能"；利用责任会计，对经济活动进行控制的"控制职能"等，都在进一步探讨中，但"反映"和"监督"职能是会计学界对会计基本职能的共识。

二、会计对象

在社会经济生活中，由于各单位所属的空间领域比如运行情况、工作性质、特点和内容都不尽相同，因而使得各单位的会计对象既有共性的一面，又体现了个性的特点。为了明确会计的一般对象，按经济活动的特点，将经济单位分为营利性单位和非营利性单位两类。

营利性单位，按其职能可分为制造企业、商品流通企业、施工企业等多种。这类企业要开展正常的生产经营活动，首先必须拥有和控制一部分经济资源，如厂房、设备、原材料、货币资金等，这些资源在会计上称为资产。其中，一部分资产为生产经营提供经营场所和经营手段，另外一部分资产为其提供劳动对象，或是提供用以结算的手段。而企业取得资产只能通过两大途径：一是由投资者投入，二是向银行等单位或个人借入。

以制造企业为例。任何一个企业单位，要想从事经营活动，必须拥有一定的物质基础，如制造企业若想生产产品，必须拥有厂房、建筑物、机器设备、材料物资等。也就是说，进行生产经营活动的前提是拥有资金。企业单位所拥有的资金不是闲置不动的，而是随着物资流的变化而不断地运动、变化的。例如，制造企业进行生产经营活动时，首先要用货币资金去购买材料物资为生产过程做准备，生产产品时，再到仓库领取材料物资，生产出产品后，还要对外出售，售后还要收回已经销售的产品收入。这样，制造企业的资金就陆续经过供应过程、生产过程和销售过程。资金的形态也在发生变化，用货币购买材料物资的时候，货币资金转化为储备资金（比如原材料）；车间生产产品领用材料物资时，储备资金又转化为生产资金（比如各种半成品）；将车间加工完毕的产品验收到产成品库后，生产资金又转化为成品资金；将产成品出售又收回货币资金时，成品资金又转化为货币资金。我们把资金从货币形态开始，依次经过储备资金、生产资金、成品资金，最后又回到货币资金这一运动叫做资金循环，周而复始的资金循环叫做资金周转。工业企业的资金是不断地循环周转的。

非营利单位，指的是行政、事业单位。这些单位不以营利为目的，但为了执行国家和社会赋予的特定任务，一方面要向财政部门和上级单位按核定的预算领取行政经费，取得相应的资金；另一方面，要按照预算规定的用途和开支标准，购置必要的资产，支付办公经费等费用开支。

无论是营利单位，还是非营利单位，尽管经济活动中的具体形式各不相同、具体的会计对象也各有侧重，但总体上可以归结为以下六个方面：

（1）资产的取得与使用；

（2）负债的发生与结算；

（3）所有者权益的增减变动；

（4）费用的发生与成本的形成；

（5）销售的实现与收入的取得；

（6）利润的形成与分配。

简而言之，会计反映和监督的对象是资金及其运动过程，正因为如此，我们可以把会计对象概括为社会再生产过程中的资金运动，即能以货币表现的经济活动。随着企业管理决策科学性的进一步加强，不仅上述六个方面的货币度量信息应为管理当局所重视，甚至一些重要的非确定性量化信息，也开始受到人们的关注。

第四节　会计要素

前文提到，会计的对象是社会再生产过程中的资金运动。但是，这一概念的涉及面过于广泛，而且较抽象。在会计实践中，为了进行分类核算，从而提供各种分门别类的会计信息，就必须对会计对象的具体内容进行适当的分类，于是，会计要素这一概念应运而生。

会计要素是对会计对象的基本分类，是会计对象的具体化，是反映会计主体财务状况和经营成果的基本单位。

我国的《企业会计准则——基本准则》将会计要素分为六类，包括资产、负债、所有者权益、收入、费用和利润。这六大会计要素又可以划分为两大类，即反映财务状况的会计要素和反映经营成果的会计要素。其中，反映财务状况的会计要素包括资产、负债和所有者权益；反映经营成果的会计要素包括收入、费用和利润。

一、资产

（一）资产的定义与特征

资产是指由过切去的交易或事项形成的、由企业拥有或者控制的、预期会给企业带来经济利益的资源。资产具有如下几个基本特征：

（1）资产是由过去的交易、事项所形成的。过去的交易或者事项包括购买、生产、建造行为等。只有过去的交易或者事项才能产生资产，企业预期在未来发生的交易或者事项不形成资产。例如，企业有购买汽车的意愿或者打算，但是购买行为尚未发生，就不符合资产的定义。

（2）资产必须是企业所拥有或控制的经济资源。所谓拥有，就是资产的法定所有权属于本企业，所谓控制，是指虽然本企业并不拥有该资产的所有权，但该资产的收益和风险已经由本企业承担。如果企业既不拥有也不控制资产所能带来的经济利益，就不能将其作为企业的资产予以确认。

（3）资产预期会给企业带来经济利益。即资产能够在未来直接或间接地产生净现金流入量。例如，企业购买的材料，可以用于生产经营，生产出产品对外销售，从而能收回货款，货款即为企业所获得的经济利益。再如，企业仓库里的一批食品已经过期腐烂，不能销售，从而不能为企业带来收益，则这些腐烂的食品就不能称为资产。

（二）资产的分类

资产按照存在形态分为有形资产和无形资产。前者是指有实物形态的资产，如材料、厂房、汽车等；无形资产是指不具有实物性的资产，比如商标权、专利技术等。

资产按照流动性分为流动资产和非流动资产。流动资产是指可以在一年以内变成现金或耗用的资产，比如现金、银行存款、材料等；反之，则为非流动资产，比如厂房、汽车、生产设备等。

二、负债

（一）负债的定义与特征

负债是指由过去的交易或事项所形成的、预期会导致经济利益流出企业的现实义务。负债具有如下特征：

（1）负债是由企业过去的交易或者事项所形成。也就是说，只有过去的交易或者事项才能形成负债，企业将在未来发生的承诺、签订的合同等交易或者事项，不形成负债。例如，企业昨天向银行借款 100 万元，属于负债；企业与银行达成了一个月后借入

200 万元的借款意向书，则不构成负债。

（2）负债是企业承担的现时义务。现时义务是指企业在现行条件下已承担的义务。未来发生的交易或事项形成的义务，不属于现时义务，不应当确认为负债。

（3）负债预期会导致经济利益流出企业。在履行现时义务清偿负债时，导致经济利益流出企业的形式多种多样。例如，购买价值 500 元的材料形成的负债，可以用现金偿还，可以提供劳务偿还，可以用资产偿还等。

（二）负债的分类

负债按照流动性可分为流动负债和非流动负债。负债的流动性是指偿还负债的时间。流动负债是指将在一年内偿还的债务，比如从银行借入的 3 个月期限的借款；非流动负债是指偿还期限在一年以上的债务，比如从银行借入的 2 年期限的借款。

三、所有者权益

（一）所有者权益的定义

所有者权益也称股东权益，是指企业资产扣除负债后由所有者享有的剩余权益。它等于企业全部资产减去全部负债后的余额，其实质是企业从投资者手中吸收的投入资本及其增值，同时也是企业进行经济活动的"本钱"。

（二）所有者权益和负债的区别

所有者权益和负债虽然都体现企业的资金来源，但两者之间却有本质不同，具体表现为：

（1）负债是企业对债权人所承担的经济责任，企业负有偿还的义务；而所有者权益则是企业对投资人所承担的经济责任，在一般情况下是不需要归还给投资者的。

（2）债权人只享有按期收回利息和债务本金的权利，而无权参与企业的利润分配和经营管理；投资者则既可以参与企业的利润分配，也可以参与企业的经营管理。

（3）在企业清算时，负债拥有优先求偿权；而所有者权益则只能在清偿了所有的负债后，才返还给投资者。

以上三个要素称为静态要素，可以反映企业某具体时刻的财务状况。即具体到某一天，企业有多少资产，有多少负债，以及所有者权益是多少。三个要素之间的关系用一个等式来表示就是：资产 = 负债 + 所有者权益。

四、收入

收入是指企业在日常活动中形成的、会导致所有者权益增加的、与所有者投入资本无关的经济利益的总流入。收入的实质是企业生产经营活动的结果，有如下特征：

（1）收入从企业的日常活动中产生。日常活动是指企业为完成其经营目标所从事的经常性活动以及与之相关的活动。如工业企业销售其生产的产品、保险公司签发保单、咨询公司提供咨询服务、商业银行提供贷款等，均属于企业的日常活动。偶然的交易或事项产生的利益流入不能称为收入，例如企业接受政府捐赠 10 万元，不能称为收入。

（2）投资者投入资本不是收入。企业的投资者投入的资金属于所有者权益，而不是收入。

（3）收入最终能导致所有者权益增加。

五、费用

费用是企业在日常活动中发生的、会导致所有者权益减少的、与所有者分配利润无关的经济利益的总流出。费用具有如下特征：

（1）费用是企业在日常活动中形成的。这里日常活动的界定与收入定义中涉及的日常活动的界定一致。例如，企业要生产产品，必须有材料才能生产，购买材料花费的支出就是日常活动产生的费用。

（2）分配给所有者的利润不是费用。

（3）费用最终会导致所有者权益减少。

六、利润

利润是指企业在一定会计期间的经营成果，是收入减去费用后的结果。

以上三个要素称为动态要素，可以反映企业某段期间的经营成果。即某月或某年，企业的收入、费用和利润各是多少。三个要素之间的关系用一个等式来表示就是：收入 − 费用 = 利润。

以上六大要素的划分在会计核算中具有重要作用，它们相互影响，密切联系，全面、综合地反映企业的经济活动，是后文即将提到的会计科目的依据，构成了会计报表的基本框架。

思考：下列这些项目，分别属于哪一种会计要素？

1. 库存现金；（资产）

2. 存放在银行的存款；（资产）

3. 本月应付但尚未支付的职工工资；（负债）

4. 向银行借入 3 个月期限的借款；（负债）

5. 办公大楼；（资产）

6. 完工入库的产品；（资产）

7. 企业接受的投资款；（实收资本）

8. 原材料；（资产）

9. 委托其他单位加工的物资；（资产）

10. 企业自创的已申请专利的发明；（资产）

11. 欠外单位的购货款；（负债）

12. 欠银行的借款的借款利息；（负债）

13. 办公室发生的办公费用；（费用）

14. 欠税务机关 1 个月的营业税；（负债）

15. 本期发生的业务招待费；（费用）

16. 销售商品收到货款。（收入）

七、会计等式

一个企业要开展生产经营活动，首先必须拥有一定数量的资产，如库存现金、银行存款等货币资金，或是材料、机器设备等实物资产，等等。资产是企业正常经营的物质基础。通常，企业的资产主要来源于投资者的原始投入。此外，企业还可以通过借款的方式获取资产。显而易见，企业的资产无外乎投资者和债权人这两大途径。用公式表示即为：

$$资产 = 负债 + 所有者权益$$

这一等式称为会计基本等式，又称会计恒等式。它表明了资产、负债和所有者权益三个会计要素之间的基本关系，反映了企业在某一特定时点所拥有的资产及债权人和投资者对企业资产要求权的基本状况。这一等式是设置账户、复式记账和编制资产负债表的理论依据。

企业运用债权人和投资者所提供的资产，由其经营运作后获得收入，同时以发生相关费用为代价，将一定期间实现的收入与费用配比，就能确定该期间企业的经营成果。

用公式表示如下：

$$收入 - 费用 = 利润$$

收入与费用两大会计要素记载的经济业务事项，依据配比原则并通过结账形成利润，最终转化为所有者权益。因此，在会计期末，会计恒等关系又恢复至其基本形式，即为：

$$资产 = 负债 + 所有者权益$$

这一平衡关系构建了资产负债表的基本框架，可以总括地反映企业某特定时点的财务状况。

趣味会计习题：

会计小刚要结婚了。他从多年的积蓄里拿出 10 万元（所有者权益），又在开公司的叔叔那里借来 15 万元（负债），买了一栋价值 25 万元的楼房（资产）。

等他搬进新家后，未婚妻又送来 8 万元（所有者权益）用于装修和购置家具（资产），因为这个家是他们的共同财产。

结婚一个月后，小刚和妻子坐在一起总结家庭开支情况。两人的工资总额是 5 000 元（收入），一个月花掉水电费 200 元，电视、电话费 300 元，柴米油盐酱醋茶 800 元，其他杂费 500 元，支出总计 1 800 元（费用）。本月剩余达 3 200 元（利润）。

俩人挺高兴，小刚直夸妻子会过日子。小刚是会计哦，算账可是他的本行。他掰着手指头算：我的资产就是 25 万元的房子和 8 万元的装修及家具，一共 33 万元，负债是 15 万元，所有者权益就出来了，33−15=18 万元，真正属于小刚的只有 18 万元。

第二十二章
会计核心核算

第一节 会计科目

一、会计科目的含义

会计科目是对会计要素的具体内容进行分类核算的项目。在开始会计核算工作前，必须设置会计科目。

会计上为了记录经济业务，提供会计信息，将会计对象划分为六个会计要素。这是对会计对象的第一次分类，也是最基本的分类。例如，要了解一个企业拥有的经济资源有多少？承担了多少债务？投资人的权益是多少？这一年取得的收入是多少？发生多少耗费？实现多少利润？这些信息，我们可以通过前述各项会计要素所提供的资料来满足有关信息使用者的需要。然而，会计信息使用者在决策过程中，除了需要上述的资料外，往往还需要更详细的资料。例如，要了解企业的资产具体包括哪些资产？企业的债务来源有哪些？不同的投资者投入的资本是多少？等等。这样，会计要素就无法满足这些需要。于是，就需要在会计要素的基础上进行再分类，以便分门别类地核算，提供更详细具体的信息。会计科目就是在会计要素的基础上所做的进一步分类。

二、会计科目的具体分类及内容

2000 年 12 月 29 日财政部公布的《企业会计制度》是在原已经发布的具体会计准则和《股份有限公司会计制度》基础上制定的，共设置会计科目 85 个。2007 年 1 月 1 日财政部公布的《企业会计准则——应用指南》设置会计科目 156 个，涵盖了我国所有企业的交易或者事项（本书举例所用科目参照"企业会计准则——应用指南"），如表 22-1 所示。

表 22-1 常用会计科目名称

顺序号	编号	名称	顺序号	编号	名称
一、资产类			21	1901	待处理财产损益
1	1001	库存现金	二、负债类		
2	1002	银行存款	22	2001	短期借款
3	1101	交易性金融资产	23	2201	应付票据
4	1122	应收票据	24	2202	应付账款
5	1123	预付账款	25	2203	预收账款
6	1131	应收股利	26	2211	应付职工薪酬
7	1132	应收利息	27	2221	应交税费
8	1221	其他应收款	28	2231	应付利息
9	1231	坏账准备	29	2232	应付股利
10	1401	材料采购	30	2241	其他应付款
11	1403	原材料	31	2501	长期借款
12	1405	库存商品	32	2502	应付债券
13	1511	长期股权投资	33	2701	长期应付款
14	1521	投资性房地产	三、共同类		
15	1531	长期应收款	34	3101	衍生工具
16	1601	固定资产	35	3201	套期工具
17	1602	累计折旧	36	3202	被套期项目
18	1701	无形资产	四、所有者权益类		
19	1702	累计摊销	37	4001	实收资本
20	1711	商誉	38	4002	资本公积

顺序号	编号	名称	顺序号	编号	名称
39	4101	盈余公积	47	6111	投资收益
40	4103	本年利润	48	6301	营业外收入
41	4104	利润分配	49	6401	主营业务成本
五、成本类			50	6402	其他业务成本
42	5001	生产成本	51	6403	营业税金及附加
43	5101	制造费用	52	6601	销售费用
44	5301	研发支出	53	6602	管理费用
六、损益类			54	6603	财务费用
45	6001	主营业务收入	55	6711	营业外支出
46	6051	其他业务收入	56	6801	所得税费用

会计科目分总账科目、子目和细目。总账科目又称一级科目，反映各项经济业务的总括情况；子目又称二级科目，是对总账科目进一步的分类；细目又称三级科目，是对子目的分类。

上述会计科目均为总分类科目，如果需要更详细的指标，可进一步细分。以"原材料"和"生产成本"两个总分类科目为例，按照其提供指标详细程度的分类如表22-2所示。

表 22-2　会计科目按照提供指标详细程度的分类

总分类科目 （一级科目）	明细分类科目	
	二级科目	三级科目
原材料	原料及主要材料	圆钢 生铁
	辅助材料	润滑油 防锈剂
	燃料	汽油 柴油
生产成本	第一车间	甲产品 乙产品
	第二车间	丙产品 丁产品

以资产为例。资产是六个会计要素之一，将资产这个要素进行细分，划分为若干个具体的会计科目。在反映会计信息时，我们可以提供资产总额 100 万元，也可以提供具体的资产项目，例如库存现金 10 万元，银行存款 20 万元，应收账款 10 万元，原材料 10 万元，固定资产 50 万元，共计资产 100 万元。

其他会计要素的分类依次类推。以下几个会计科目是比较常见的科目：

（1）库存现金，即企业存放在财会部门的现金。

（2）银行存款，即企业存放在银行或其他金融机构的各种存款。

（3）交易性金融资产，即企业为了近期内出售而持有的、以赚取差价为目的所购的有活跃市场报价的股票、债券、基金投资等。

（4）应收账款，即销售商品应该收到但是尚未收回的货款。

（5）原材料，即企业购买的、主要用于生产产品使用的材料。

（6）投资性房地产，即为赚取租金或资本增值，或两者兼有而持有的房地产。

（7）固定资产，即为生产商品、提供劳务、出租或经营管理而持有的，使用寿命超过一个会计期间的、价值较高的有形资产。固定资产包括房屋及建筑物、机器设备、运输设备、工具器具等。

（8）无形资产，即企业拥有或者控制的，没有实物形态的可辨认非货币性资产。无形资产包括专利权、非专利技术、商标权、著作权、土地使用权等。

（9）短期借款，即向银行等金融机构借入的期限在一年以下的借款。

（10）应付账款，即企业因购买材料、商品和接受劳务供应等经营活动应支付但尚未支付的款项。

（11）应付职工薪酬，即应该支付给职工的工资、奖金、津贴等。

（12）实收资本，即收到的投资者投入的资本。

（13）主营业务收入，即销售产品所取得的收入。

……

例如，用会计科目表示下述各项内容：

1. 企业库存的现金——库存现金；

2. 存放在银行的存款——银行存款；

3. 本月应付但尚未支付的职工工资——应付职工薪酬；

4. 向银行借入 3 个月期限的借款——短期借款；

5. 办公大楼——固定资产；

6. 完工入库的产品——库存商品；

7. 企业接受的投资款——实收资本；

8. 生产用的材料——原材料；

9. 委托其他单位加工的物资——委托加工物资；

10. 企业自创的已申请专利的发明——无形资产；

11. 欠外单位的购货款——应付账款；

12. 欠银行的借款的借款利息——应付利息；

13. 办公室发生的办公费用——管理费用；

14. 欠税务机关 1 个月的营业税——应交税费；

15. 本期发生的业务招待费——管理费用；

16. 销售商品收到货款——主营业务收入。

第二节 会计账户

一、会计账户的概念

会计账户是根据会计科目开设的，具有一定结构，用来系统、连续地记载各项经济业务的一种手段。设置会计账户可以对会计要素的具体内容进行日常归类，分门别类地进行核算和监督。

二、会计账户的结构和格式

会计账户的基本结构分为左右两个部分。一部分登记增加数，一部分登记减少数，增减相抵后的数额称为账户余额。增加数登记在左部分还是右部分，取决于该账户的性质。

会计账户的基本格式是 T 字式，又称丁字式，任何格式都是在此基础上发展起来的，目前在教学过程中使用的一般是 T 字式账户，格式如表 22-3 和表 22-4 所示。在具体实务中常用的是三栏式，格式如表 22-5 所示。

表 22-3 资产账户和费用、成本账户

增加方	会计科目（账户名称）	减少方
期初余额 发生额（增加数）	发生额（减少数）	
本期发生额（增加合计） 期末余额	本期发生额（减少合计）	

例如，银行存款增加了 100 000 元，用账户表示如下：

增加方	银行存款	减少方
100 000		

如果是银行存款减少了 5 000 元，则表示如下：

增加方	银行存款	减少方
	5 000	

解析：银行存款是资产类科目，资产类科目增加数应该记在左边的增加方。反之，如果银行存款减少，资产类科目减少要记在右边的减少方。

表 22-4 负债、所有者权益账户和收入、成果账户

减少方	会计科目（账户名称）	增加方
发生额（减少数）	期初余额 发生额（增加数）	
本期发生额（减少合计）	本期发生额（增加合计） 期末余额	

例如，企业取得短期借款 30 000 元，用账户表示如下：

增加方	短期借款	减少方
	30 000	

企业归还短期借款 50 000 元，用账户表示如下：

增加方	短期借款	减少方
50 000		

解析：短期借款是负债类科目，负债类科目增加数应该记在右边的增加方。反之，如果短期借款减少，资产类科目减少要记在左边的减少方。

表 22-5　会计科目（账户名称）

年 月 日	凭证号数	摘　　要	增 加 数	减 少 数	余　　额

三、会计账户的内容

会计账户的格式虽有不同，但是其内容是相同的，一般应包括：

（1）账户的名称——会计科目。

（2）日期和凭证号数——账户记录的时间及来源。

（3）摘要——会计事项的简要内容。

（4）增加和减少的金额。

（5）余额。

四、会计账户和会计科目的关系

会计账户和会计科目既相互联系，有存在区别。它们两者之间的关系如表 22-6 所示。

表 22-6　会计账户和会计科目的关系

	会计账户	会计科目
相同	会计账户所登记的经济内容与会计科目所反映的经济内容是一致的	
联系	会计账户是根据会计科目开设的，是会计科目的具体运用	会计科目是设置会计账户的依据，是会计账户的名称
区别	会计账户具有一定结构，能具体反映会计要素增减变动情况	会计科目只是会计要素具体内容的分类，本身无结构

简单地说，会计科目是对会计要素的分类，是具体的名称，本身不能反映其变化。而会计账户是在会计科目的基础上具有了某种格式，由此就可以反映经济活动涉及的相关变化。例如，"银行存款"这个会计科目只能表示资产中的这一具体项目，而"银行

存款账户"可以反映银行存款的增减变化。

第三节 借贷记账

一、记账方法的历史沿革

记账方法是根据一定原理、记账符号、记账规则，采用一定计量单位，利用文字和数字在账簿中记录经济业务活动的一种专门方法。从会计发展的初期至今，曾经使用和正在使用的记账方法可以分为两类：单式记账法和复式记账法。

单式记账法下，所有的经济业务事项只作单方面的登记，一般登记现金、银行存款等内容的变化，而对实物一般不作登记。例如，用现金 5 000 元购买一批木材，记账时一般只登记现金减少了 5 000 元，而不登记木材的增加；销售产品，收到了 2 000 元货款，记账时记录现金增加了 2 000 元，而没有反映出产品的减少。很显然，单式记账法记录的信息是不全面的，存在着单方面记录的弊病，难以从会计记录中考察经济业务事项的全貌，无法形成连续、系统且又严密的会计信息记录，所以单式记账法一般已很少使用。

复式记账法由单式记账法发展而来，是对每笔交易、事项用相同的金额同时在两个或两个以上相互联系的账户中登记。对发生的经济业务，既要登记现金或银行存款的变化，也要登记实物的变化。如上例：用现金 5 000 元购买的木材，既要登记现金减少了 5 000 元，也要登记增加了价值 5 000 元的木材；销售产品，收到了 2 000 元的货款，既要登记现金增加了 2 000 元，也要登记减少了价值 2 000 元的产品。由此可见，复式记账记录了业务的来龙去脉，反映的信息更全面、更具体。从会计实践的历史看，我国会计实务所采用的复式记账法，包括借贷记账法、增减记账法和收付记账法三种。其中，借贷记账法产生于公元 14 世纪的欧洲，后广泛流传于欧美国家，20 世纪初由日本传入我国，目前是我国会计规范规定唯一可以采用的记账方法。因此，本节着重介绍借贷记账法的基本原理。

二、借贷记账法

借贷记账法是国际上通用的一种记账方法。我国的会计工作也采用过其他方法，但因记账方法不统一，既给企业间横向经济联系和国际经济交往带来诸多不便，也不利于经济管理中对会计信息的加工、汇总和利用。因此，我国于 1993 年实施的基本会计准则明确规定，境内所有企业在进行会计核算时，都必须统一采用借贷记账法。目前，即使是行政、事业单位，也都采用借贷记账法。

（一）"借""贷"是一种记账符号

借贷记账法是以"借"和"贷"作为记账符号的复式记账法。在这里，"借"和"贷"作为记账符号，已不再具有其本身的含义，只用来反映经济业务事项的数量变化。在借贷记账法下，任何账户都分为借、贷两方，而且把账户的左方称为"借方"，账户的右方称为"贷方"（如表 22-7 所示）。记账时，账户的借贷两方必须做相反方向的记录，即对于每一个账户来说，如果借方用来登记增加额，则贷方就用来登记减少额；如果借方用来登记减少额，则贷方就用来登记增加额。在一个会计期间内，借方登记的合计数称为借方发生额；贷方登记的合计数称为贷方发生额。那么，究竟用哪一方来登记增加额，用哪一方来登记减少额呢？这要根据各个账户所反映的经济内容，也就是它的性质来决定。

表 22-7 账 户 结 构

借方	账户名称	贷方

（二）账户结构

账户结构是反映账户内容的组成要素，账户的结构是由账户的性质，也就是由账户所反映的经济内容所决定的。不同性质的账户其结构中所反映的资金数量的增减方向也有所不同。

1. 资产类账户的结构

资产类账户的结构主要体现在：资产的增加金额记入账户的借方，减少金额记入账户的贷方；账户若有余额，一般为借方余额，表示期初或期末资产的结存金额。

该类账户期末余额的计算公式如下：

资产类账户期末余额 = 期初借方余额 + 本期借方发生额 − 本期贷方发生额

资产类账户的简化结构，如表 22-8 所示：

表 22-8　资产类账户结构

借方	资产类账户	贷方
期初余额： 本期增加额：		本期减少额：
本期发生额： 期末余额：		本期发生额：

以库存现金为例。1月1日库存现金有 500 元，1 月份共收到现金 4 000 元，1 月份共支出现金 1 500 元。用上述账户表示该业务的发生，即：

借方		库存现金	贷方	
期初余额：	500			
本期增加额：	4 000		本期减少额：	1 500
本期发生额：	4 000		本期发生额：	1 500
期末余额：	3 000			

2. 负债及所有者权益类账户

由"资产 = 负债 + 所有者权益"的会计等式所决定，负债及所有者权益类账户的结构与资产类账户正好相反，其贷方登记负债和所有者权益的增加额，借方登记负债及所有者权益的减少额。如果有余额，一般在贷方。计算公式如下：

负债及所有者权益类账户余额 = 期初贷方余额 + 本期贷方发生额 − 本期借方发生额

负债及所有者权益类账户的简化结构，如表 22-9 所示。

表 22-9　负债及所有者权益类账户结构

借方	负债及所有者权益类账户	贷方
本期减少额：		期初余额 本期增加额：
本期发生额：		本期发生额： 期末余额：

以短期借款为例。2月1日，有短期借款 30 000 元余额，2 月份又从银行借入短期借款 50 000 元，2 月份归还一部分短期借款 20 000 元。用上述账户表示该业务的发生，即：

借方	短期借款		贷方
	期初余额:	30 000	
本期减少额: 20 000	本期增加额:	50 000	
本期发生额: 20 000	本期发生额:	50 000	
	期末余额:	60 000	

3. 损益类账户

损益类账户包括损益收入类和损益费用类账户。

（1）收入类。收入类账户的结果与负债及所有者权益类账户相类似，账户的贷方登记收入的增加额，借方登记收入的减少额。由于贷方登记的收入增加额期末一般要转出，所以这类账户通常没有期末余额。收入类账户的简化结构，如表 22-10 所示。

表 22-10　收入类账户结构

借方	收入类账户	贷方
本期减少额:		本期增加额:
本期发生额:		本期发生额:

（2）费用类。企业在生产经营中所发生的各项耗费，大多由资产转化而来，所以费用在抵消收入之前，可将其视为一种特殊资产。因此，费用类账户的结构与资产类账户基本相同，账户的借方登记费用的增加额，贷方登记费用的减少额。由于借方登记的费用增加额一般都要转出，所以该类账户通常没有期末余额。费用类账户的简化结构，如表 22-11 所示。

表 22-11　费用类账户结构

借方	费用类账户	贷方
本期增加额:		本期减少额:
本期发生额:		本期发生额:

根据上述对资产、负债、所有者权益、费用、收入五类账户结构的描述，可以将账户借、贷方发生额的基本特点归纳如表 22-12 所示。

表 22-12　账户借、贷方发生额的特点

资产的增加	资产的减少
负债的减少	负债的增加
所有者权益的减少	所有者权益的增加
费用的增加	费用的减少
收入的减少	收入的增加

（三）记账规则

在借贷记账法下，对每一项经济业务事项，都要在两个或两个以上的账户同时进行等额登记。要遵循"有借必有贷，借贷必相等"的记账规则，即发生的同一业务，既要在相关账户的借方做登记，也要在相关账户的贷方做登记，而且借贷方金额相等。以下通过几个简单的例题，说明借贷记账法的具体运用以及记账规则的应用。

借贷记账法在具体运用时，可分三步进行：首先，判断具体经济业务事项的类型；其次，判断具体经济业务事项所涉及的账户及增减变动情况；最后根据账户的结构，判断应借应贷的账户名称及金额。

例题 1：东方公司将现金 30 000 元存入银行。

解析：在本题里，涉及现金减少 30 000 元，记到贷方，银行存款增加 30 000 元，记到借方。

借方	库存现金	贷方
	30 000	

借方	银行存款	贷方
30 000		

注：在实际业务中，"本期增加"、"本期减少"在账户结构中可以省略不写。因为账户性质确定了，那么借方和贷方表示的是增加和减少就确定了，不需要再用"本期增加"、"本期减少"重复说明。

例题 2：购买 500 元材料，用现金付款。

解析：在本题中，涉及现金减少 500 元，记到贷方，增加了 500 元的材料，记到借方。

借方	库存现金	贷方
	500	

借方	原材料	贷方
500		

例题 3：购买了 6 000 元材料，没有付款。

解析：在本题中，涉及原材料，增加了 6 000 元的材料，记到借方。没有付款，应该用"应付账款"表示。应付账款增加了 6 000 元，记到贷方。

借方	应付账款	贷方
	6 000	

借方	原材料	贷方
6 000		

例题 4：用银行存款归还所欠的短期借款 100 000 元。

解析：在本题中，涉及银行存款减少了 100 000 元，记到贷方，短期借款减少了 100 000 元，记到借方。

借方	银行存款	贷方
	100 000	

借方	短期借款	贷方
100 000		

思考：下列业务用账户该如何记账？

1. 企业从银行提取现金 5 000 元；

2. 企业购买 400 元材料，用现金付款；

3. 企业购买 500 元材料，尚未付款；

4. 企业用银行存款 2 000 元归还所欠货款；

5. 企业向银行借入 7 000 元，存入银行。

第二十三章

会计操作

前面部分讲的是核算原理、核算方法。这一部分，我们要学习在实务工作中，会计的具体工作是怎么做的。会计工作是按照会计凭证—会计账簿—会计报表的流程进行操作的。

第一节　会计凭证

一、会计凭证的概念

会计凭证是记录经济业务、明确经济责任的书面证明，也是据以登记账簿的依据。填制和审核会计凭证是会计核算的一种专门方法，也是进行会计核算工作的第一步。进行会计核算，必须要有会计凭证，即对于发生的一切经济业务和账务处理，都必须取得书面证明；一切会计凭证只有经审核无误后，才能据此登记账簿。会计凭证，对于完成会计核算任务，发挥会计在经济管理中的职能作用，具有十分重要的意义。

二、会计凭证的作用

会计凭证的作用，主要体现在以下四个方面：

（一）会计凭证能够正确反映每一笔经济业务的发生和完成情况

各企业单位在日常的生产经营活动中，会发生各种各样的经济业务，如各项资产的取得和使用、各项债务的发生和偿付、财务成果的形成和分配等，既有货币资金的收付，又有财产物资的进出。通过会计凭证的填制，可以将日常发生的大量经济业务真实地记录下来，及时地反映各项经济业务的发生和完成情况，为经营管理提供有用的会计信息。

（二）会计凭证可以为登记账簿提供依据

为了保证会计账簿资料的真实性、可靠性，对单位发生的每一项经济业务都必须及时取得或填制会计凭证，然后根据审核无误的会计凭证登记入账，这样就可以把经济业务的发生和完成情况正确及时地反映在会计凭证上，并为登记账簿提供可靠的依据。

（三）会计凭证有利于明确各个职能部门、各个经办人员的经济责任

在会计凭证中，列明了经济业务发生的日期、内容、数量、金额以及有关经办人员的签名盖章等。这样就可以明确各经办单位及人员所负的责任，从而加强他们的责任感。一旦发生了差错和纠纷，也可以借助会计凭证进行正确的裁决，从而增强业务人员的责任心。

（四）会计凭证有利于发挥会计的监督作用

通过取得和填制会计凭证，可以检查每项经济业务是否真实、正确、合法、合规、合理，及时发现经济管理上的不足之处和各项管理制度上的漏洞，从而采取必要的措施来改进工作。

三、会计凭证的分类

会计凭证是多种多样的，按其填制的程序和用途的不同，可以分为原始凭证和记账凭证两大类，每一类按照一定的标志可以作进一步的分类。

第二节　原始凭证

原始凭证，是在经济业务发生时取得或者填制的，用以记录或证明经济业务发生与完成情况，并作为记账原始依据的一种会计凭证。我们买东西时取得的发票、坐车时取得的车票等，都属于最常见的原始凭证。原始凭证是进行会计核算的原始资料和重要的证明文件。

一、原始凭证的分类

原始凭证按照来源的不同，可以分为外来原始凭证和自制原始凭证。

（一）外来原始凭证

外来原始凭证是指企业、单位同外部企业、单位或者个人发生经济业务往来时，从外部企业、单位或者个人那里取得的原始凭证。例如，购进原材料时从购货单位取得的发票，在向外单位付款时取得的收据等。购货发票的格式如表23-1所示。

表23-1　购 货 发 票

×× 公司发票

2009 年 1 月 8 日

购买单位：红星工厂　　　　　　　　　　　　　　　　　　　　　　　　　　No.03878

品名及规格	单位	数量	单价	金额
甲材料	公斤	2 000	5.00	10 000
总计	人民币壹万元整			

收款单位发票专用章　　　　　　　　　　开票人：××　　　　　　　　　　收款人：××

（二）自制原始凭证

自制原始凭证，是指在经济业务发生或完成后，本单位内部经办业务的机构和人员，根据经济业务的内容自行填制的凭证。例如，由仓库保管人员在验收入库材料时填制的收料单，职工在领用材料时填制的领料单，产品验收入库时的入库单等。自制原始凭证按照填制手续的不同可以划分为一次凭证、累计凭证、汇总原始凭证和计算原始凭证。

1. 一次凭证

一次凭证是指填制手续是一次完成的，用以记录一项经济业务或若干项同类经济业务的凭证。外来的原始凭证几乎都是一次凭证。自制的原始凭证绝大多数也是一次凭证。如"领料单"、"收料单"和职工借款单等。领料单的格式如表 23-2 所示。

表 23-2 领 料 单

领用部门：（略）
用途：×× 产品　　　　　　　　　2007 年 1 月 25 日　　　　　　　　编号：（略）

材料编号	名称	规格	计量单位	请领数量	实发数量	单位成本	金额	备注
001	圆木	8 厘米	立方米	3	3	1 500	4 500	

供应部门负责人：××　　　审批人：×××　　　领料人：××　　　发料人：×××

2. 累计凭证

累计凭证是指在规定期限内，为了减少凭证数量和简化凭证填制手续，将不断重复发生且性质相同的经济业务登记在一起，进行连续反映的一种自制原始凭证。累计凭证的填制手续不是一次完成的，而是把经常发生的同类经济业务登记在一张凭证上，直到期末求出总数以后才完成凭证的填制手续，此时才可以作为记账的原始依据。如企业为了控制材料领料而采用的"限额领料单"，如表 23-3 所示。

表 23-3 限额领料单
2007 年 1 月 20 日

领料部门：　　　　　　　　　　　　发料仓库：
产品名称：　　　　　　　　　　　　计划产量：
材料编号：　　　　　　　　　　　　名称规格：
计量单位：　　　　　　　　　　　　领用限额：

日期	请领数量	实发数量	累计实发数量	限额结余	领料人签章
累计实发金额					

供应部门负责人：　　　　　生产部门负责人：　　　　　仓库管理员：

3. 汇总原始凭证

汇总原始凭证也称原始凭证汇总表，是根据一定时期内若干张反映同类经济业务的原始凭证汇总编制而成的凭证。如"发料凭证汇总表"、"现金收入汇总表"等。"发料凭证汇总表"如表 23-4 所示。

表 23-4　发料凭证汇总表

借方科目	生产成本	制造费用	管理费用	合计
甲材料	7 200	1 410	400	9 010
乙材料	18 800	1 500	700	21 000
丙材料		490		490
合计	26 000	3 400	1 100	30 500

审核：××　　　　　　　　　　　　　　　　　　制单：××

4. 计算原始凭证

计算原始凭证是根据有关资料计算而形成的原始凭证。如制造费用分配表、工资费用分配表等。制造费用分配表如表 23-5 所示。

表 23-5　制造费用分配表

产品名称	生产工人工时	分配率	分配金额
A产品	20 580		10 290
B产品	8 868		4 434
合计	29 448	0.5	14 724

二、原始凭证的基本内容

各个单位发生的经济业务事项复杂多样，记录和反映经济业务事项的原始凭证来源于不同渠道，原始凭证的内容、格式不尽相同。作为反映经济业务事项已经发生或完成并承担明确经济责任的书面文件，无论是哪一种原始凭证，都应当具备以下基本内容：

（1）原始凭证的名称，如发货票、入库单；

（2）原始凭证的填制日期和编号，一般应当是经济业务事项发生或完成的日期；

（3）接受原始凭证单位名称或个人姓名；

（4）经济业务事项的内容摘要；

（5）经济业务事项的数量、单价和金额；

（6）填制原始凭证的单位名称；

（7）有关经办人员的签名或盖章。

从外单位取得的原始凭证，应该使用统一的发票，发票上印有税务专用章，并且必须盖有填制单位的公章。从个人取得的原始凭证，必须有填制人员的签名或者盖章。自制原始凭证必须有经办部门的负责人或者指定的人员签名或者盖章，对外开出的原始凭证必须加盖本单位的公章。

有些原始凭证除了包括上述基本内容以外，为了满足计划、统计等其他业务工作的需要，还要列入一些补充内容。例如，在有些原始凭证上，还要注明与该笔经济业务有关的计划指标、预算项目和经济合同等。

各会计主体根据会计核算和管理的需要，按照原始凭证应具备的基本内容和补充内容，即可设计和印制适合本主体需要的各种原始凭证。但是，为了加强宏观管理，强化监督，堵塞偷税、漏税的漏洞，各有关主管部门应当为同类经济业务设计统一的原始凭证格式。例如，由中国人民银行设计统一的银行汇票、本票、支票；由交通部门设计统一的客运、货运单据；由税务部门设计统一的发货票、收款收据等。这样，不但可以使反映同类经济业务的原始凭证内容在全国统一，便于加强监督管理，而且也可以节省各会计主体的印刷费用。

三、原始凭证的填制

原始凭证是具有法律效力的证明文件，是进行会计核算的重要原始依据，因此，为了保证原始凭证能够正确、及时、清晰地反映经济业务的真实情况，原始凭证的填制必须符合下列基本要求。

（一）记录真实

凭证上记载的经济业务，必须与实际情况相符合，决不允许有任何歪曲或弄虚作假。对于实物的数量、质量和金额，都要经过严格的审核，确保凭证内容真实可靠。从外单位取得的原始凭证如果有丢失，应取得原签发单位盖有"财务专用章"的证明，并注明原凭证的号码、所载金额等内容，由经办单位负责人批准后，可代作原始凭证；对于确实无法取得证明的，如火车票、轮船票、飞机票等，可由当事人写出详细情况，由经办单位负责人批准后，也可代作原始凭证。

（二）内容完整，手续完备

每张凭证必须按照规定的格式和内容逐项填写齐全，不得省略或者遗漏，而且填写手续必须完备，符合内部牵制制度。凡是填有大写和小写金额的原始凭证，大写与小写金额必须相符；购买实物的原始凭证，必须有实物的验收证明；支付款项的原始凭证，必须有收款方的收款证明。一式几联的凭证，必须用双面复写纸套写，单页凭证必须用钢笔填写，等等。

（三）填制及时

按照经济业务的执行和完成情况及时填制原始凭证，对于保证会计资料的时效是非常重要的；同时也可以避免由于原始凭证填制不及时，导致事后记忆模糊、补办手续时出现差错的现象。

（四）书写清楚

原始凭证上的文字和数字都要认真填写，要求字迹清楚，易于辨认，不得使用未经国务院颁布的简化字。合计的小写金额前要冠以人民币符号，币值符号与阿拉伯数字之间不得留有空白；所有以元为单位的阿拉伯数字，除表示单价等情况外，一律填写到角分，无角分的要以"0"补位。汉字大写金额数字，一律用正楷字或行书字书写，如壹、贰、叁、肆、伍、陆、柒、捌、玖、拾、佰、仟、万、亿、元（圆）、角、分、零、整（正）。大写金额最后为"元"的应加写"整"字断尾。

阿拉伯金额数字中间有"0"时，汉字大写金额要写"零"字；阿拉伯金额数字中间连续有几个"0"时，汉字大写金额中可以只写一个"零"字。

原始凭证上的各项内容均不得涂改；原始凭证有错误的，应当由出具单位重开或者更正，更正处需加盖出具单位印章。原始凭证金额有错误的，应当由出具单位重开，不得在原始凭证上更正。

一式几联的原始凭证，应当注明各联的用途，只能以一联作为报销凭证。一式几联的发票和收据，必须用双面复写纸套写，并连续编号，作废时应当加盖"作废"戳记，连同存根一起保存，不得撕毁。

职工因公出差的借款凭据，必须附在记账凭证之后。收回借款时，应当另开收据或者退还借据副本，不得退还原借据收据。

四、原始凭证的审核及审核后的处理

（一）原始凭证的审核

任何原始凭证都必须经过严格的审核后，才能作为记账的依据，这是保证会计核算真实、正确的基础。根据国家统一会计制度规定，审核原始凭证主要从以下四方面着手。

1. 真实性审核

真实性审核包括审核原始凭证本身是否真实以及原始凭证反映的经济业务事项是否真实两方面。即确定原始凭证是否虚假、是否存在伪造或者涂改等情况；核实原始凭证所反映的经济业务是否发生过，是否反映了经济业务事项的本来面目等。

2. 合法性审核

合法性审核即审核原始凭证所反映的经济业务事项是否符合国家有关法律、法规、政策和国家统一会计制度的规定，是否符合有关审批权限和手续的规定，以及是否符合单位的有关规章制度，有无违法乱纪、弄虚作假等现象。

3. 完整性审核

完整性审核即根据原始凭证所反映基本内容的要求，审核原始凭证的内容是否完整，手续是否齐备，应填项目是否齐全，填写方法、填写形式是否正确，有关签章是否齐备等。

4. 正确性审核

正确性审核即审核原始凭证的摘要和数字是否填写清楚、正确，数量、单价、金额的计算有无错误，大写与小写金额是否相符。

（二）原始凭证审核后的处理

原始凭证经会计机构、会计人员审核后，对于核对无误的，可以作为编制记账凭证的依据；对于审核中发现的问题，采取以下方法进行处理。

对于不真实、不合法的原始凭证有权不予接受，并应当报告单位负责人，要求查明原因，作出处理。

对于记载不准确、不完整的原始凭证予以退回，并要求有关经济业务事项的经办人员按国家统一会计制度的规定更正、补充，待内容补充完整、手续完备后，再予以办理。

原始凭证的审核工作是一项严肃细致的重要工作，为了做好这项工作，审核人员必须熟悉国家有关的方针、政策、法令、规定和制度以及本单位的有关规定，并掌握本单位内部各部门的工作情况。另外，审核人员要做好宣传解释工作，因为原始凭证所证明的经济业务需要由有关的领导和职工去经办，只有对他们做好宣传解释工作，才能避免违法乱纪经济业务的发生。

第三节   记账凭证

记账凭证，又称分录凭证，是指依据审核无误的原始凭证或原始凭证汇总表，按照经济业务内容加以分类，据以确定会计分录，并作为登记账簿依据的一种会计凭证。

由于原始凭证种类繁多、格式不一，不便于在原始凭证上编制会计分录，据以记账，所以有必要将各种原始凭证反映的经济内容加以归类整理，确认为某一会计要素后，编制记账凭证。从原始凭证到记账凭证式经济信息转换成会计信息的过程，是会计的初始确认阶段。

一、记账凭证的分类

记账凭证有多种分类方法，按照适用的经济业务的不同可以分为专用记账凭证和通用记账凭证

（一）专用记账凭证

专用记账凭证是专门用于某一类经济业务的记账凭证。专用记账凭证一般分为收款凭证、付款凭证和转账凭证。在实际工作中，为了便于识别，避免差错，提高会计工作效率，各种专用记账凭证通常用不同颜色的纸张印刷。

1. 收款凭证

收款凭证是指专门用以记录现金和银行存款收入业务的记账凭证，是根据现金收入和银行存款收入业务的原始凭证填制的。收款凭证又可以分为现金收款凭证与银行存款收款凭证。收款凭证是登记现金日记账和银行存款日记账以及有关明细账和总分类账的依据，也是出纳人员收入款项的依据。具体格式如表23-6所示。

表23-6 收 款 凭 证

银收字第 × 号

借方科目：银行存款		2007 年 1 月 20 日		附件 × 张
摘要	贷方科目		金额	记账 "√"
	一级科目	二级或明细科目		
收到光明厂前欠货款	应收账款	光明厂	50 000	√
合计			50 000	

会计主管	记账	出纳	复核	制单

2. 付款凭证

付款凭证是指专门用以记录现金和银行存款付出业务的记账凭证，是根据现金或银行存款付出业务的原始凭证填制的。付款凭证又可以分为现金付款凭证和银行存款付款

凭证。付款凭证是登记现金日记账与银行存款日记账以及有关明细账和总分类账的依据，也是出纳人员付出款项的依据。具体格式如表23-7所示。

表23-7　付款凭证

贷方科目：现金　　　　　　　　　　2007年1月21日

现付字第 × 号

附件 × 张

摘要	借方科目		金额	记账 "√"
	一级科目	二级或明细科目		
购买办公用品	管理费用		300	√
合计			300	

会计主管　　　　　记账　　　　　出纳　　　　　复核　　　　　制单

3. 转账凭证

转账凭证是指专门用以记录除现金和银行存款收、付款业务以外的其他经济业务的记账凭证。转账凭证是登记有关明细账与总分类账的依据。具体格式如表23-8所示。

表23-8　转账凭证

2007年1月21日

转字第 × 号

附件 × 张

摘要	一级科目	二级或明细科目	借方金额	贷方金额	记账 "√"
领用材料，其中车间耗用7 800元，管理部门耗用1 200元	制造费用		7 800		√
	管理费用		1 200		√
	原材料			9 000	√
合计			9 000	9 000	

会计主管　　　　　记账　　　　　复核　　　　　制单

（二）通用记账凭证

通用记账凭证是适用于所有经济业务的记账凭证。采用通用记账凭证的单位，无论是款项的收付还是转账业务，都采用统一格式的记账凭证。通用记账凭证通常适用于规模不大，款项收、付款业务不多的企业。通用记账凭证的基本格式与专用记账凭证的转账凭证的格式相同，如表23-9所示。

表 23-9 记 账 凭 证

编号:
附件 × 张

2007 年 1 月 22 日

摘要	一级科目	二级或明细科目	借方金额	贷方金额	记账 "√"
支付材料装卸费	材料采购	× × 材料	300		√
	银行存款			300	√
合计			300	300	

会计主管　　　　　记账　　　　　审核　　　　　制单

二、记账凭证的基本内容

记账凭证是登记账簿的依据。在登记账簿前，必须根据原始凭证编制记账凭证。记账凭证虽然种类不一，编制依据各异，但各种记账凭证的主要作用都在于对原始凭证进行归类整理，运用账户和复式记账方法，编制会计分录，为登记账簿提供直接依据。为了保证账簿记录的正确性，记账凭证必须具备以下基本内容：

（1）记账凭证的名称。

（2）填制单位的名称。

（3）凭证的编号：根据经济业务发生的先后顺序按月连续编号，按编号顺序记账；凭证填制的日期：按照制作凭证的当日日期填列，与原始凭证的填制日期可能相同，也可能不同。

（4）经济业务内容摘要。

（5）会计科目（包括一级、二级或明细科目）的名称及金额。

（6）所附原始凭证的张数。

（7）制单、审核、记账、会计主管等有关人员的签章，收款和付款的记账凭证还应当有出纳人员签章。

三、记账凭证的填制

（一）收款记账凭证的填制方法

收款记账凭证是根据有关现金和银行存款收款业务的原始凭证填制的。收款记账凭证的左上角"借方科目"，应填写"现金"或"银行存款"科目；右上角应填写凭证的编号;"摘要"栏应填写所记录的经济业务的简要内容;"贷方科目"栏应填写与现金收入或银行存款收入相对应的一级科目和二级或明细科目;"金额"栏应填写现金与银行存款的收入金额;入账后要在"过账"栏打"√"或注明登记入账的页数,以防止重复记账或漏账;"附件张数"栏记录记账凭证所附的原始凭证张数。

(二)付款记账凭证的填制方法

付款记账凭证是根据有关现金和银行存款付款业务的原始凭证填制的。付款记账凭证的填制方法与收款凭证基本相同。不同的是凭证左上角应填列相应的贷方科目;"借方科目"栏应填写与现金付出或银行存款付出相应的一级科目和二级或明细科目。

使用收款凭证和付款凭证记录涉及收、付款项业务时,应注意若发生库存现金与银行存款之间的收付款业务,如从银行提取现金,或将现金存入银行,均只需填制付款凭证,以避免重复做账务处理。

(三)转账凭证的填制方法

转账凭证是根据转账业务的原始凭证填制的,即没有涉及现金和银行存款的业务则填制转账凭证。转账凭证中一级科目和二级或明细科目应分别填列应借、应贷的一级科目和所属的二级或明细科目,借方科目的应记金额应在同一行的"借方金额"栏填列;贷方科目的应记金额应在同一行的"贷方金额"栏填列。"借方金额"栏的合计数与"贷方金额"栏的合计数应相等。

各种记账凭证都必须按照规定的格式和内容填制,除必须做到记录真实、内容完整、填制及时、书写清楚外,还必须符合下列要求:

(1)摘要简明。记账凭证的摘要应用简明扼要的话,概括出经济业务的主要内容。既要防止简而不明,又要避免过于繁琐。为了满足登记明细分类账的需要,对不同性质的账户,其摘要填写应有所区别。

(2)科目运用准确。必须按照会计制度统一规定的会计科目填写,不得任意简化或改动,不得只写科目编号,不写科目名称。同时,二级或明细科目也要填列齐全。应"借"、应"贷"的记账方向和账户对应关系必须清楚;编制复合会计分录,应是一借多贷或一贷多借分录。

(3)记账凭证必须连续编号,以免凭证散失。如果企业采用通用记账凭证,记账凭证的编号可以采取顺序编号法,即按月编制序号。如果是采取收款凭证、付款凭证和转账凭证的专用记账凭证形式,则记账凭证应该按照字号编号法,即把不同类型的记账凭证用"字"加以区别,再把同类的记账凭证按照顺序加以连续编号。例如,"收字第××号"、"付字第××号"、"转字第××号"等。如果一项经济业务需要填制一张以上的记账凭证时,记账凭证的编号可以采取分数编号法。如1号会计事项分录需要填制三张记账凭证，即可以编成 $1\frac{1}{3}$ 号、$1\frac{2}{3}$ 号、$1\frac{3}{3}$ 号。

（4）附件齐全。记账凭证所附的原始凭证必须完整无缺，并在凭证上注明所附原始凭证的张数，以便核对摘要及所编会计分录是否正确无误。记账凭证可以根据一张原始凭证填制，或者根据若干张同类原始凭证汇总填制，也可以根据原始凭证汇总表填制。但是不得将不同内容和类别的原始凭证汇总填制在一张记账凭证上。

（5）记账凭证填制后，如果有空行，应当自金额栏最后一笔金额数字下的空行处至合计数上的空行处划线注销。

（6）实行会计电算化的单位，对于机制记账凭证应当符合记账凭证的一般要求，打印出来的机制记账凭证要加盖制单人员、审核人员、记账人员及会计机构负责人、会计主管人员的印章或者签名，以明确经济责任。

四、记账凭证的审核

为了使记账凭证符合记账要求，正确反映经济业务的内容，登记账簿前必须由专人对记账凭证进行审核。记账凭证的审核，除了应对原始凭证进行复核外，要着重审核记账凭证的填制是否正确、是否符合规定要求。

首先，记账凭证是否附有原始凭证，所附原始凭证的内容和张数是否与记账凭证相符。

其次，记账凭证所确定的应借、应贷会计科目（包括二级或明细科目）是否正确，对应关系是否清楚，金额是否正确。

最后，记账凭证中的有关项目是否填列齐全，有无错误，有关人员是否签名或者盖章。

在审核中若发现记账凭证填制有错误，应查明原因，予以重填或按规定方法及时更正。只有经审核无误的记账凭证，才能据以记账。

五、会计凭证的传递与保管

（一）会计凭证的传递

会计凭证的传递是指会计凭证从填制或取得开始，经审核、记账到装订保管的全过程。各种会计凭证，其所记录的经济业务不尽相同，所以办理会计手续的程序和占用的时间也不同。实际工作中，应该为每种会计凭证的传递程序和在各个环节上的停留时间作出规定。即会计凭证填制后，应当交到哪个部门、哪个工作岗位上，由谁接办业务手续，直到归档保管为止。会计凭证的传递是会计制度的一个重要组成部分，应在会计制度中作出明确的规定。

正确组织会计凭证的传递，对及时地反映和控制经济业务的发生与完成情况，合理组织会计核算，强化经济责任制，具有重要的意义。科学的传递程序，应该使会计凭证按最快捷、最合理的流向运行。因此，在制定会计凭证传递程序时，应该着重考虑以下三点：

（1）要根据经济业务的特点，企业内部机构设置和人员分工情况以及经营管理上的需要，具体规定各种凭证的联数和传递程序，注意流程的合理性，避免不必要的环节，以免影响传递的速度。

（2）要根据有关部门与经办人员对经济业务办理必要手续的需要，确定会计凭证在各个环节的停留时间，防止在各个环节过多的、不必要的耽搁。

（3）建立严格的会计凭证交接和签收制度，保证会计凭证的安全完整，做到责任明确，手续齐全、严密。

（二）会计凭证的保管

会计凭证是各项经济活动的历史记录，是重要的经济档案。为了便于随时查阅利用，各种会计凭证在办理好各项业务手续，并据以记账后，应由会计部门加以整理、归类，并送交档案部门妥善保管。会计凭证归档保管的方法和要求如下：

（1）每月记账后，会计人员应将本月各种记账凭证加以整理，检查有无缺号以及附件是否齐全。然后按凭证编号的顺序，折叠整齐，装订成册，并加以封面。为了防止任意拆装，在装订线上要加贴封签，并由会计主管人员签章。

（2）装订成册的会计凭证，应指定专人负责保管。当年的会计凭证，在会计年度终了后，可暂由本单位会计部门保管一年，期满后，原则上应把会计部门编造的清册移交本单位的档案保管部门。已经存档的会计凭证，在需要查阅时，必须经过一定的审批手续，查阅时不得拆散原卷册。

（3）会计凭证的保管期限和销毁手续，必须严格按照《会计档案管理办法》的有关规定执行。任何人不得随意销毁会计凭证，对于保管期满需要销毁的会计凭证，必须开列清单，按照规定报经批准后，才能销毁。

第四节　会计账簿

"帐"字本身与会计核算无关，在商代，人们把账簿叫做"册"；从西周开始又把它更名为"籍"或"籍书"；战国时代有了"簿书"这个称号；西汉时，人们把登记会计事项的账册称为"簿"。据现有史料考察,"帐"字引申到会计方面起源于南北朝。

南北朝时,皇帝和高官显贵都习惯到外地巡游作乐。每次出游前,沿路派人张起帏帐,帐内备有各种生活必需品及装饰品,奢侈豪华,供其享用,此种帏帐称为"供帐",供帐内所用之物价值均相当昂贵,薪费数额巨大。为了维护这些财产的安全,他们指派专门官吏掌管并实行专门核算,在核算过程中,逐渐把登记这部分财产及供应之费的簿书称为"簿帐"或"帐",把登记供帐内的经济事项称为"记帐"。以后"簿帐"或"帐"之称又逐渐扩展到整个会计核算领域,后来的财计官员便把登记日用款目的簿书通称作"簿帐"或"帐",又写作"账簿"或"账"。

从此,"帐"、"账"就取代了一切传统的名称,现在又统一改作"账"。

一、会计账簿的含义

会计账簿是指以会计凭证为依据,序时、连续、系统、全面地记录和反映企业、机关和事业等单位全部经济活动的簿籍。该簿籍是由若干具有专门格式,又相互连接的账页组成的。根据会计凭证在有关账户中进行登记,就是指把会计凭证所反映的经济业务内容记入账簿中的账户,即通常所说的登记账簿,也称记账。

在会计核算中,通过会计凭证的填制和审核,可以反映和监督每项经济业务的完成情况。但会计凭证的数量繁多,对经济业务的反映往往比较零星、分散,且每一张凭证只能就个别的经济业务进行详细的记录和反映,不能把某一时期的全部经济业务活动情况完整地反映出来。设置账簿就可以把会计凭证提供的大量分散的核算资料,加以归类整理,以全面、连续和系统地反映企业、单位的经济活动情况。

利用账簿记录,既可以提供总括的核算资料,又可以提供明细的核算资料,从而可以全面、系统地反映各项资产、负债、所有者权益的增减变动,收入、费用的发生,利润的实现和分配情况。根据账簿记录还可以考核成本、费用和利润计划的执行情况。账簿记录又是编制会计报表的主要依据,账簿记录和设置是否真实、及时,直接影响会计报表的质量。

二、会计账簿的种类

会计核算中应用的账簿很多,不同的账簿其用途、形式、内容和登记方法都不相同。为更好地了解和使用各种账簿,对其进行分类是很有必要的。账簿按不同的分类标准可作如下分类。

（一）按照会计账簿的用途分类

账簿按照用途可以分为三大类，即序时账簿、分类账簿与备查账簿。

1. 序时账簿

序时账簿也称为日记账，是按照经济业务发生的时间先后顺序，逐日逐笔登记经济业务的簿籍。序时账簿有两种：一种是用来登记全部经济业务的；一种是用来登记某一类经济业务的。

目前应用比较广泛的日记账是现金日记账和银行存款日记账。设置这两种日记账有利于及时反映现金和银行存款的收支和结存情况，便于加强对货币资金的管理和监督。

现金日记账和银行存款日记账通常由出纳人员根据审核后的现金和银行存款的收、付款凭证，按其编号顺序逐日登记，每天必须结账。现金日记账每天结账后必须与库存现金实存金额进行核对；银行存款日记账定期与银行送来的对账单进行相互核对。

2. 分类账簿

分类账簿也称为分类账，是对各项经济业务按照账户分类登记的账簿。按其反映内容的详细程度的不同，又可以分为总账和明细账。

（1）总账是根据总账科目开设的账户，用来分类登记全部经济业务，提供各种资产、负债、所有者权益、收入、费用、利润等总括核算资料的分类账簿。

总分类账简称总账，它是按照一级科目分类，连续地记录和反映全部经济业务的账簿。总分类账能够全面、总括地反映企业经济活动及资产、负债、所有者权益、收入、费用、利润情况，并为编制会计报表提供资料。

总分类核算采用货币量度，总分类账的登记是对各账户增减金额的登记。总分类账簿的一般格式是将金额分为借方发生额、贷方发生额和余额三栏，简称三栏式总账。三栏式总账的登记可以根据记账凭证逐笔登记，也可以把各种记账凭证汇总编制成汇总记账凭证或科目汇总表据以登记入账。

（2）明细账通常是根据总账科目所属的二级科目或明细科目开设账户，用来分类登记某一类经济业务，提供明细核算资料的分类账簿。

明细分类账简称明细账，是用来登记某一类经济业务的账簿。各种明细账是根据实际需要，按二级科目或明细科目开设的。明细分类账反映经济活动的详细情况，提供较全面的核算资料，以满足经营管理的需要。

3. 备查账簿

备查账簿也称备查簿、辅助登记账簿，是对某些在日记账和分类账等主要账簿中未能记载的事项进行补充登记的账簿，如受托加工材料登记簿、代销商品登记簿等。设置和登记备查簿，可以对某些经济业务的内容提供必要的参考资料。

（二）按照会计账簿的外表分类

账簿按其外表形式分类，可以分为订本式账簿、活页式账簿和卡片式账簿。

1. 订本式账簿

订本式账簿简称订本账，是在使用前就把编有序号的若干账页固定装订成册的账簿。采用这种账簿，可以避免账页散失，防止账页被人为地抽换。但采用订本账也有其缺陷，同一本账簿在同一时间内只能由一人登记，不能分工记账。同时，订本账账页固定，不能根据需要增减，因而必须预先估计每一个账户需要的页数，以保留空白账页。在实际工作中，总账、现金和银行存款日记账一般都采用订本式账簿。

2. 活页式账簿

活页式账簿简称活页账，是在启用前由许多分散账页所组成的账簿。使用前可活动地装订在一起，可以随时增页和减页。其优点是便于分工记账，可以根据记账的需要随时增减账页，因而比较方便灵活。其缺点是账页容易散失和被抽换。活页账簿一般适用于明细分类账。

3. 卡片式账簿

卡片式账簿简称卡片账，是由许多分散的、具有账户格式的卡片，存放在卡片箱中所组成的账簿，使用时按类别排列、按顺序编号，并加盖有关人员的印章。卡片账簿应由专人保管，以保证其安全。卡片式账簿的优缺点与活页式账簿大体相同。

三、总账与明细账的关系

总账是所属明细账资料的综合，对所属明细账起着统驭、控制的作用；明细账是有关总账的具体化，起着补充说明的作用。两者的核算内容相同，登记的原始依据也相同，它们提供的资料相互补充，既总括又详细地说明同一核算内容。因此，就有必要应用平行登记的方法来登记总账和明细账。也就是说，对同一经济业务，既要在总分类账中登记，也要在其所属的明细分类账中登记。总分类账户与明细分类账户平行登记的要点如下：

（1）同时登记，即对同一经济业务，既要记入有关的总账，又要记入所属的明细账。

（2）借贷方向一致，即在将经济业务记入总账和其所属的明细账时，记账方向必须一致，如果总账记入借方，明细账也必须记入借方；如果总账记在贷方，明细账也必须记入贷方。

（3）金额一致，总账和明细账登记的金额必须相等，如果一笔经济业务同时记入几个明细账，则记入总账的金额，应与记入各个明细分类账户的金额之和相等。

四、账簿的基本内容

由于管理的要求和所设置的账簿不同，各种账簿所记录的经济业务也不同，其形式也多种多样，但所有账簿一般都应具备以下基本内容：

（1）封面。封面应写明账簿名称和记账单位名称。

（2）扉页。扉页应填明启用的日期和截止的日期、页数、册次、经管账簿人员一览表和签章、会计主管签章、账户目录等。

（3）账页。账页的基本内容包括账户的名称、记账日期、凭证种类和号数栏、摘要栏、金额栏、总页次和分户页次等。

五、账簿登记规则

登记账簿必须按以下要求进行：

（1）登记账簿时，必须根据审核无误的会计凭证，按账页项目要求和账页行次顺序连续登记。账页中日期、凭证号、摘要等各栏内容要填写齐全，摘要文字应简明扼要，数字要准确整齐，不得隔页、跳行。如发生跳行、隔页，应将空行、空页画对角红线注销，或注明"此行空白"或"此页空白"字样。

（2）登记账簿要用蓝、黑墨水书写，不得使用圆珠笔或铅笔书写。红墨水的使用仅限于：冲销错账记录；在不分设借贷等栏的多栏式账页下登记减少数；三栏式账页的余额前未注明余额方向的，在余额栏内登记负数余额；会计制度中规定需用红字登记的其他情况。

（3）当账页登记到最后第二行时，应留出末行，结出本账页的发生额合计和余额，在摘要栏内注明"过次页"字样，并将发生额合计和余额记入新账页的第一行有关栏内，在摘要栏注明"承前页"字样。月终结账时，应在账页上结出本月发生额和月末余额，结出余额后，应在"借或贷"栏内写明"借"或"贷"字样，没有余额的账户，应在"借或贷"栏内写"平"字，并在余额栏内用"0"表示。

（4）新年开始时，应将上年度日记账、总账、明细账（不包括按规定可以继续使用的明细账）各个账户的年度余额转记到本年度新账簿各有关账户的第一行内，并在摘要栏内注明"上年结转"字样。

六、对账和结账

（一）对账

对账是为了保证账簿记录的正确性而进行的有关账项的核对工作，一般在会计期间终了时检查和核对账证、账账、账实是否相符。会计人员在填制凭证、登记账簿等一系列工作中出现的差错，或因管理工作不善而带来的财产管理中的各种问题以及其他一些因素的影响，都可能给账簿记录的真实性、正确性带来影响。为了保证账簿记录的真实、正确、可靠，必须对账簿和账户所记录的有关数据加以检查和核对。对账的内容包括：

1. 账证核对

它是指账簿记录与记账凭证及其所附原始凭证的核对。其主要是账簿记录与原始凭证、记账凭证的时间、凭证字号、记账内容、记账金额及记账方向等的核对。

2. 账账核对

它是指不同账簿记录之间的核对。这主要包括：所有总账账户借方发生额合计与贷方发生额合计是否相符；所有总账借方余额合计与贷方余额合计是否相符；有关总账账户余额与其所属明细账余额合计是否相符；现金日记账和银行存款日记账的余额与其总账余额是否相符；会计部门有关财产物资明细账余额与财产物资保管、使用部门的有关明细账余额是否相符等。

3. 账实核对

它是指各项财产物资账面余额与实有数额之间的核对。其主要核对：现金日记账账面余额与库存现金数额是否相符；银行存款日记账账面余额与银行对账单余额是否相符；各项财产物资明细账余额与财产物资的实有数额是否相符；有关债权债务明细账账面余额与对方单位的账面记录是否相符等。

（二）结账

结账就是把一定时期内所发生的经济业务，在全部登记入账的基础上，结算出每个账户的本期发生额和期末余额，并将期末余额转入下期或下年新账。

通过结账，有利于企业管理者定期总结生产经营情况，对不同会计期间的数据资料进行比较分析，以便发现问题，采取措施及时解决；通过结账，也有利于编制报表，提供报表所需的数据资料，满足与企业有利益关系的投资者、债权人作出正确的投资决策和国家进行宏观调控的要求。

第二十四章
会计成果

第一节　会计报表概述

企业的财务会计报告是企业会计核算的最终成果，也是企业对外提供财务会计信息的主要形式。甚至可以说，企业的日常会计核算工作都是为期末编制财务会计报告积累资料和做好前期准备工作。企业的外部利益关系人（投资者、债权人、政府管理部门等）了解企业的财务状况、经营成果和现金流量等方面信息的主要渠道就是企业编制和对外提供的财务会计报告。

为了规范企业财务会计报告，保证财务会计报告的真实、完整，《企业会计准则——基本准则》第四十四条对财务会计报告作了如下规定："财务会计报告是指企业对外提供的反映企业某一特定日期的财务状况和某一会计期间的经营成果、现金流量等会计信息的文件"。"财务会计报告包括会计报表及其附注和其他应当在财务会计报告中披露的相关信息和资料"。

由此可见，企业财务会计报告的核心内容是会计报表，本章重点介绍几种主要会计报表。

一、会计报表的意义

会计报表是以货币为主要计量单位，根据日常核算资料编制的，用来总括地反映各个单位在一定时期内经济活动和财务收支活动情况的报告文件。

编制会计报表，是会计核算的一种专门方法，也是会计核算程序的最后环节。在会计核算过程中，通过填制和审核会计凭证，可以明确经济业务的发生、执行和完成情况，但会计凭证提供的资料内容分散、庞杂。将会计凭证上记录的经济业务在各种账簿中加以连续、分类地记录之后，通过账簿记录所能得到的会计信息比起会计凭证无疑要集中、系统得多。但是账簿提供的会计信息还是分散在各类账户中，仍然不能系统而概括地反映经济活动的全貌。因此，就必须对账簿中的会计信息作进一步加工、整理、综合，并结合其他的核算资料，按一定的指标体系，以报告文件的形式集中地反映出来，从而全面、系统、概括地提供一个单位某一特定日期资产、负债和所有者权益情况及一定期间的经营成果和现金流动情况的会计信息。

企业编制会计报表的主要目的，就是为会计报表的使用者提供决策所需的会计信息。

会计报表使用者通常包括投资者、债权人、政府及相关机构、企业管理人员、职工和社会公众等，他们对会计报表提供信息的要求各有侧重。企业的投资者和债权人通过会计报表了解企业的营运资金情况、短期偿债能力和支付能力，了解企业的经营前景、盈利能力和发放股利的能力等，以保证投资者能获取相应收益，保证债权人能及时、安全地收回各项贷款。政府有关部门通过了解会计报表信息，便于加强对企业的经营管理指导，实现经济稳定有序地发展。企业管理者通过会计报表了解企业的资产、负债及所有者权益的构成情况，以及资金、成本、利润的基本状况，从而有针对性地组织企业的生产经营活动，加强经营管理，为提高企业的经济效益服务。

二、会计报表的分类

企业的会计报表按照反映的经济内容、报表的编制时间、编制单位等可分为不同的种类。

（1）会计报表按照反映的经济内容可分为反映财务状况的报表和反映经营成果的报表。反映财务状况的报表，主要是资产负债表；反映经营成果的报表，主要包括利润表和现金流量表。

（2）会计报表按照编制的时间可分为中期报表和年报。中期报表是指短于一年的会计期间编制的会计报表，如半年末报表、季报、月报。年报是年度终了以后编制的，全面反映企业财务状况、经营成果及其分配、现金流量等方面的报表。

第二节　资产负债表

一、资产负债表的概念和作用

资产负债表是总括地反映企业在某一特定日期（一般为月末、季末、年末）全部资产、负债和所有者权益及其构成情况的报表，又称为"财务状况表"。这是一张静态的会计报表。该表根据"资产＝负债＋所有者权益"这一基本会计等式，依照一定的分类标准和一定的顺序，把企业一定日期的资产、负债和所有者权益予以适当的排列，按一定的编制要求编制而成。

通过资产负债表的分析，可以全面综合地了解企业资产的规模和结构、负债的规模和结构以及所有者权益的构成情况，了解企业的资产实力、偿债能力强弱和变动情况，以及财务状况的大致变化趋势。它能够提供丰富的信息，具有以下作用：

（1）资产负债表中的资产项目，反映了企业所拥有的各种资源的数量、结构以及企业偿还债务的能力，有助于预计企业履行支付承诺的能力。

（2）资产负债表中的负债、所有者权益项目，揭示了企业所承担的长、短期债务的数量、偿还期限的长短，反映了企业的投资者对本企业资产所持有的权益，有助于会计信息使用者了解企业资金来源的构成，分析企业的资金结构，了解企业所面临的财务风险。

（3）通过对资产负债表的分析，可以了解企业的偿债实力、投资实力和支付实力。若把不同时期资产负债表中相同项目横向对比和不同时期不同项目纵向对比，还可以反映企业资金结构的变化情况及财务状况的发展趋向。

二、资产负债表的结构

资产负债表的格式通常有报告式和账户式两种。报告式资产负债表是将资产、负债、所有者权益项目采用上下结构排列，报表上部分列示资产，下部分列示企业的负债和所有者权益。账户式资产负债表是按照T形账户的形式设计资产负债表，将报表分为左右结构，左边列示企业的资产，右边列示企业的负债和所有者权益，左右两方总额相等。我国资产负债表的格式一般采用账户式。格式如表24-1所示。

表 24-1　资产负债表

编制单位：北方公司　　　　　　　　　　2006 年 12 月 31 日　　　　　　　　　单位：万元

资产	年初数	期末数	负债和所有者权益	年初数	期末数
流动资产：			流动负债：		
货币资金	10	464.7	短期借款	0	300
交易性金融资产	0		交易性金融负债	0	0
应收票据	20	20	应付票据	0	0
应收账款	95	90	应付账款	80	80
预付账款	40	40	预收账款	80	80
应收利息	0	0	应付职工薪酬	10	10
应收股利	0	0	应交税费	0	55.84
其他应收款	25	25	应付利息	20	10
存货	250	200	应付股利	20	20
一年内到期的非流动资产	0	0	其他应付款	40	40
其他流动资产	0	0	一年内到期的非流动负债	20	20
			其他流动负债	0	0
流动资产合计	440	839.7	流动负债合计	270	615.84
非流动资产：					
可供出售金融资产	200	200	非流动负债：		
持有至到期投资	0	0	长期借款	80	40
长期应收款	0	0	应付债券	0	0
长期股权投资	0	80	长期应付款	0	0
			专项应付款	0	0
投资性房产	0	0	预计负债	0	0
固定资产	1 100	1 060	递延所得税负债	0	0
在建工程	0	0	其他非流动负债	0	0
工程物资	0	0	非流动负债合计	80	40
固定资产清理	0	0	负债合计	350	655.84
无形资产	210	195	所有者权益：		
开发支出	0	0	股本	1 200	1 200
商誉	0	0	资本公积	0	0
长期待摊费用	0	0	减：库存股		
递延所得税资产	0	0	盈余公积	100	111.89

续表

资产	年初数	期末数	负债和所有者权益	年初数	期末数
其他非流动资产			未分配利润	300	406.97
非流动资产合计	1 510	1 535	所有者权益合计	1 600	1 718.86
资产总计	1 950	2 374.7	负债和所有者权益总计	1 950	2 374.7

三、资产负债表项目的列示

资产和负债应当分别按照流动资产和非流动资产、流动负债和非流动负债列示。金融企业的各项资产或负债，按照流动性列示能够提供可靠且更相关信息的，可以按照其流动性顺序列示。

满足下列条件之一的资产，应当归类为流动资产：（1）预计在一个正常营业周期（一般指一年）中变现、出售或耗用，如存货等；（2）主要为交易目的而持有，如交易性投资等；（3）预计在资产负债表日起一年内（含一年）变现，如应收及预付款项等；（4）在资产负债表日起一年内，交换其他资产或清偿负债的能力不受限制的现金或现金等价物。

流动资产以外的资产应当归类为非流动资产。

满足下列条件之一的负债，应当归类为流动负债：（1）预计在一个正常营业周期中清偿，如短期借款、应付职工薪酬等；（2）主要为交易目的而持有，如应付票据等；（3）在资产负债表日起一年内到期应予以清偿，如应付及预收款项等；（4）企业无权自主地将清偿推迟至资产负债表日后一年以上，如应交税费等。

流动负债以外的负债应当归类为非流动负债。

第三节　利润表

一、利润表的概念和作用

利润表又称损益表，它是反映企业在一定期间（月份、年度）内生产经营成果的会计报表，属于动态报表。利润表从经营情况和财务成果两方面综合反映企业一定期间的收入实现情况、费用耗费情况，以及一定期间实现利润（或发生亏损）的总量、构成、影响利润形成的各项因素等状况。由于它所提供的各项指标是企业一定时期经济活动的过程和结果，因此，它所提供的资料为动态资料。

具体来说，利润表提供的收入、费用信息的主要作用在于：企业的外部使用者可以根据报表提供的信息，进行各自的经济决策；企业的内部管理人员则可以据此分析企业利润计划的完成情况，并从利润的构成入手，分析影响利润的主要因素，发现存在的问题，采取有效的措施，加强和改善内部经营管理，以进一步提高企业的经济效益。

二、利润表的结构

利润表的结构一般采用多步式的格式。多步式利润表是按照利润的构成内容分层次、分步骤逐项、逐步计算编制而成的报表。其反映的重点不仅在于企业最终的利润，还在于企业利润的形成过程。这种报表便于使用者对其进行分析。具体格式如表 24-2 所示。

利润表的内容主要包括以下五个方面的内容：

（1）营业收入。营业收入由主营业务收入和其他业务收入组成。

（2）营业利润。营业收入减去营业成本（主营业务成本、其他业务成本）、营业税金及附加、销售费用、管理费用、财务费用、资产减值损失，加上公允价值变动收益、投资收益，即为营业利润。

（3）利润总额。营业利润加上营业外收入，减去营业外支出，即为利润总额。

（4）净利润。利润总额减去所得税费用，即为净利润。

（5）每股收益。每股收益包括基本每股收益和稀释每股收益两项指标。

表 24-2 利 润 表

会企 02 表

编制单位：   ××××年

项目	本期金额	上期金额（略）
一、营业收入		
减：营业成本		
营业税金及附加		
销售费用		
管理费用		

项目	本期金额	上期金额（略）
财务费用		
资产减值损失		
加：公允价值变动收益（损失以"−"号填列）		
投资收益（损失以"−"号填列）		
其中：对联营企业和合营企业的投资收益		
二、营业利润（亏损以"−"号填列）		
加：营业外收入		
减：营业外支出		
其中：非流动资产处置损失		
三、利润总额（亏损总额以"−"号填列）		
减：所得税费用		
四、净利润（净亏损以"−"号填列）		
五、每股收益：		
（一）基本每股收益		
（二）稀释每股收益		

第四节　现金流量表

　　现金流量表，是指反映企业在一定会计期间现金和现金等价物流入和流出的报表。其中，现金是指企业的库存现金以及可以随时用于支付的存款。

　　企业的财务目标主要有两个：一是经营获利；二是保持偿债能力。与之相关的信息，是企业内部经营管理者以及与企业相关各方十分关注的重要内容。但除此之外，人们还非常重视企业现金流动的情况。因为企业债务的清偿、股利的分配、日常经营支出以及以后的发展，均取决于能否及时、足额地获取现金并使之合理使用。

　　现金流量表的作用主要体现在：现金流量表有助于分析企业现金流量的变动及其原因；有助于评价企业的支付能力、偿债能力和资金周转能力；有助于评价企业净利润的质量；有助于分析企业的投资和筹资活动；有助于预测企业未来获取现金的能力。

现金流量表的格式如表 24-3 所示。

表 24-3 现金流量表

会民非 03 表

编制单位：×× 市阳光慈善会　　　　　　2011 年 9 月

项目	行次	金额
一、业务活动产生的现金流量：		
接受捐赠收到的现金	1	184 388.00
收取会费收到的现金	2	80 000.00
提供服务收到的现金	3	
销售商品收到的现金	4	
政府补助收到的现金	5	
收到的其他与业务活动有关的现金	8	84 404.97
现金流入小计	13	348 792.97
提供捐赠或者资助支付的现金	14	112 210.00
支付给员工以及为员工支付的现金	15	
购买商品、接受服务支付的现金	16	
支付的其他与业务活动有关的现金	19	2 895.90
现金流出小计	23	115 105.90
业务活动产生的现金流量净额	24	233 687.07
二、投资活动产生的现金流量：		
收回投资所收到的现金	25	
取得投资收益所收到的现金	26	
处置固定资产和无形资产所支付的现金	27	
收到的其他与投资活动有关的现金	30	
现金流入小计	34	
购建固定资产和无形资产所支付的现金	35	
对外投资所支付的现金	36	
支付的其他与投资活动有关的现金	39	
现金流出小计	43	

续表

项目	行次	金额
投资活动产生的现金流量净额	44	
三、筹资活动产生的现金流量		
借款所收到的现金	45	
收到的其他与筹资活动有关的现金	48	
现金流入小计	50	
偿还借款所支付的现金	51	
偿付利息所支付的现金	52	
支付的其他与筹资活动有关的现金	55	2 200 000.00
现金流出小计	58	2 200 000.00
筹资活动产生的现金流量净额	59	−2 200 000.00
四、汇率变动对现金的影响额	60	
五、现金及现金等价物净增加额	61	−1 966 312.93

第五节　会计工作循环

会计循环是指一个会计主体在一定的会计期间内，从经济业务发生取得或填制会计凭证起，到登记账簿、编制会计报表止的一系列处理程序。它是按照划分的会计期间，周而复始进行的会计核算工作的内容。会计循环的过程如图 24.1 所示。

对经济业务进行账务处理的程序大体要经过以下步骤：

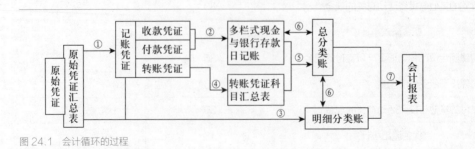

图 24.1　会计循环的过程

（1）经济业务发生后，根据有关的原始凭证或原始凭证汇总表填制各种专用记账凭证（包括收款凭证、付款凭证、转账凭证）；

（2）根据收款凭证和付款凭证逐笔登记库存现金日记账和银行存款日记账；

（3）根据记账凭证并参考原始凭证或原始凭证汇总表，逐笔登记各种明细分类账；

（4）根据各种记账凭证逐笔登记总分类账；

（5）月末，将日记账、明细分类账的余额与总分类账中相应账户的余额进行核对；

（6）月末，根据总分类账和明细分类账的资料编制会计报表。

第二十五章
会计职业道德

第一节 会计工作岗位的设置

会计工作岗位，就是在财务会计机构的内部按照会计工作的内容和会计人员的配备情况，进行管理的分工，使每项工作都有专人负责，每位会计人员都能明确自己的职责。

一、会计工作岗位的基本状况

为了科学地组织会计工作，应建立健全会计部门内部的岗位责任制，将会计部门的工作分成若干个岗位，并为每个岗位规定职责和要求，使每一项会计工作都有专人负责，每一个会计人员都明确自己的职责。在大中型企业一般按工作内容分设专业职能组，每个组的职责和要求是：

（1）综合组。负责总账的登记，并与有关的日记账和明细账相核对；进行总账余额的试算平衡，编制会计报表；保管会计档案，进行企业财务情况的综合分析，编写财务情况说明书；进行财务预测，制定或参与制定财务计划，参与企业生产经营决策。

（2）财务组。负责货币性资产的出纳、保管和日记账登记；审核有关货币性资产的收付凭证；办理企业与供应、购买等单位之间的往来结算；监督企业贯彻执行国家现金管理制度、结算制度和信贷制度的情况；分析货币性资产收支计划和借款计划的执行情况，制定或参与制定货币性资产收支和银行借款计划。

（３）工资核算组。负责计算职工的各种工资和奖金，办理与职工的工资结算，并进行有关的明细核算；分析工资总额计划的执行情况，控制工资总额支出，参与制定工资总额计划；在由各部门、车间计算工资和发放工资的组织方式下，还应协助企业劳动工资部门负责指导和监督各部门、车间的工资计算和发放工作。

（４）固定资产核算组。负责审核固定资产购建、内部调拨转移、租赁、清理的有关凭证；进行固定资产的明细核算；参与固定资产清查；编制有关固定资产增减变动的报表；分析固定资产的使用效率；参与制定固定资产购置、更新和修理计划；指导和监督固定资产管理部门和使用部门的固定资产核算工作。

（５）材料核算组。负责审核材料采购的发票、账单等有关结算凭证；进行材料采购收发结存的明细核算；参与库存材料清查；分析采购资金使用情况、采购成本超支和节约情况以及储备资金占用情况，控制材料采购成本和材料资金占用；参与制定材料采购资金计划和材料计划成本；指导和监督供应部门、材料仓库和使用材料的部门、车间的材料核算情况。

（６）成本组。会同有关部门建立健全各项原始记录、消耗定额和计量检验制度；改进成本管理的基础工作；负责审核各项费用开支；参与自制半成品和在产品的清查；正确核算产品制造成本，编制成本报表；分析成本计划执行情况；控制产品制造成本和生产资金占用；进行成本预测，制定成本计划，配合成本分口分级管理，将成本指标分解、落实到各部门、车间、班组；指导、监督和组织各部门、车间、班组的成本核算工作。

（７）销售和利润核算组。负责审核产成品收发、销售和营业外收支凭证；参与产成品清查；进行产成品、销售和利润的明细核算；计算应交税金，进行利润分配；分析成本资金的占用情况，销售收入、利润及其分配计划的执行情况；参与市场预测，制定或参与制定销售和利润计划。

（８）资金组。负责资金的筹集、使用、调度；随时了解、掌握资金市场动态，为企业筹集资金，以满足生产经营活动的需要；不断地降低资金成本，提高资金使用效益。

二、会计工作岗位的人员落实

会计工作岗位应逐个落实在上述各组中，可以一人一岗、一人多岗或一岗多人，但出纳人员不得兼管稽核、会计档案保管和收入、费用、债权债务账目的登记工作。按照内部牵制制度规定，会计工作岗位设置中不相容的业务不得由同一会计人员执行。记账人员与经济业务事项和会计事项的审批人员、经办人员、财物保管人员的职责权限应当明确，并相互分离、相互制约。这是保护企业、单位财产安全、完整，会计人员顺利工作的必要前提条件。

另外，在会计工作岗位设定后，会计人员的工作岗位应当有计划地分期进行轮换。这样，一方面能使会计人员较多地熟悉本单位内部的各项核算工作，使其具有较强的综合工作能力；另一方面还可以促使各岗位会计人员相互配合、协调工作，发挥团队作用。

第二节　会计人员

为了充分发挥会计的职能作用，完成会计工作任务，各企业、单位的会计机构，都必须根据实际需要合理配备会计人员。为了充分调动会计人员的工作积极性，国家规定了会计人员的职责，并赋予相应的权限，对符合规定条件的还授予专业技术职称。

一、会计人员的职责

会计人员的主要职责包括以下五个方面：

（一）进行会计核算

会计人员应按照会计制度的规定，切实做好记账、算账、报账等会计核算工作。一方面，必须根据实际发生的经济业务事项认真填制和审核原始凭证，编制记账凭证，登记账簿，正确计算各项收入、支出、成本、费用、财务成果；另一方面应做到按期结算、核对账目、进行财产清查、编制财务会计报告，保证账证相符、账账相符、账实相符，手续完备，数字真实。

（二）实行会计监督

通过会计工作，会计人员应对本单位的各项经济业务和会计手续的合法性、合理性进行监督。对不真实、不合法的会计事项，会计人员应拒绝办理或者按照职权予以纠正。对重大经济业务事项，如重大的对外投资、资产处置、资金调度等决策和执行的相互监督、相互制约程序应当明确；对财产清查的范围、期限和组织程序也应当明确；对于账簿记录与实物、款项不符的问题，应按有关规定进行处理或及时向本单位领导人报告；对会计资料定期进行内部审计的办法和程序应当明确。此外，各单位必须按照国家和法律有关规定，接受财政、审计、税务机关的监督，如实提供会计凭证、会计账簿、财务会计报告和其他会计资料以及有关情况，不得拒绝、隐匿、谎报。

（三）拟订本单位办理会计事务的具体办法

会计人员应根据国家的法规、财政经济方针政策和上级的有关规定以及本单位的具体情况，拟订本单位办理会计事务的具体办法。如会计人员岗位责任制度、内部稽核制度、内部牵制制度、财产清查制度和成本计算方法等。

（四）编制预算和考核预算执行情况

财务会计部门应负责制定财务计划、预算。财会人员应根据会计资料结合统计核算、财务核算等有关资料，考核分析财务计划、预算的执行情况，检查成本、费用升降和盈亏形成的原因，总结经验，揭露问题，并提出改进的建议和措施，促使有关部门改善经营管理。此外，财会人员还应参与拟定本单位的其他经济计划和业务计划，应以系统详实的会计数据资料，为加强经济核算提供重要依据，并在经济管理的各个方面发挥其应有的作用。

（五）办理其他会计事项

其他会计事项是指上述各项尚未包括的其他会计业务。例如，协助企业其他管理部门做好企业管理的基础工作，搞好企业、单位管理人员财会知识的培训等。

二、会计人员的主要权限

为了保障会计人员顺利地履行其职责，国家在明确会计人员职责的同时，也赋予了必要的权限。

（1）有权要求本单位有关部门、人员认真执行国家批准的计划、预算，遵守国家财经纪律和财务会计制度。如有违反，会计人员有权拒绝付款、拒绝报销或拒绝执行，并向本单位领导人报告。对于弄虚作假、营私舞弊、欺骗上级等违法乱纪行为，会计人员必须坚决拒绝执行，并向本单位领导人或上级机关、财政部门报告。

（2）会计人员有权参与本单位编制计划、制订定额、对外签订经济合同等活动，参加有关的生产、经营管理会议和业务会议。即会计人员有权以其特有的专业地位参加企业的多种管理活动，了解企业的生产经营状况，并提出自己的建议。企业领导人和有关部门对会计人员提出的财务开支和经济效益方面的问题和意见，要认真考虑，合理的意见要加以采纳。

（3）会计人员有权对本单位各部门进行会计监督。即会计人员有权监督、检查本单位有关部门的财务收支、资金使用和财务保管、收发、计量、检验等情况，本单位有关部门要大力协助和配合会计人员的工作。

为了保障会计人员行使工作权限，各级领导和有关部门要支持会计人员正确地使用工作权限。同时，会计人员也应做好广泛的宣传解释工作，以取得更好的成就。

三、会计人员的任职要求

会计人员的任职要求是对会计工作各级岗位人员业务素质的基本规定，具体内容体现为以下几个方面。

（一）对从事会计工作人员的任职要求

各企业、单位应当根据会计业务的需要配备取得会计从业资格证书的会计人员；未取得会计从业资格证书的人员，一律不得从事会计工作。会计从业资格证是会计人员从事会计工作的"准入证"或"通行证"，从事会计工作必须持证上岗。

（二）对会计机构负责人、会计主管人员的任职要求

会计机构负责人、会计主管人员是一个单位内具体负责会计工作的中层领导人员，负有组织、管理本单位所有会计工作的责任，其工作水平的高低、工作质量的好坏，直接关系到整个单位会计工作的水平和质量。会计机构负责人、会计主管人员应具备的基本条件为：（1）坚持原则，廉洁奉公；（2）具有会计师以上专业技术职务资格或从事会计工作三年以上的经历，必须具有一定的实践经验；（3）熟悉国家财经法律、法规、规章制度和方针政策，掌握财务会计理论及本行业业务管理的有关专业知识；（4）必须具备一定的领导才能和组织能力，包括协调能力、综合分析能力等；（5）必须有较好的身体情况，以适应和胜任本职工作。

（三）对总会计师的任职要求

大中型企业、事业单位、业务主管部门应当根据法律和国家有关规定设置总会计师。小型企业单位要指定一名副厂长行使总会计师的职权。总会计师是企业单位经济核算和财务会计工作的行政领导成员，协助单位主要行政领导人工作，直接对单位主要行政领导人负责。总会计师组织领导本单位的财务管理、成本管理、预算管理、会计核算和会计监督等方面的工作，参与本单位重要经济问题的分析和决策，并具体组织本单位执行国家有关财经纪律、法规、方针、政策和制度，保护国家财产。总会计师是一个行

政职位，而不是会计专业技术职务。但总会计师必须是取得会计师任职资格，主管一个单位或者单位内一个重要方面，并从事财务会计工作时间不少于三年的会计人员。

1. 总会计师的基本职责

（1）负责组织本单位编制和执行预算、财务收支计划、信贷计划，拟订资金筹措和使用方案，开辟财源，有效地使用资金。

（2）负责进行成本费用预测、计划、控制、核算、分析与考核，督促本单位有关部门降低消耗、节约费用、提高经济效益。

（3）负责建立健全经济核算制度，利用财务会计资料进行经济活动分析。

（4）负责对本单位财会机构的设置和会计人员的配备、会计专业职务的设置和聘任提出方案，组织会计人员的业务培训和考核，支持会计人员依法行使职权。

（5）协助单位主要领导对企业的生产经营、基建投资等问题作出决策，参与新产品开发、技术改造、科技研究、商品价格和工资奖金等方案的制定，参与重大经济合同和经济协议的研究、审查。

2. 总会计师的工作权限

（1）有权组织本单位各职能部门、直属基层组织的经济核算、财务会计和成本管理方面的工作。

（2）对违反国家财经法律、法规、方针、政策制度和可能在经济上造成损失、浪费的行为，有权制止或纠正；当制止、纠正无效时，提请单位主要行政领导人处理。

（3）主管审批财务收支工作，重大的财务收支，须经总会计师审批或者由总会计师报单位主要行政领导人批准。

（4）预算、财务收支计划、成本和费用计划、信贷计划、财务专题报告、会计决算报表，须经总会计师签署；涉及财务收支的重大业务计划、经济合同、经济协议等，在单位内部须经总会计师会签。

（5）会计人员的任用、晋升、调动、奖惩，应事先征求总会计师的意见。财会机构负责人或者会计主管人员的人选，应当由总会计师进行业务考核，依照有关规定审批。

总会计师由本单位主要行政领导人提名，政府主管部门任命或聘任；免职或解聘程序与任命或聘任程序相同。总会计师的职权受国家法律保护。单位主要行政领导人应当支持并保障总会计师依法行使职权。

（四）会计人员专业技术职务要求

为了有效地贯彻上述任职要求，并充分调动会计人员的工作积极性和创造性，国家对企业、行政事业单位的会计人员，依据学历、从事财会工作的年限、政策水平、学识水平和工作能力等，并通过全国性的会计专业技术资格考试后，确定会计专业技术职务。会计专业技术职务分别为：初级会计技术职务、中级会计技术职务、高级会计技职务。会计专业技术职务的任职条件和基本职责是有差别的。

1. 初级会计技术职务

应掌握一般的财务会计理论和专业知识，熟悉并能执行有关的财经方针、政策和财务会计法规、制度，能担负一个方面或某个重要岗位的财务会计工作，具有规定的学历和专业工作经历。

2. 中级会计技术职务

应较系统地掌握财务会计基础理论和专业技术知识，掌握并能贯彻执行有关的财经方针、政策和财务会计法规、制度，能担负一个单位或管理一个地区、一个部门、一个系统某个方面的财务会计工作，具备规定的学历和专业工作经历。

3. 高级会计技术职务。

应较系统地掌握经济、财务会计理论和专业知识，具有较高的政策水平和丰富的财务会计工作经验，能担负一个地区、一个部门、一个系统的财务会计管理工作，具有规定学历和工作经历。

除上述会计人员应当具备必要的专业知识和专业技能外，会计人员应当按照国家有关规定参加会计业务的培训；各单位应当合理安排会计人员的教育和培训，保证会计人员每年都有一定的时间用于学习和参加培训。

（五）注册会计师任职要求

注册会计师是指经国家批准依法独立执行会计查账验证业务和会计咨询业务的人员。注册会计师并不直接从事会计工作，而是对企业、单位的会计工作提供咨询、鉴证。其工作机构称为会计师事务所。

根据《中华人民共和国注册会计师条例》的规定，申请担任注册会计师的人员，须具备规定的学历和一定的实际会计工作经验，经全国统一考试合格，由财政部门批准注册后，才能从事注册会计师工作。

第三节　会计职业道德

会计职业道德是会计人员在进行会计活动、处理会计关系时所形成的职业规律、职业观念和职业原则等的总和。它既是会计行业对本行业在职业活动中的行为的要求，又是会计行业对社会所应负的道德责任与义务。它不仅要约束和调整会计人员的职业行为，更为重要的是约束和调整会计人员的行为动机和内心世界。动机是行为的先导，有什么样的动机就有什么样的行为。会计行为是由内心信念来支配的，信念的善与恶，将导致行为的是与非。有思想、有情绪、有欲望的会计人员，通过职业道德的引导、激励、规劝、约束等方式，能够树立正确的职业观念，达到自律。会计职业道德的内容分为八个方面。

一、诚实守信

（1）会计人员在工作中要养成实事求是的工作作风，做老实人、办老实事、说老实话。从原始资料的取得、凭证的整理、账簿的登记、报表的编制，到经济活动的分析，都要做到实事求是、如实反映、正确记录；严格以经济业务凭证为依据，做到手续完备、账目清楚、数字准确、编报及时；尽量减少和避免各种失误，严格按照国家会计制度和会计法规记账、算账、结账，保证账证、账账、账表、账实相符。

（2）保持职业审慎的态度。会计人员在处理会计业务时，对会计政策的选择、收入的确认应遵循谨慎会计信息质量要求。对于注册会计师来说，一是注意评价自身的业务能力，正确判断自身的知识、经验和专业胜任能力等方面是否能够承担业务委托所带来的责任；二是注册会计师应对客户和社会公众尽职尽责；三是注册会计师应当严格遵守职业技术规范和道德准则，对其执行的各项工作都妥善规划并加以监督；四是谨慎地选择客户，以职业信誉为重，不接受任何违背职业道德的附加条件，不承办不能胜任的业务，不对未来事项的可实现程度作出保证。

（3）会计人员要注重职业操守。会计人员的操守主要包括社会或他人对会计职业的尊敬和会计人员自己对会计职业的珍爱。注重职业操守首先是会计人员自己要对自己所从事职业有一个正确的认识和态度，尤其是注册会计师在接受委托后，要积极主动地完成所委托的业务，维护委托人的合法权益。在履约的过程中，不擅自中止合同、解除委托，不滥用委托人的授权，不超出委托人委托范围从事活动；对在执业过程中所获服务单位的商业秘密，除法律规定及单位领导人同意外，不能私自向外界提供或泄露单位的会计信息。

二、客观公正

（1）坚持客观的认真态度。会计人员应做到尊重事实，不为他人所左右，不因个人好恶而取舍，不欺上瞒下，不唯领导是从，不弄虚作假。会计从业人员要做到不为个人和集团利益截留上交款项，不偷税逃税损害国家利益，不伪造、变造会计凭证、会计账簿，不报送虚假的会计报表。注册会计师在执业过程中必须一切从实际出发，注重调查研究，对企业资料和会计信息进行鉴定和公证。只有深入了解实际，才能求得主观与客观一致，做到审计结论有理有据，客观公正。

（2）加强价值观和人生观修养。科学的价值观和人生观是公正的基础。价值观是人们对价值的根本观点和看法，包括对价值的本质、功能、创造、认识、实现等有关价值的一系列问题的基本观点和看法。人生观就是指人们对人生的目的和意义的总的观点。会计人员要继承我国优秀的道德文化传统，加强职业道德修养，彻底摒弃"金钱至上、金钱万能"的人生哲学，在不义之财面前绝不动心，在利益诱惑之下决不贪占便宜，在自己的岗位上保持洁身自好的高尚品德。

（3）熟练掌握相关的法规，坚持客观公正的原则。会计工作反映单位整个经济活动的全过程，会计人员在保证正确核算的同时，通过会计监督使国家、集体和个人在利益上保持一致；坚持从国家利益出发，以政策和制度规定为准绳，将客观事实与公正相结合，分清错误与舞弊，抛弃个人的偏见，在实施会计管理中，既尊重客观原则，又遵守公正原则。否则就会犯坚持客观而有悖公正的错误，或坚持公正却违反客观的错误。

三、廉洁自律

（1）重视会计职业声望。职业声望既关系到行业利益，也关系到一个职业中每个从业人员的切身利益，同时也是反映社会对不同职业认可程度的依据。如果会计人员不能廉洁自律，必然会损害第三者的利益，人们就会失去对会计职业的信任。会计人员必须要做到既廉洁又自律，二者不可偏废。

（2）自尊、自爱、自立。自尊就是保持做人的尊严和会计人员应具有的优良情操；自爱就是爱惜自己作为会计人员的身份，珍惜自己的品质和荣誉；自立就是一个人的自觉性以及独立性。会计人员由于所处经济环境的特殊地位，极易产生不道德的行为。因此，正人先正己，无私才无畏，只有依靠内心信念的力量，严格约束自己的行为，才能做到实事求是、奉公守法。

（3）增强抵制行业不正之风的能力，敢于同违法乱纪现象作斗争。2000年7月1日实施的《会计法》，强化了单位负责人和会计人员对本单位会计工作和会计资料真实、完整的责任，改善了会计人员的执法环境，增强了会计人员的法律意识，加大了会计执法的力度。会计人员要正确运用国家有关法规，及时发现和阻止某些偏离政策、有章不循、弄虚作假、欺骗瞒报等违法违规行为，以维护国家利益、投资者和债权人的利益以及员工的根本利益。

四、恪守规则

（1）认真学习规则，提高会计人员的政策水平。会计人员应掌握的规则分为三类：一是与会计职业活动相关的法律规范，如《合同法》、《票据法》、《证券法》及相关税收法规；二是与会计准则相关的法规，主要包括《中华人民共和国会计法》、《企业会计准则》、《会计基础工作规范》、《总会计师条例》、《中华人民共和国注册会计师法》、《中国注册会计师独立审计准则》、《中国注册会计师职业道德基本准则》；三是会计制度，包括国家统一发布的《企业会计制度》和《内部控制基本规范》等。

（2）依照规则办事，提高会计人员遵守准则的自觉性。作为会计人员要始终坚持原则，维护法律法规和集体利益，光明磊落、秉公办事；严格按照国家制定颁布的与会计工作相关的法律法规，审核凭证、清查财产、编制会计报表、申报纳税；不打"擦边球"，不以想当然的主观推断来代替规则，更不根据职务高低、关系远近来确定执行准则的宽严松紧程度。对于违反经济法律法规的行为和人员，一定要追查责任，并依照有关法律和准则制度予以处理。

（3）正确运用规则，提高会计人员执行规则的能力。市场经济的不确定性，决定了各单位的经济业务也具有高度的不确定性，而会计有关的规则又力求能够满足不同单位在相当长的时间内适用。这就要求会计人员要了解会计准则制定的理论基础，并具有足够的专业胜任能力和创新能力，能够发现新情况，处理新问题，同时，正确处理会计职业权力与职业义务的关系。一方面，要敢于运用法律法规赋予的职业权力，对于违反国家财经纪律和会计制度的开支，会计人员有权作出拒绝付款、拒绝报销的决定；另一方面，要善于运用职业权力，正确对待应负的职业义务，自觉履行对社会、对他人的责任。

五、勤勉敬业

（1）勤勉就是要求会计人员对会计工作要积极主动，不断提高职业品质。职业品质是指从事会计工作的人员应具备的作风、态度、良心、职业观念、职业责任。会计人员要想生存和发展，就必须使自身适应时代发展的步伐，有危机感、紧迫感，在工作中勤勉敬业，精益求精。

（2）敬业就是要求有干好本职工作的事业心、责任感，胸怀全局，立足本职，尽心尽力地做好每项平凡细微的事情。每个从事会计工作的人员，从选择了会计职业那一时刻起，就要树立起"干一行爱一行"的思想，并"目标始终如一"地做好工作，把成为本行业行家作为职业理想的首选目标和终身追求。同时，会计人员要具有不怕吃苦、不避嫌怨、不计较个人得失的思想境界，具有"对工作极端负责任"的敬业精神，以及一丝不苟的职业作风。

六、提高技能

（1）提高会计实务操作能力。会计实务操作能力包括会计人员的专业操作能力和操作的创新能力。会计工作是一门专业性和技术性很强的工作，会计核算、编制财务报告以及单位内部会计控制制度设计等都需要有扎实的理论功底和丰富的实践经验；在进行具体业务处理时，有关会计处理方法的选取、会计估计的变更、会计信息电算化的操作、网络化传输等，要有相当娴熟的操作能力。

（2）提高沟通交流能力。沟通交流能力是指会计人员在特定的环境下与他人相互交往与交流的能力，包括适应环境能力、吸收信息能力、表达能力。会计工作既是经济管理工作，同时也是服务窗口，会计人员在职业活动中涉及各方面、各层次的不同利益的人群，这要求会计人员要具有适应各种不同环境的能力，具有从各方听取或吸收信息的能力，以及具有准确恰当地运用语言和文字表达的能力。

（3）提高职业判断能力。职业判断能力是指建立在专业知识和职业经验基础之上的判断能力，而不是主观随意地猜测，是职业胜任能力的综合体现。职业判断需要职业经验来支撑。职业经验是职业实践的积累和升华。各个单位、各个不同的时期以及各种不同的环境条件下，会计事项的性质和会计处理的方式、方法都不尽相同，这不仅需要会计人员将所学的知识融会贯通，还需要对实践进行总结提高。

七、参与管理

（1）树立参与管理的意识，积极主动地做好参谋。具体说，会计人员要充分利用掌握的大量会计信息去分析单位的管理活动，将财务会计的职能渗透到单位的各项管理工作中，找出经营管理中的问题和薄弱环节，提出改进意见和措施，从而使会计人员真正发挥当家理财的作用，成为决策层的参谋助手。

（2）有针对性地参与管理的决策。会计人员应掌握单位的生产经营能力、技术设备条件、产品市场及资源状况等情况，结合财会工作的综合信息优势，积极参与预测，并根据预测情况，运用专门的财务会计方法，从生产、销售、成本、利润等方面有针对性地拟定可行性方案，参与优化决策。对计划、预算的执行，会计人员要充分利用会计工作的优势，积极协助、参与监控，为改善单位内部管理、提高经济效益服务。

八、强化服务

（1）强化服务意识。会计人员不论是为经济主体服务，还是为社会公众服务，都要摆正自己的工作位置。要树立强烈的服务意识，认识到管钱管账是职责，参与管理是义务。只有树立了强烈的服务意识，才能做好会计工作，履行会计职能，为单位和社会经济的发展作出应有的贡献。

（2）注重自身修养。文明服务要求会计人员做到态度温和，语言文明，谦虚谨慎，彬彬有礼，团结协作，互相支持。会计工作是一个协作互动的工作，从制单、记账、审核、报表、出纳、库存各个环节都紧密相连。任何一个环节出错或延迟，都会影响整个会计信息真实、客观和及时的传输。各个岗位的会计人员之间、会计人员与其他人员之间要团结协作，宽以待人；同时，要正确处理各部门之间以及上下级之间的关系。要尊重领导、尊重同事、以诚相待、以理服人，做到沟通讲策略，用语讲准确，建议看场合，小事讲风格，大事讲原则。

（3）提高服务质量。不同的会计岗位掌握的会计信息不同，服务的对象也不尽相同。单位会计人员和注册会计师的服务内容各有侧重：单位会计人员通过客观、真实地记录和反映单位的经济业务活动，为管理者提供真实正确的经济信息，当好参谋，同时为股东真实地记录财产的变动状况，确保股东资产完整与增值；注册会计师是接受委托人的委托，提供会计鉴证等服务，同时以客观、公正的态度，正确评价委托单位的经济财务状况，为社会公众及信息使用者服务。

为了更好地使会计人员忠于职守、廉洁奉公、严以自律，财政部门、业务主管部门和各单位以督促和教育为主，帮助会计人员提高职业道德水平，树立会计职业的形象，同时通过一些正反两方面典型事例，逐步树立会计人员遵守职业道德的良好风尚。

案例分析：

安然事件

一直以来，安然（美国安然能源公司 Enron Corp.ENE）身上都笼罩着一层层的金色光环：作为世界最大的能源交易商，安然在 2000 年的总收入高达 1 010 亿美元，名列《财富》杂志"美国 500 强"的第七名；掌控着美国 20% 的电能和天然气交易，是华尔街竞相追捧的宠儿；安然股票是所有的证券评级机构都强力推荐的绩优股，股价高达 70 多美元并且仍然呈上升之势。直到破产前，公司营运业务覆盖全球 40 个国家和地区，共有雇员 2.1 万人，资产额高达 620 亿美元；安然一直鼓吹自己是"全球领先企业"，业务包括能源批发与零售、宽带、能源运输以及金融交易，连续 4 年获得"美国最具创新精神的公司"称号，并与小布什政府关系密切……

起因：

2001 年年初，一家有着良好声誉的短期投资机构老板吉姆·切欧斯公开对安然的盈利模式表示了怀疑。他指出，虽然安然的业务看起来很辉煌，但实际上赚不到什么钱，也没有人能够说清安然是怎么赚钱的。据他分析，安然的盈利率在 2000 年为 5%，到了 2001 年年初就降到 2% 以下，对于投资者来说，投资回报率仅有 7% 左右。切欧斯还注意到有些文件涉及了安然背后的合伙公司，这些公司和安然有着说不清的幕后交易，作为安然的首席执行官，斯基林一直在抛出手中的安然股票——而他不断宣称安然的股票会从当时的 70 美元左右升至 126 美元。而且按照美国法律规定，公司董事会成员如果没有离开董事会，就不能抛出手中持有的公司股票。

破产过程：

也许正是这一点引发了人们对安然的怀疑，并开始真正追究安然的盈利情况和现金流向。到了 2001 年 8 月中旬，人们对于安然的疑问越来越多，并最终导致了股价下跌。8 月 9 日，安然股价已经从年初的 80 美元左右跌到了 42 美元。10 月 16 日，安然发表 2001 年第二季度财报，宣布公司亏损总计达到 6.18 亿美元，即每股亏损 1.11 美元。同时首次透露因首席财务官安德鲁·法斯托与合伙公司经营不当，公司股东资产缩水 12 亿美元。10 月 22 日，美国证券交易委员会瞄上安然，要求公司主动提交某些交易的细节内容，并最终于 10 月 31 日开始对安然及其合伙公司进行正式调查。11 月 1 日，安然抵押了公司部分资产，获得 JP 摩根和所罗门史密斯巴尼的 10 亿美元信贷额度担保，但美林和标普公司仍然再次调低了对安然的评级。11 月 8 日，安然被迫承认做了假账，虚报数字让人瞠目结舌：自 1997 年以来，安然虚报盈利共计近 6 亿美元。11 月 9 日，迪诺基公司宣布准备用 80 亿美元收购安然，并承担 130 亿美元的债务。当天午盘安然股价下挫 0.16 美元。11 月 28 日，标准普尔将安然债务评级调低至 "垃圾债券" 级。11 月 30 日，安然股价跌至 0.26 美元，市值由峰值时的 800 亿美元跌至 2 亿美元。12 月 2 日，安然正式向破产法院申请破产保护，破产清单中所列资产高达 498 亿美元，成为美国历史上最大的破产企业。当天，安然还向法院提出诉讼，声称迪诺基中止对其合并不合规定，要求赔偿。

发展：

首先遭到质疑的是安然公司的管理层，包括董事会、监事会和公司高级管理人员。他们面临的指控包括疏于职守、虚报账目、误导投资人以及牟取私利等。在 10 月 16 日安然公布第二季度财报以前，安然公司的财务报告是所有投资者都乐于见到的。看看安然过去的财务报告：2000 年第四季度，"公司天然气业务成长翻升 3 倍，公司能源服务公司零售业务翻升 5 倍"；2001 年第一季度，"季营收成长 4 倍，是连续 21 个盈余成长的财季"……在安然，衡量业务成长的单位不是百分比，而是倍数，这让所有投资者都笑逐颜开。到了 2001 年第二季度，公司突然亏损了，而且亏损额还高达 6.18 亿美元！然后，一直隐藏在安然背后的合伙公司开始露出水面。经过调查，这些合伙公司大多被安然高层官员所控制，安然对外的巨额贷款经常被列入这些公司，而不出现在安然的资产负债表上。这样，安然高达 130 亿美元的巨额债务就不会为投资人所知，而安然的一些官员也从这些合伙公司中年取私利。更让投资者气愤的是，显然安然的高层对于公司运营中出现的问题非常了解，但长期以来熟视无睹甚至有意隐瞒。包括首席执行官斯基林在内的许多董事会成员一方面鼓吹股价还将继续上升，一方面却在秘密抛售公司股票。而公司的 14 名监事会成员有 7 名与安然关系特殊，要么正在与安然进行交易，要么供职于安然支持的非盈利机构，对安然的种种劣迹睁一只眼闭一只眼。

假账问题：

安然假账问题也让其审计公司安达信面临着被诉讼的危险。位列世界第五的会计师事务所安达信作为安然公司财务报告的审计者，既没审计出安然虚报利润，也没发现其巨额债务。安达信曾因审计工作中出现欺诈行为被美国证券交易委员会罚了 700 万美元。安然的核心业务就是能源及其相关产品的买卖，但在安然，这种买卖被称作"能源交易"。据介绍，该种生意建立在信用的基础上，也就是能源供应者及消费者以安然为媒介建立合约，承诺在几个月或几年之后履行合约义务。在这种交易中，安然作为"中间人"可以很短时间内提升业绩。由于这种生意以中间人的信用为基础，一旦安然出现任何丑闻，其信用必将大打折扣，生意马上就有中止的危险。此外，这种业务模式对于安然的现金流向也有着重大影响。大多数安然的业务基于"未来市场"的合同，虽然签订的合同收入将计入公司财务报表，但在合同履行之前并不能给安然带来任何现金。合同签订得越多，账面数字和实际现金收入之间的差距就越大。安然不愿意承认自己是贸易公司，一个重要的理由就是为了抬升股价。作为贸易公司，由于天生面临着交易收入不稳定的风险，很难在股市上得到过高评价。安然鼎盛时期的市值曾达到其盈利的 70 倍甚至更多。

为了保住其自封的"世界领先公司"地位，安然的业务不断扩张，不仅包括传统的天然气和电力业务，还包括风力、水力、投资、木材、广告等等。2000 年，宽带业务盛极一时，安然又投资了宽带业务。如此折腾，安然终于在 2001 年 10 月在资产负债平衡表上拉出了高达 6.18 亿美元的大口子。

账务处理手法：

（一）隐瞒巨额债务。安然公司未将两个特殊国的实体（Special Purpose Entity，SPE）的资产负债纳入合并会计报表进行合并处理，但却将其利润包括在公司的业绩之内。其中一个 SPE 应于 1997 年纳入合并报表，另一个 SPE 应于 1999 年纳入合并报表，该事项对安然公司累计影响为高估利润 5.91 亿美元，低计负债 25.85 亿元。SPE 是一种金融工具，企业通过它可以在不增加企业资产负债表中负债的情况下融入资金。华尔街通过该方式为企业筹集了巨额资金。对于 SPE，美国会计法规规定，只要非关联方持有权益价值不低于 SPE 资产公允价值的 3%，企业就可以不将其资产和负债纳入合并报表。但是根据实质重于形式的原则，只要企业对 SPE 有实质的控制权和承担相应风险，就应将其纳入合并范围。从事后安然公司自愿追溯调整有关 SPE 的会计处理看，安然公司显然钻了一般公认会计准则（GAAP）的空子。

（二）安然公司利用担保合同上的某种安排，虚列应收票据和股东权益 12 亿美元。

（三）将未来期间不确定的收益计入本期收益，未充分披露其不确定性。安然公司所从事的业务中，很重要的部分就是通过与能源和宽带有关的合约及其他衍生工具获取收益，而这些收益取决于对诸多不确定因素的预期。在 IT 业及通信业持续不振的情况下，安然在 2000 年至少通过关联企业从互换协议中"受益"5 亿美元，2001 年"受益"4.5 亿美元。安然只将合约对自己有利的部分计入财务报表——这其实是数字游戏。尽管按照美国现有的会计规定，对于预计未来期间能够实现的收益可以作为本期收益入账，但安然公司缺少对未来不确定因素的合理预期，也未对相关假设予以充分披露。

（四）安然公司在 1997 年未将注册会计师提请调整的事项入账，该事项影响当期利润 0.5 亿美元（1997 年的税后利润为 1.05 亿美元，安达信会计师事务所对此采取了默示同意的方式）。

（五）利用金字塔构架下的合伙制网络组织自我交易，虚增利润 13 亿元。

（六）财务信息披露涉嫌故意遗漏和误导性陈述。

影响：

在安然破产事件中，损失最惨重的无疑是那些投资者，尤其是仍然掌握大量安然股票的普通投资者。按照美国法律，在申请破产保护之后，安然的资产将优先缴纳税款、赔还银行借款、发放员工薪资等，本来就已经不值钱的公司再经这么一折腾，投资人肯定是血本无归。投资人为挽回损失只有提起诉讼。按照美国法律，股市投资人可以对安达信在财务审计时未尽职责提起诉讼，如果法庭判定指控成立，安达信将不得不为他们的损失做出赔偿。在此事件中受到影响的还有安然的交易对象和那些大的金融财团。据统计，在安然破产案中，杜克（Duke）集团损失了 1 亿美元，米伦特公司损失 8 000 万美元，迪诺基损失 7 500 万美元。在财团中，损失比较惨重的是 JP 摩根和花旗集团。仅 JP 摩根对安然的无担保贷款就高达 5 亿美元，据称花旗集团的损失也差不多与此相当。此外，安然的债主还包括德意志银行、日本三家大银行等。

美国安然事件引发了人们对会计职业道德的思考。

参考文献

［1］陈国辉. 会计学原理. 北京：北京邮电大学出版社，2011.

［2］张梅，谢涛. 会计学原理. 大连：大连理工大学出版社，2009.

［3］任月君，陈文铭. 会计学原理. 大连：东北财经大学出版社，2008.

［4］潘云标. 会计学基础. 上海：上海财经大学出版社，2009.

［5］赵玉霞. 会计学原理. 北京：科学出版社，2007.

［6］雷光勇. 基础会计学. 大连：东北财经大学出版社. 2009.

［7］张友. 外行学会计. 武汉：长江文艺出版社. 2012.